TOTAL GENIAL

So nutzen Sie Ihr geistiges Potenzial zu 100 Prozent

Harald Havas

Compact Verlag

Chefredaktion: Evelyn Boos
Redaktion: Maren Richter
Produktion: Wolfram Friedrich
Abbildungen: Nina Ruzicka, Gabi Spiegl, Bernd Wiedemann
Titelabbildungen: IFA-Bilderteam, München
Gestaltung: Axel Ganguin
Umschlaggestaltung: Hartmut Baier

ISBN 3-8174-5847-9
5458471

Besuchen Sie uns im Internet: www.compactverlag.de

Entdecken Sie Ihr verborgenes Genie!

Als Genie wird man geboren oder eben nicht!

So einfach stellt man sich das im Allgemeinen vor. Die Genies, das sind die, die alles besser können und alles besser wissen als wir Normalsterblichen. Außerdem sind Genies alle schon genetisch so programmiert, genial geboren, etwas, das wir nie einholen können.

Die Wahrheit sieht ganz anders aus: Jeder Mensch ist ein Genie! Wenn Sie das nicht glauben, dann beobachten Sie einmal ein Kleinkind, wenn es den ersten Schritt tut, oder zum ersten Mal dahinter kommt, wie man den Deckel einer Dose abschraubt! Die Leistungen, die da in dem „kleinen" Gehirn ablaufen, sind enorm, kompliziert, vielfältig, ja: genial!

Aber damit nicht genug: Jeder Mensch verfügt über einmalige Fähigkeiten und besondere Talente, die ein anderer nicht hat! Vielleicht sind Sie besser als jeder andere lebende Mensch darin, Bierdeckel zu hohen Gebilden zu stapeln, oder Sie können mehr Kieselsteine in der Hand halten als alle anderen, oder Sie erkennen Automarken und Typen schneller als jeder andere! Sicher, diese Fähigkeiten werden Sie weder reich noch berühmt machen (außer Sie treten in einer Fernsehshow auf), aber das macht Ihre Fähigkeit nicht weniger einzigartig, Sie selbst nicht weniger genial!

Wenn Ihnen das nicht ausreicht, dann betrachten wir doch einmal eines der unbestritten größten Genies des letzten Jahrhunderts im Detail: Albert Einstein. Einstein war ein Lebemann, er genoss das gelegentliche Bad in der Menge, spielte ganz gut Geige, pflegte einen eigenwilligen Haarstil und lebte im Übrigen ein recht bürgerliches Leben. Auch seine mathematischen Fähigkeiten waren nicht exorbitant. Sein Genie zeigte sich eigentlich nur in einem Detail: Er wollte Dinge bis zu ihrer letzten, vielleicht unmöglich scheinenden Konsequenz ergründen. Eine tiefe Neugier ließ ihn so lange forschen, bis er auf Dinge stieß, die noch keiner vor ihm entdeckt oder zu denken gewagt hatte. In einem sehr kurzen Zeitraum stellte er fast alle seiner berühmten Theorien auf, wurde dafür angefeindet, lange nicht ernst genommen und revolutionierte eigentlich eher zufällig das Weltbild der Wissenschaft und somit der Menschheit. Noch etwas: Einsteins Theorien waren teilweise sogar zu genial für ihn selbst! Er weigerte sich zeitlebens, einige Konsequenzen seiner Gedanken zu akzeptieren, die ihm zu gewagt schienen.

Dieser eher flapsige biografische Abriss soll nicht das Werk und das Genie von Albert Einstein heruntermachen. Es ging nur darum zu zeigen, dass auch er nur in ganz spezifischen Dingen ein „wahres Genie" war, einfach nur ganz normal genial. Nur war er das zufälligerweise auf einem Gebiet mit mehr Relevanz für die Menschheit als das Stapeln von Bierdeckeln. Jedoch: Ganz normal genial ist jeder von uns, kann jeder von uns sein! Vielleicht haben Sie Ihr spezielles Genie nur noch nicht entdeckt?

Einstein hat einmal gesagt: „Die meisten Menschen nutzen nur fünf bis sechs Prozent ihrer Gehirnkapazität. Ich nutze sieben Prozent!" Ob das nun wirklich wahr ist oder nur humoristisch formuliert: Tatsache ist, dass jeder – also auch Sie – noch wesentlich mehr aus seinem Gehirn „herausholen" kann. Sie können tatsächlich Ihre geistigen Fähigkeiten verbessern, Ihre logischen Muskeln trainieren, Ihr kreatives und mentales Potenzial erhöhen. Teilweise in ungeahntem Ausmaß!

Und genau darum geht es in diesem Buch. Aktivieren Sie Ihre grauen Zellen, wecken Sie schlafende Gehirnregionen, entdecken Sie Fähigkeiten an sich, die Sie nie für möglich gehalten hätten. Dieses Buch bietet Ihnen dazu eine Fülle an Übungen, aber auch viele Methoden, Tipps und Tricks, um geistig fitter zu werden als je zuvor. In den meisten Fällen brauchen Sie dazu nicht mehr als einen Bleistift und ein wenig Zeit.

Sie können das Buch von vorne nach hinten durcharbeiten, zwischen Kapiteln je nach Interesse springen, oder etwa das letzte, spielerische Kapitel über die Kreativität vorziehen, um sich „kreativ aufgetankt" an die kniffligeren Teile zu wagen. Das bleibt Ihnen überlassen. Aber: Wagen Sie es einfach! Lassen Sie sich ein auf die Entdeckungsreise zu den Fähigkeiten Ihres Gehirns. Langsam, ohne Stress, mit Spaß und Neugier. So klappt Lernen, Erforschen von Neuem und Sammeln von Erfahrungen nämlich immer am besten.

Viel Glück dabei und viel Glück beim Erwecken Ihres eigenen „kleinen Einsteins"! Es wird ganz sicher eine spannende Reise.

Inhalt

Gedächtnis

Kreativität

Konzentration

Vielleicht wird es Ihnen bei den Übungen in diesem Buch auffallen, aber auch aus dem Alltag kennt man das Phänomen recht gut: Ist man bei einer Sache oder Aufgabe mit Konzentration am Werk, geht alles viel leichter von der Hand. Egal, ob Sie mathematische Aufgaben zu lösen versuchen, oder bei einer Heimwerkeraufgabe mehrere Tätigkeiten wie Bohren, Hämmern, Schrauben sinnvoll koordinieren müssen – an manchen Tagen kommt es Ihnen vor, als klebte Blei an Ihren Händen und alle Bremsen in Ihrem Hirn seien angezogen. An anderen Tagen wieder flutsch alles, und Lösungen finden sich wie von selbst. All das hat viel mit Konzentration zu tun. Mit Konzentration auf die vorliegende Arbeit oder auch einfach mit Wachheit, Aufmerksamkeit, dem Leben „im Hier und Jetzt". Feinde eines solchen wachen Zustands gibt es viele: Schlafmangel, Bewegungsmangel, zu wenig frische Luft, Alkohol, negative Gefühle und Gedanken bis hin zu Depressionen oder auch nur ein allgemeineres Sich-Gehen-Lassen.

Körperliche und gesundheitliche Defizite können wir in diesem Kapitel nur streifen. Sollte das Ihr Problem sein, versuchen Sie es mit Fitness, Spaziergängen oder auch gesünderer Ernährung. Haben Sie ernsthafte Probleme mit Alkohol oder Depressionen, suchen Sie ärztliche Hilfe! Sind Sie sonst aber eher gut drauf, leiden aber gelegentlich an Aufmerksamkeitsstörungen oder können sich gewohnheitsmäßig nur schwer konzentrieren, dann können Ihnen die Übungen und Methoden in diesem Kapitel sehr helfen. Falls Sie aber mit Ihrer Konzentrationsfähigkeit weitestgehend zufrieden sind, sind Sie

TIPP!

Arbeiten Sie den ersten Teil durch. Lesen Sie dann den zweiten Teil und versuchen Sie einige der Methoden, die Ihnen liegen. Gehen Sie dann noch einmal zum Anfang zurück und arbeiten Sie den ersten Teil erneut durch: Sie werden feststellen, dass sich Ihre Fähigkeiten durch die Übungen und Methoden – vermutlich stark – verbessert haben!

hier trotzdem richtig: Durch das Üben der klassischen Aufgaben können Sie Ihre Fähigkeiten noch steigern, durch die Tipps und Tricks können Sie sicher noch etwas für Ihr „Repertoire" an Methoden, sich geistig rege zu halten, dazu lernen.

Auf jeden Fall kann Ihnen dieses Kapitel aber helfen, die Fähigkeiten Ihres Gehirns zu trainieren und zu erweitern und somit mehr geistiges Potenzial freizusetzen – auf dem Weg zu Ihrem eigenen inneren Einstein!

Das Kapitel ist in zwei Bereiche geteilt. Im ersten geht es eher um klassische Konzentrationsübungen, wie z. B. Übungen zu Erhöhung Ihrer Wahrnehmungsgeschwindigkeit etc. Im zweiten Teil werden dann – teilweise unübliche – Methoden präsentiert, die Ihnen helfen können, bessere Konzentration und Zentrierung (was etwas völlig anderes ist!) zu erreichen.

Klassische Übungen zur Verbesserung der Wahrnehmungs- und Lesegeschwindigkeit

Neben der Merkfähigkeit ist vor allem die Geschwindigkeit, mit der ein Problem erfasst werden kann, für viele Lebens- oder Testsituationen von großer Wichtigkeit. In diesem Teil des Buches geht es daher in erster Linie darum, Ihre Wahrnehmungsgeschwindigkeit mit verschiedenen Formen von Übungen und Tests zu verbessern.

TIPPS ZUR EFFEKTIVITÄT

Üben Sie die Suchaufgaben auf jeden Fall mindestens einmal im Kopf, bevor Sie zu einem Bleistift greifen! Zwar trainiert auch das Durchstreichen die Wahrnehmung, aber das rein geistige Abzählen übt Ihre Fähigkeiten auf viel effektivere Art und Weise. Dennoch können Sie sich auch hier helfen: Prägen Sie sich das Gesuchte vorher möglichst genau optisch ein, Ihre Augen gewöhnen sich daran und eine kleine Alarmglocke beginnt in Ihrem Kopf zu schrillen, wenn das gesuchte Objekt auftaucht. Um ein Vor- und Zurückspringen der Augen auf dem Blatt zu verhindern, fahren Sie die Zeilen mit einem Finger – als objektivem Bezugspunkt – langsam ab. Für das Durchstreichen empfiehlt sich übrigens ein leicht radierbarer Bleistift, um auch diese Aufgaben öfter durchführen zu können.

Die Aufgaben sind – pro Bereich – aufsteigend schwierig.

Übung 1

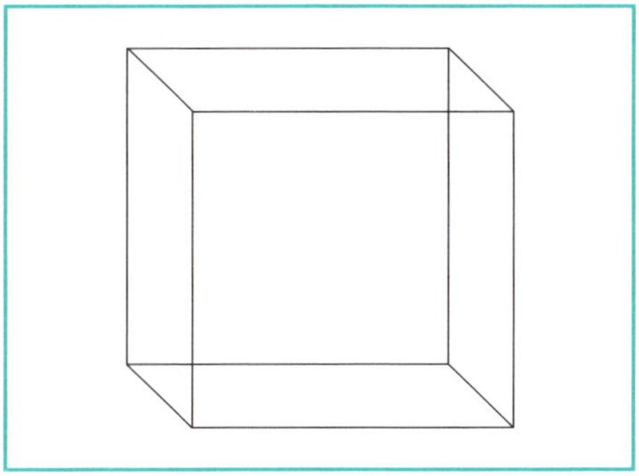

Zum Aufwärmen eine leichte Augenübung: Sie können diesen dargestellten Würfel auf zwei verschiedene Arten sehen, je nachdem, welches der beiden Quadrate Sie als das „vordere" definieren. Versuchen Sie, beide Versionen zu sehen, und wechseln Sie dann mehrmals (möglichst rasch) zwischen beiden Möglichkeiten hin und her.

Optische Zählübungen

Übung 2

Finden Sie unter den folgenden Buchstaben alle m, n, u, v und w heraus (ohne Hilfsmittel: $1\frac{1}{2}$ Minuten; mit Bleistift: 45 Sekunden).
Wie viele sind es?

r j k l g h i j a b c m n o p q r s t u v

w x y z d e d e f g h i f g h i j k s t u

v w x y e f g h i m j k l q j k l q k j k

l q r s t u v w x y z d e f g h i j k l m

n o p q r s t u v w x y z d e p q r s t

u v w x y z d e f g h i j a b c m x z

d e f g h i j k l m n n o p q r s t u v

w x y z d w x y z d e f g h i j a b c

m n o p q r f g h i j a b c m n o p q

r s t u v w x y z d e f g h i j k j k l q

r s t u v w x y z d e f g h i j k l m n

o p q r s t u e f r s t u v w x y z d e

f g h i j k l m n o p q r s t u v v w o

s t u v w x y z d e f g h i l m n o p

q r s t u v w x y z d y z p q y z r s

Übung 3

In dieser Illustration sehen Sie eine ganze Reihe von Dreiecken. Wie viele sind es? Zählen Sie die Dreiecke – ohne sie mit einem Bleistift zu markieren!

Übung 4

Finden Sie unter den folgenden Buchstaben alle Vokale (a, e, i, o, u) heraus (ohne Hilfsmittel: $1\frac{1}{2}$ Minuten; mit Bleistift: 45 Sekunden). Wie viele sind es?

l g h i j k j k l q r s t u v w x y z d e
f g h i j k l m n o p q r s t u v w x y
z d e p q r s t u v w x y z d e f g h i
j a b c m x y z d e f g h i u v w x y
z d e f g y z d e f j k l q r s t x y z d
e f g h i j k j k l q r s t u v w x y z d
e f g h i j k l m n o p q r a b c m n
o p q r s t u v w x y z d e f g h i j k
s t u v w x y z d e f g h i j k l m n n
o p q r s t u v w x t u v w o s t u v
w x y z d e f g h i l m n o p q r s t u
v w x y z d e f g h i m j k l q r j k s
h i j k l m n o p q r s t u v w x y z d
e f g h i j a b c m n o p q r f g h i j
a b c m n o p q r s t u v w l c b m t k

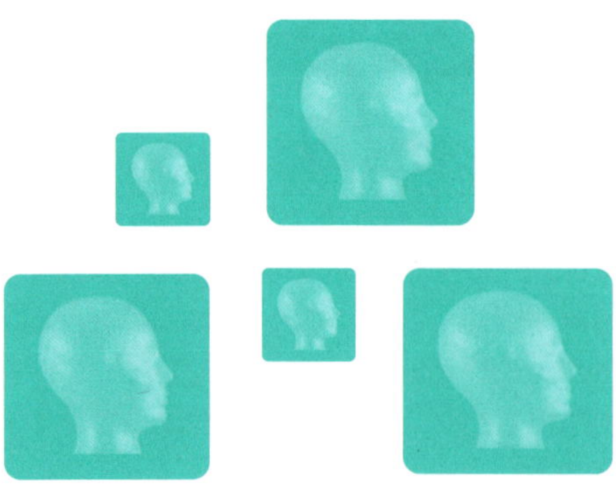

Übung 5

In dieser Illustration sehen Sie eine ganze Reihe von eher großen Rechtecken. Wie viele sind es? Zählen Sie die Rechtecke – ohne die kleineren, die sich durch Überschneidungen ergeben mitzuzählen.

Übung 6

Zählen Sie nun in derselben Illustration alle möglichen Rechtecke!

Übung 7

In folgendem klassischen „d2"-Test geht es darum, alle d-Zeichen mit zwei Punkten herauszufinden; dabei können die Punkte darüber, darunter oder sowohl als auch angebracht sein:

RICHTIG: $\ddot{d}$ $\underset{..}{d}$ $\underset{.}{\dot{d}}$

Nicht zu zählen sind d-Zeichen mit einem, drei oder vier Punkten, sowie p-Zeichen mit egal wie vielen.

Ohne Hilfsmittel haben Sie für diese Aufgabe 2 Minuten Zeit, wenn Sie die d2 mit einem Bleistift durchstreichen 1 Minute.

```
..   .  .           ..  .  .   ..          ..      .
d   d   d   d   d   p   d   p   p   p   d   p   d   p
       .    .  ..       .  .      ..  ..       ..   .

.   .   .   ..         .    .   ..  .       .
d   p   d   p   d   d   d   d   p   p   d   d   p   d
.   .          ..           .       .  ..           .

..      .       .   ..  .   .   .           .   .   ..
d   d   d   d   d   p   d   p   d   d   p   d   p   p
    ..     .            .   .           ..  .   .

.  ..       .   .       ..  .   .               ..  .
p   d   p   d   p   d   p   d   p   d   p   p   d   d
        ..  .   .   .               ..  .   ..

.       .           .       ..          .       .   .
p   d   d   d   d   d   p   p   d   d   p   d   d   d
    .      .   ..      .        .   .       .   .

.       .       ..      .   .   .   .       ..      .
d   p   p   d   p   d   p   d   p   d   p   d   d   d
    ..  .   ..     .        .           ..      .   .
```

Sie können den Test natürlich auch selbst in einen d1-, p2- oder p1-Test, ummodellieren: erst gegen die Uhr suchen, danach – ohne Zeitlimit und mit Hilfsmittel – kontrollieren

■ Übung 8

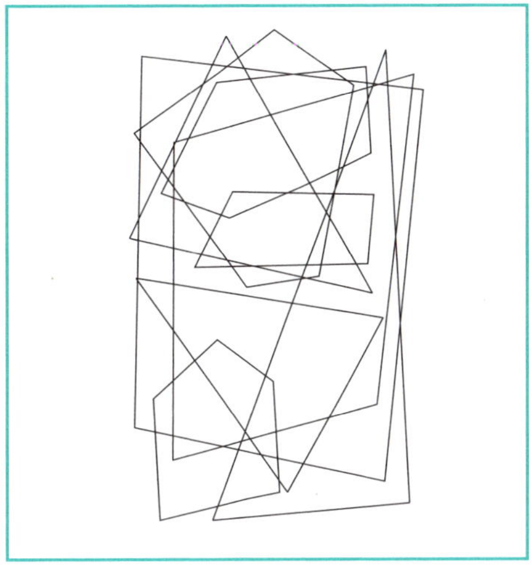

In dieser Illustration sehen Sie eine ganze Reihe Dreiecke, Vierecke und Fünfecke. Wie viele sind es? Zählen Sie die Figuren – ohne die kleineren, die sich durch Überschneidungen ergeben, mitzuzählen.

■ Übung 9

Finden Sie unter den folgenden Buchstaben und Zahlen alle r, v, s, f und o (ohne Hilfsmittel: $1\frac{1}{2}$ Minuten; mit Bleistift: 45 Sekunden) heraus. Wie viele sind es?

y 4 z s 5 p 6 b 2 d 3 e 4 c 5 f 6 j o k
l 2 m 3 n q 7 r 8 s 9 t 0 u 1 i 0 j 1 k
l 2 m 3 n q 7 r 8 s 9 t 0 u 1 v w 2 d
3 e 4 c 5 f 6 g 7 h 8 i 0 j 1 v w 2 x
a 1 4 3 y 4 z o 5 p 6 b 2 d 3 e g 7 h
8 i 0 j 1 k l 2 m 3 n q 7 z 8 s 9 t 0 u
1 v w 2 x a 1 4 3 y 4 z o 5 p 6 b 2 3
y 4 z o 5 p 6 b 2 d 3 e 4 c 5 f 6 g 7
h 8 i 0 4 c 5 f 6 g 7 h 8 s 0 j 1 k l 2
m 3 n q 7 r 8 s 9 t 0 u 1 v w 2 x a 1
4 x o 1 4 3 1 k l 2 v 3 n q v w 2 x a
1 4 3 y 4 z o 5 p 6 b 2 d 3 e 4 c 5 f
6 g 7 h 8 i 0 j 1 k l 2 o 3 n q 7 r 8 s
9 t 0 u 1 v w 2 x a 1 4 3 y 4 z o 5 p
6 b 2 d 3 e 4 c 5 f 6 g 7 h 8 7 r 8 s
9 t 0 u 9 15 b g c p q d g 4 3 i a 0

Übung 10

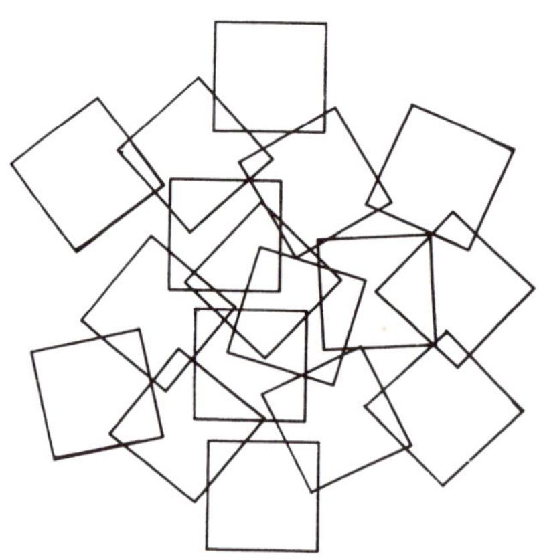

Wie viele Quadrate sehen Sie hier?

Übung 11

Dieser „d2"-Test funktioniert genau wie der vorhergehende. Ohne Hilfsmittel haben Sie für diese Aufgabe 2 Minuten Zeit, wenn Sie die d2 mit einem Bleistift durchstreichen 1 Minute. Aber Achtung: Neben den Buchstaben d und p finden Sie nun auch noch die Buchstaben b und q.

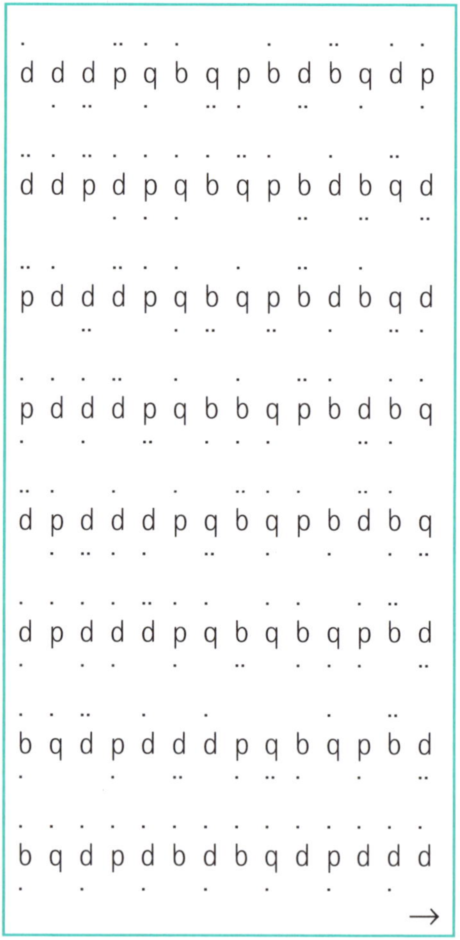

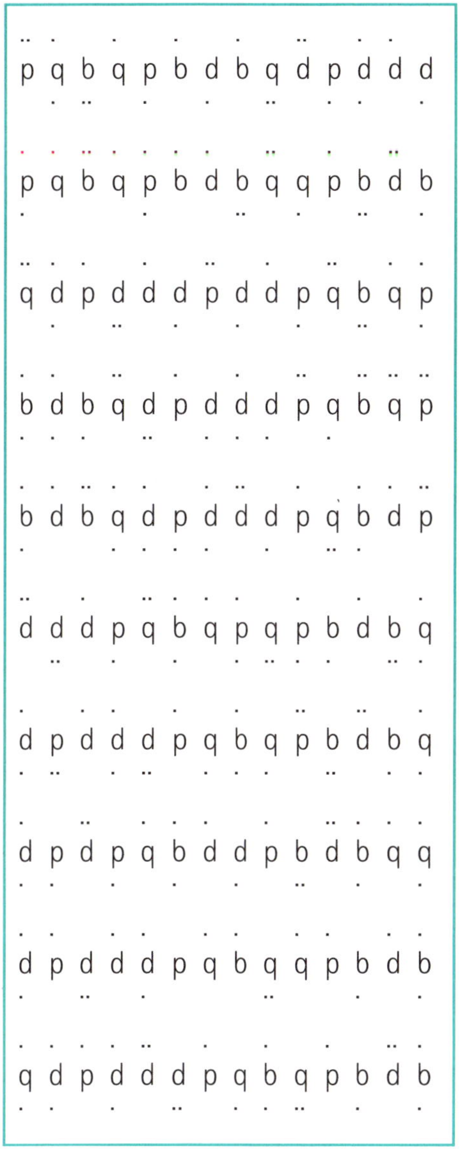

■ Übung 12

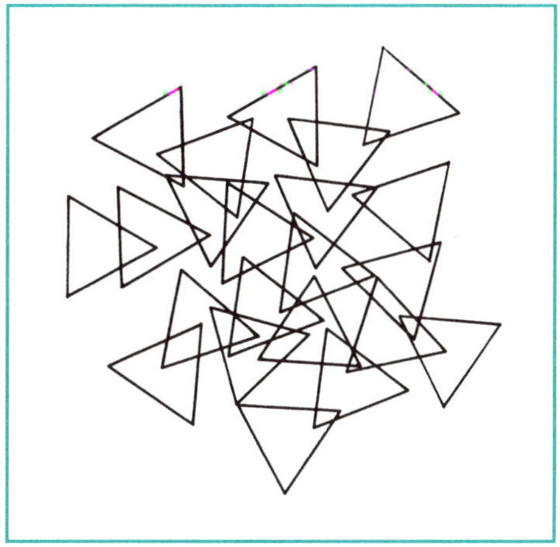

Wie viele Dreiecke – ohne solche, die durch Überschneidung entstehen – sehen Sie hier?

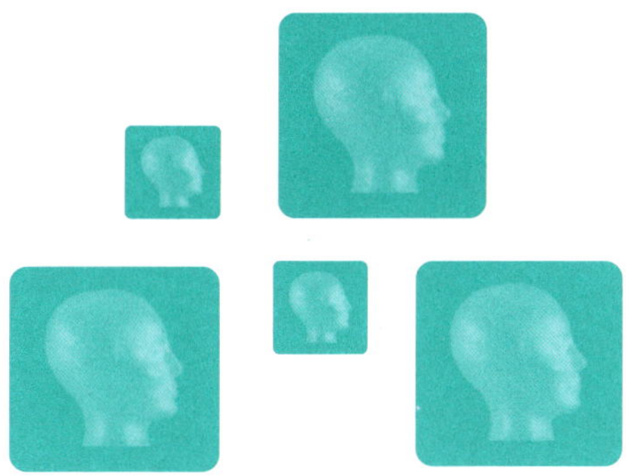

■ Übung 13

Finden Sie unter den folgenden Buchstaben und Zahlen alle Vokale heraus (ohne Hilfsmittel: $1\frac{1}{2}$ Minuten; mit Bleistift: 45 Sekunden). Wie viele sind es?

8 s 9 t 0 u 1 m 3 n q 7 r 8 s 9 t 0 u
1 v w 2 x a 1 4 x a 1 4 3 y 4 z o 5 p
6 b 2 d 3 e 4 c 5 f 6 j 1 k l 2 m 3 n
q 7 a 1 4 3 y 4 z o 5 p 6 b 2 d 3 e 4
c 5 f 6 g 7 h 8 7 r 8 s 9 t 0 u 1 v w
2 x a 1 4 3 y 4 z o 5 p 6 b 2 d 3 e g
7 h 8 i 0 j 1 k l 2 m 3 n q 7 r r 8 s 9
t 0 u 1 i 0 j 1 k l 2 m 3 n q 7 r 8 s 9
t 0 u 1 v w 2 d 3 e 4 c 5 f 6 g 7 h 8
i 0 j 1 k l 2 m 3 n q v w 2 x a 1 4 3
y 4 z o 5 p 6 b 2 3 y 4 z o 5 p 6 b 2
d 3 e 4 c 5 f 6 g 7 h 8 i 0 4 c 5 f 6
g 7 h 8 i 0 j 1 k l 2 v w 2 x a 1 4 3 y
4 z o 5 p 6 b 2 d 3 e 4 c 5 f 6 g 7 h
8 i 0 j 1 k l 2 m 3 n q 7 r 8 s 9 t 0 u
1 v w 2 x 1 m n p q 3 4 z 5 z t r w

Übung 14

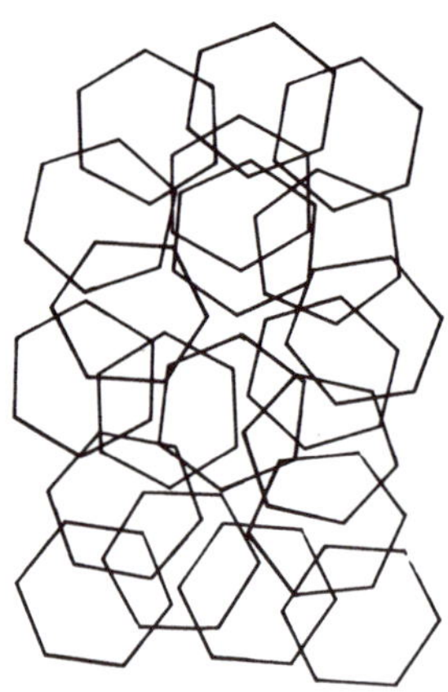

Wie viele Sechsecke – ohne solche, die durch Überschneidung entstehen – sehen Sie hier?

Übung 15

Suchen Sie unter den folgenden Buchstaben diejenigen (waagrechten) Paare heraus, die im Alphabet in Leserichtung aufeinander folgen (ab, ij, yz, etc.). Ohne Hilfsmittel haben Sie dazu 2 Minuten; mit Bleistift: 1 Minute Zeit.

q r e t r s q c b n w m g j k i p d f r
a w b m d t e u z h j t k s d f x v b
a y q g b v b s d j k i o i z z j r e t u
b a m i o k q r e s t b n j z r i a d d
e f g b d t z u w c n l p s l m e r w
t z a f u o a b d x v b z e f w q f r t
s t b y p w g b c r t h g d e c a w k
l o p q f e s m k f t z u i o p c w x q
a r n d m n n j l z v b g h s y z e i o
v c d w r g f d b m l e s z u p b x v
f g e h a q w s c t h i k e r f z h t g
u j i k o l p m b n v c y x z r y j o p

Übung 16

Im Folgenden sehen Sie vertikale Dreierkombinationen der Buchstaben b oder d oben, a oder e in der Mitte und p oder q unten. Zählen Sie wie oft folgende Kombination vorkommt:

d
a
p

b	d	d	b	b	d	d	b	b	d	d	b
a	e	a	e	a	e	a	a	e	e	a	a
p	q	p	q	q	p	q	p	q	p	q	p
b	d	b	b	d	d	d	b	d	b	d	b
a	a	a	e	e	e	e	a	a	e	a	e
p	q	q	q	p	p	p	q	q	q	p	p
d	b	d	b	d	d	b	b	b	d	d	b
a	e	e	e	e	a	a	e	e	a	e	a
p	q	q	p	p	p	q	q	q	p	p	q
b	d	b	d	b	d	b	d	d	b	d	d
a	e	e	e	a	a	e	e	a	a	e	e
p	q	q	p	q	p	q	q	p	p	p	q
d	b	d	b	d	b	d	b	d	b	d	d
a	a	e	e	a	e	e	a	a	a	e	e
p	p	p	q	p	q	q	p	p	q	q	p
b	d	d	b	b	d	d	b	b	d	d	d
a	e	e	e	e	a	a	a	e	e	a	a
p	q	q	p	q	q	p	q	q	p	p	q
b	d	b	d	d	b	d	b	d	b	d	d
a	a	e	e	a	a	e	e	a	a	e	e
p	q	q	q	p	p	p	q	q	q	p	q
b	d	d	b	b	d	d	b	b	d	d	b
a	a	a	e	e	e	a	a	e	e	a	a
p	p	p	q	q	q	q	p	q	p	p	p
b	d	b	d	d	b	b	b	d	b	b	d
a	a	e	e	a	a	a	e	e	a	e	a
p	q	p	q	q	q	p	q	p	q	p	q

In einem zweiten Durchgang können Sie die Kombinationen durchstreichen und Ihr Ergebnis vergleichen! Wie bei den d-Übungen können Sie auch hier die Übung mit anderen Dreierkombinationen wiederholen!

■ Übung 17

Im Folgenden sehen Sie vertikale Dreierkombinationen der Buchstaben d oder k oben, u oder e in der Mitte und y oder q unten. Zählen Sie, wie oft folgende Kombination vorkommt:

k
e
q

d	k	d	k	d	k	d	k	d	k	d	k	d
e	e	u	u	u	e	e	e	u	u	u	e	e
q	q	y	y	q	q	y	q	y	y	q	q	y
k	k	d	k	d	d	k	k	d	k	d	d	k
e	e	e	u	u	e	e	u	u	e	e	e	u
q	y	q	y	y	q	q	y	y	q	q	y	y
d	k	d	k	d	k	d	k	d	k	d	k	d
e	e	u	u	e	e	u	u	e	e	u	e	u
q	q	y	y	q	y	y	q	y	q	y	q	q

→

k	d	d	k	d	k	d	k	d	d	k	k	d
e	e	e	u	u	e	u	u	e	e	e	u	u
q	y	q	y	q	y	q	q	y	y	y	q	q
d	k	k	d	k	k	d	d	k	d	k	d	k
e	e	e	u	u	e	e	u	u	u	e	u	e
y	y	y	q	y	y	y	q	q	q	y	y	y
d	k	d	k	d	d	k	d	k	d	k	d	k
e	e	u	u	u	e	e	u	e	e	u	e	u
q	y	y	q	q	q	y	y	y	q	q	q	y
k	d	k	d	k	d	k	d	k	d	k	d	k
e	e	u	u	e	u	e	u	u	e	u	u	e
q	q	q	y	y	q	q	y	q	y	q	y	q
d	k	k	d	k	k	d	d	k	k	d	k	k
e	u	u	e	u	e	e	u	e	u	u	e	e
y	y	q	q	y	y	q	q	y	y	y	q	q
d	k	k	d	d	k	d	k	d	k	k	d	d
e	e	u	u	e	e	u	u	e	e	u	u	e
q	y	y	q	q	q	y	q	y	q	y	q	y
k	d	k	d	k	d	k	k	d	k	k	d	d
e	e	u	u	u	e	e	u	u	e	u	u	e
q	y	y	y	q	q	y	y	q	y	y	q	q
d	k	d	k	d	k	d	k	d	k	d	k	d
e	e	u	u	u	e	u	e	u	e	u	u	e
q	y	y	q	y	q	y	q	y	q	y	q	y

In einem zweiten Durchgang können Sie die Kombinationen durchstreichen und Ihr Ergebnis vergleichen!

■ Übung 18

Suchen Sie unter den folgenden Buchstaben diejenigen (waagrechten) Paare heraus, die im Alphabet aufeinander folgen – und zwar umgekehrt (ba, nm, zy ...). Ohne Hilfsmittel haben Sie dazu 2 Minuten, mit Bleistift 3 Minuten Zeit.

q r k m n a c z y a s k t n q o c u w
j x w b o y v t e k f i j b v u m x z n
u l g a f t s b j k s t n o e f r q z e b
l y v w p n g p o q n m t e f g h l k e
x z t n l a y f j i z b t m r g o k h g f
g r t n x w l b z f e f z t w n p l g a
d c u v f b r z n o p b a z u m n b l
p l u e i d h z l k e s r t g u e n n i c

Linien

■ Übung 19

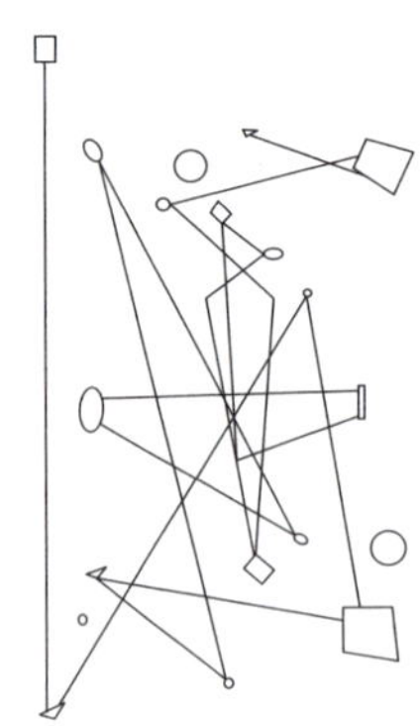

Versuchen Sie, mit dem Auge der Linie zu folgen, ohne sich von den geometrischen Figuren ablenken zu lassen.
Fahren Sie die Linie mehrmals von vorn nach hinten und wieder zurück ab.

Für die Übungen 20–25 haben Sie jeweils 1 Minute Zeit. Folgen Sie mit den Augen (nicht mit den Fingern) den Linien und finden Sie zu jedem Buchstaben die dazugehörige Zahl. Notieren Sie das Ergebnis. Überprüfen Sie Ihr Ergebnis anschließend, indem Sie die Linien mit einem Finger nachfahren.

Übung 20

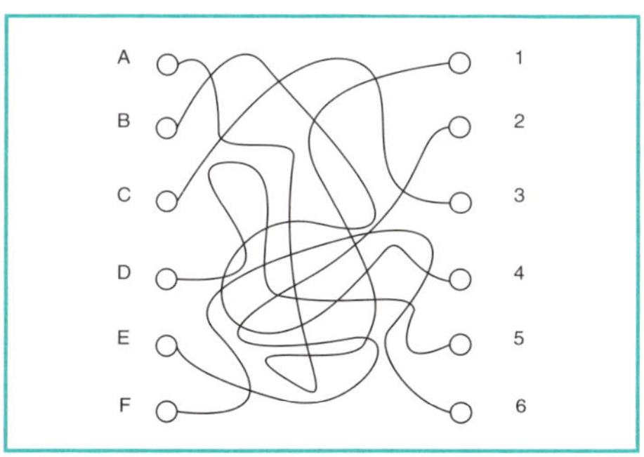

Übung 21

Übung 22

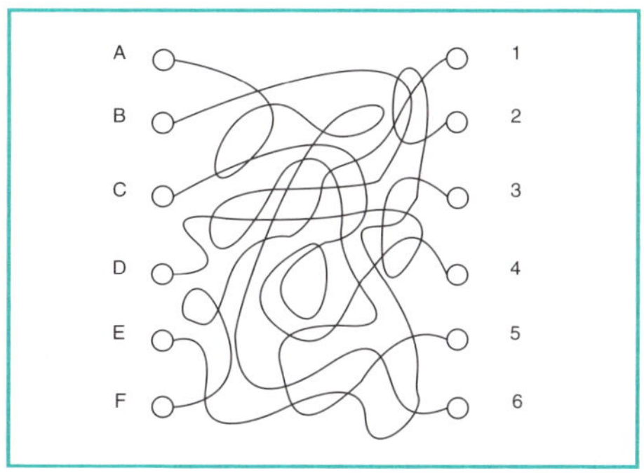

Übung 23

Übung 24

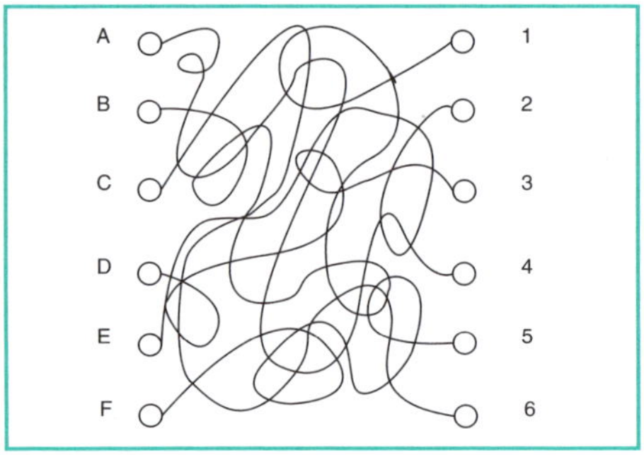

Übung 25

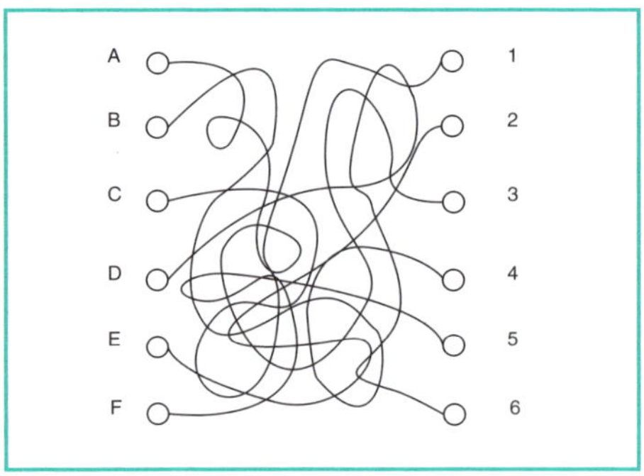

Go-Übungen

Go ist ein Schach-ähnliches chinesisches Brettspiel. Es wird im Gegensatz zum Schach nicht auf Feldern, sondern auf Linien gespielt, anstelle von Figuren gibt es schwarze und weiße Steine.

Die folgenden Übungen finden sozusagen auf einem Go-Spielbrett statt. Sie müssen aber die Regeln des Spieles nicht kennen, um diese Übungen durchzuführen. Es geht lediglich darum, eines der drei vorgegebenen Muster in dem dargestellten Spielplan optisch wiederzufinden.

Bei den ersten drei finden Sie das Muster so wie dargestellt, bei den anderen muss die Vorlage unter Umständen im Kopf „gedreht" werden, damit sie aufs Brett passt.

Übung 26

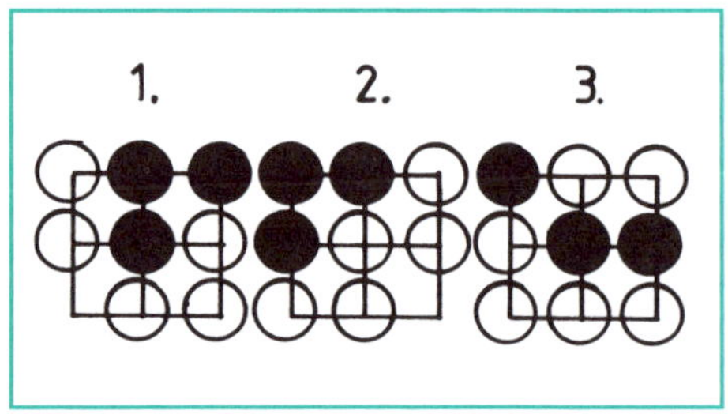

Welches dieser drei 9er-Muster ist auf dem großen Feld enthalten?

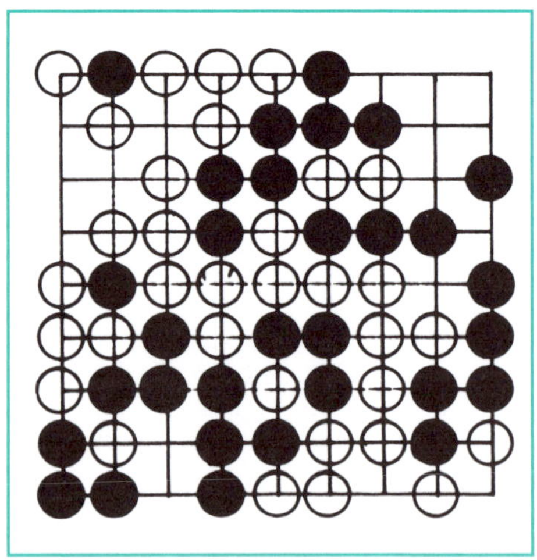

Übung 27

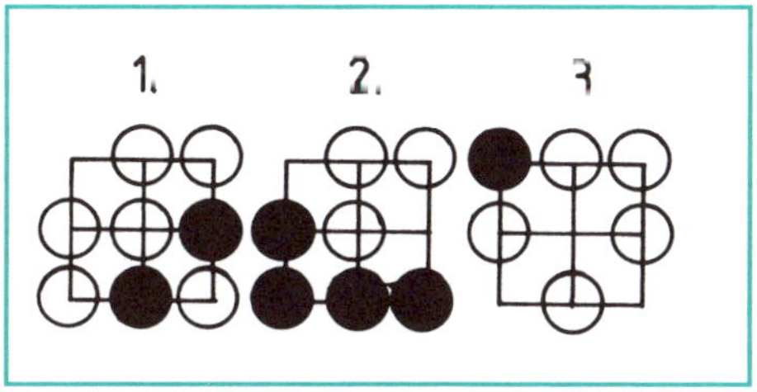

Welches dieser drei 9er-Muster ist auf dem großen Feld enthalten?

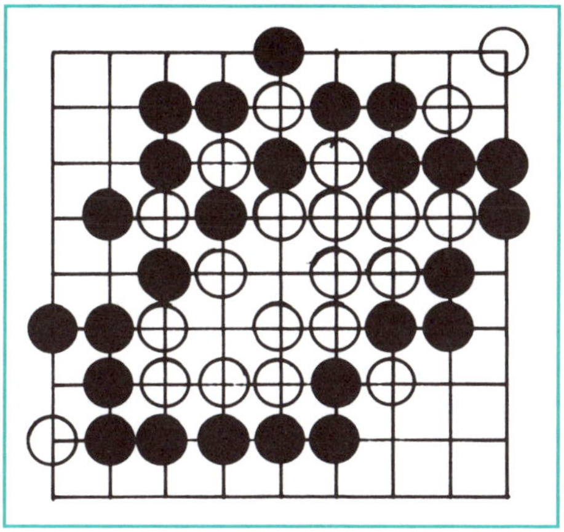

Übung 28

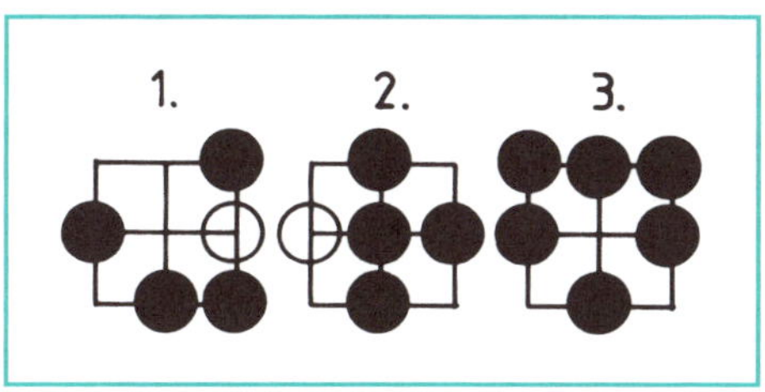

Welches dieser drei 9er-Muster ist auf dem großen Feld enthalten?

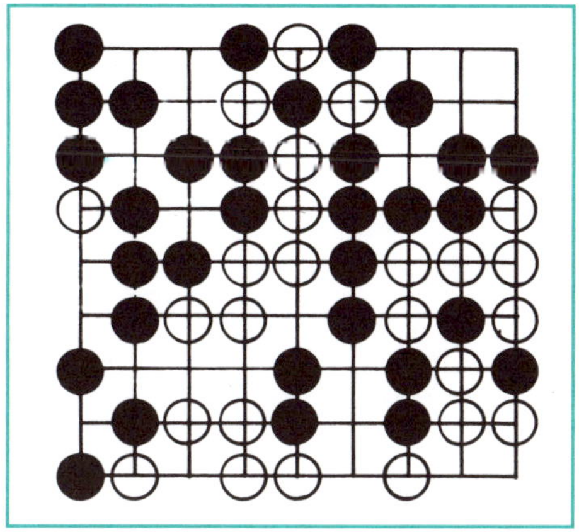

Übung 29

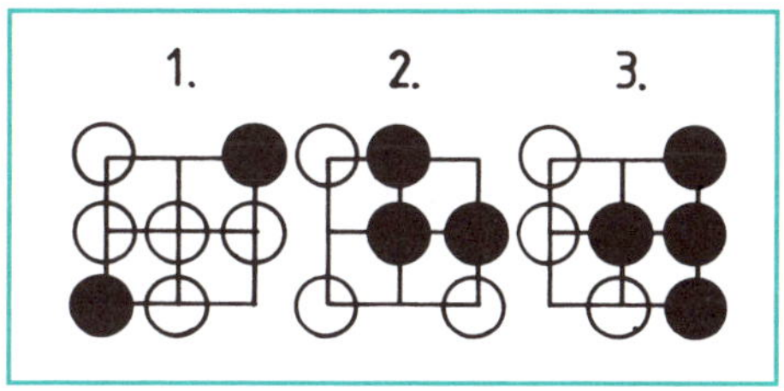

Welches dieser drei 9er-Muster ist auf dem großen Feld enthalten?

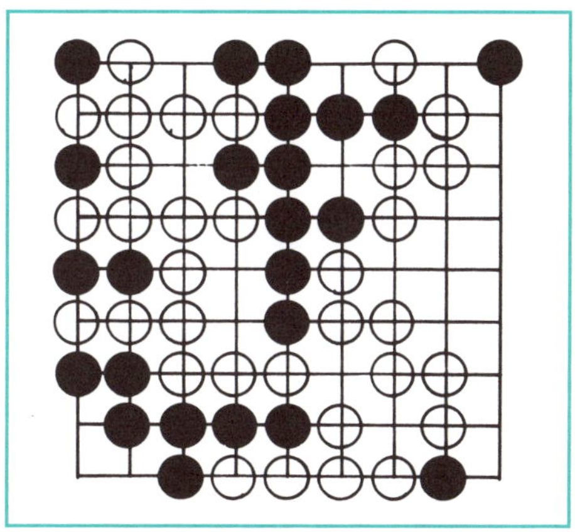

Übung 30

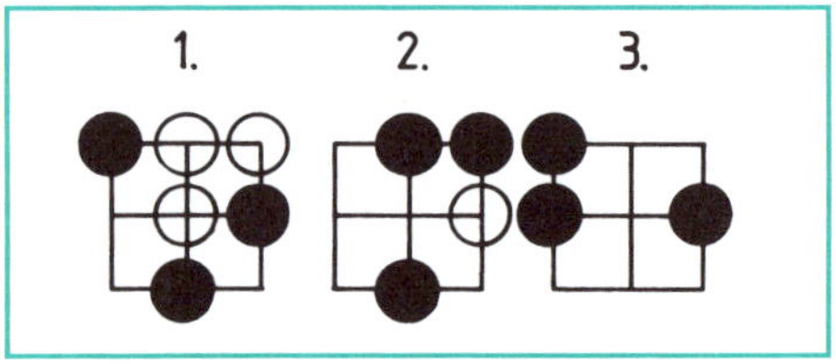

Welches dieser drei 9er-Muster ist auf dem großen Feld enthalten?

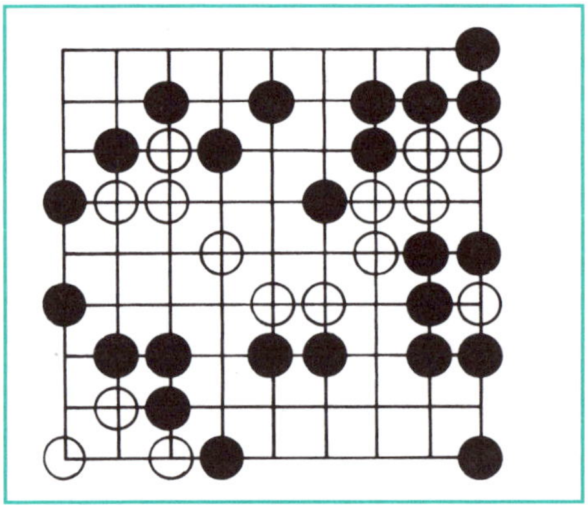

Übung 31

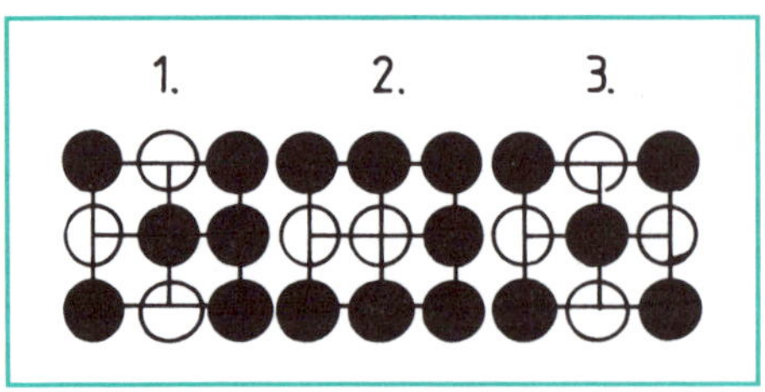

Welches dieser drei 9er-Muster ist auf dem großen Feld enthalten?

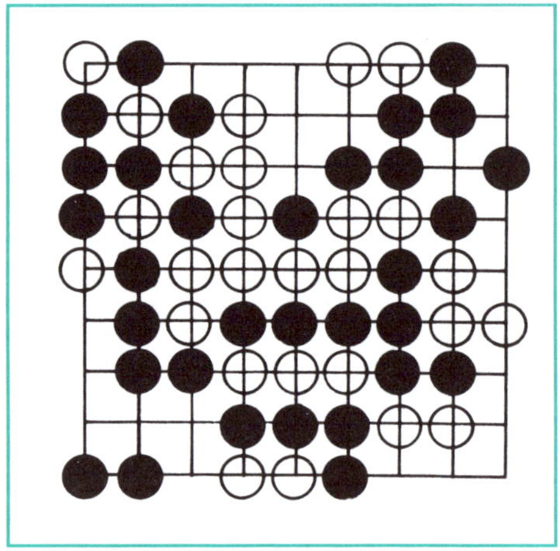

Übung 32

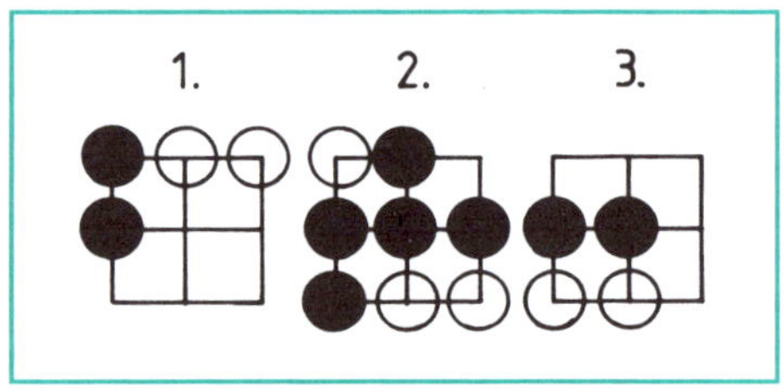

Welches dieser drei 9er-Muster ist auf dem großen Feld enthalten?

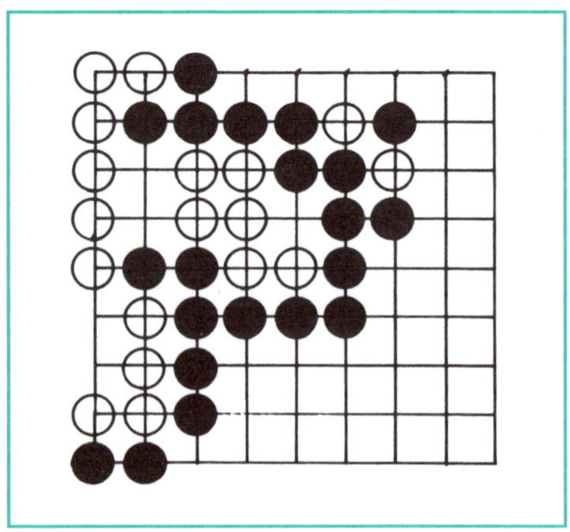

Additions- und Abzählübungen

In den folgenden Illustrationen sehen Sie sich überlappende und durchkreuzende Kreise, Striche, Dreiecke und Quadrate.
Dabei gilt:
Kreis = 1
Strich = 2
Dreieck = 3
Quadrat = 4
Übersetzen Sie die Symbole in ihren jeweiligen Zahlenwert und addieren Sie das Ergebnis. Sie können sich die Zwischenwerte notieren – schwieriger ist es, die Aufgaben nur im Kopf zu bewältigen.

■ Übung 33

■ Übung 34

■ Übung 35

Für die Übungen 36–38 haben Sie je 1 Minute Zeit. Tippen Sie mit dem Finger möglichst schnell nacheinander auf die Zahlen von 1–35 in ihrem jeweiligen Kästchen. Zum Einüben können Sie auch einen Bleistift benutzen und die Kästchen markieren. Noch schwerer werden die Übungen als „Countdown“, von 35 bis 1!

Übung 36

Übung 37

Übung 38

In den folgenden Illustrationen sehen Sie sich überlappende und durchkreuzende Kreise, Striche, Dreiecke und Quadrate.

Dabei gilt:

Kreis = 1
Strich = 2
Dreieck = 3
Quadrat = 4

Übersetzen Sie die Symbole in ihren jeweiligen Zahlenwert und addieren Sie das Ergebnis.

Sie können sich die Zwischenwerte auf dem freien Platz notieren – schwieriger ist es, die Aufgaben nur im Kopf zu bewältigen.

Übung 39

Übung 41

Übung 40

Buchstaben- und Lese-Übungen

Übung 42

Tippen Sie zügig in alphabetischer Reihenfolge mit dem Finger auf die Buchstaben.
Sie können dabei auch Ihre Zeit stoppen, notieren und es nach ein paar Wochen erneut probieren. Zeit: frei.

Übung 43

Tippen Sie nun in umgekehrter alphabetischer Reihenfolge mit dem Finger auf die Buchstaben. Zeit: frei.

Übung 44

Verbinden Sie die Buchstaben in alphabetischer Reihenfolge mit Bleistiftlinien.

Übung 45

Tippen Sie in alphabetischer Reihenfolge mit dem Finger auf die Buchstaben.
Zeit: frei

Übung 46

Tippen Sie in umgekehrter alphabetischer Reihenfolge mit dem Finger auf die Buchstaben. Zeit: frei

Übung 47

Verbinden Sie die Buchstaben in alphabetischer Reihenfolge mit Bleistiftlinien.

Texte lesen

Lesen Sie die folgenden Texte möglichst zügig – und am besten laut! – vor.

Übung 48

Im folgenden Text fehlen sämtliche Satzzeichen und Absätze.

Schuldgefühle
Schuldgefühlegehörenzudenhart näckigstenFeindenderpersönlichen WeiterentwicklungEsistfastunmög lichSieabzuschüttelngeradefürFrau enDereinzigeAuswegbestehtdarin siealseinenTeilvonsichzuakzeptieren undzulernendamitzulebenohnesich dasLebenversauenzulassenFrauen hegeninjederHinsichtundzujeder ZeitSchuldgefühleSeiesnunwege nihresGewichtesihresAussehensih rerKarriereihrerQualitätenalsMut teroderauchnurwegenderWäsche dievielleichteineBügelfaltezuvielo derzuwenigaufweistunddaherein fachnichtperfektgenugistDasGefühl nichtperfektzuseinistwohlüber hauptdasweiblicheSchuldgefühl NummerEinsInHochglanzmagazi nenlesenFrauenfastständigArtikelü berandereFrauendieimLebenalleser reichthabenDieseSuperfrauenvoll bringenoffensichtlichdasKunst stückerfolgreicheBerufskarrieren mitidyllischemFamilienlebenkulina rischenSpitzenleistungenundeiner absolutenTraumfigurinEinklangzu bringenwobeiüberdieserganzen GlückseligkeitauchnocheininallenBereichenausgezeichneterGe schmackschwebtDassindiesenArti kelnnieerwähntwirdwaseinderarti gerLebensstilkostetundwievielestille HelferleinsnötigsindumsolchenVor zeigeFrauenzuihremglanzvollenAuf trittzuverhelfenistklar

■ Übung 49

Im folgenden Text fehlen ebenfalls sämtliche Satzzeichen und Absätze.

Tierisches Liebesleben
ImmerwiederinteressantistdasLie beslebenderTierweltAusternwechsel netwaimmerwiederihrGeschlecht undzwarjenachWassertemperatur WürmerhabendafürimmerbeideGe schlechterMancheEinzellerhabenso garbiszuachtverschiedeneGe schlechterInderetwasgrößerenTier weltgibtesdurchausVergleichbares fastalleVertreterderFischartder SchwarzmeerseewölfesindinihrerJu gendweiblichallerdingswechselnvie lemitetwafünfJahrenihrGe schlechtAuchdieKontrastesindbei großenLebewesenoftunerwartet großamlangsamstengeschlechtsreif wirdderAalVonderGeburtbiszurFort pflanzungsfähigkeitbenötigter22Jah reAmschnellstengehtdasbeiderweib lichenFeldmausabdem13Tagnachih rerGeburthatsieoftbereitsihrerstes MalEineeinmaligeFormderBindung führenRegenwürmerbeimLiebesakt durchBevorsiekopulierenproduzie rensieeinenArtbesonderenSchleim mitdemsiesichaneinanderfestkle benDiereinoptischähnlichenSchlan

gentunsoetwaszwarnichtziehenden
Liebesaktabermanchmalüber24Stun
denlangdurchAuchLöwenmänn
chenhabeneineenormeKondi
tionwährendderPaarungszeitschla
fensienichtundbegattenihrePartne
rinzweibisdreiTagelangimDurch
schnittallevierStundenKeinWunder
dassdieHerrenderSchöpfungdenDa
mendasJagenüberlassenfürdiese
jährlicheAnstrengungwillwohlweisli
chEnergiegespartseinMännlicheAde
liePinguinepräsentierenihrerAuser
wähltenenenSteinalsHochzeitsge
schenkNimmtsieihnanistdiesdasEin
verständnisfüreinelangdauernde
PartnerschaftDerSteinwirdsodann
derGrundsteindesgemeinsamenNes-
tesAnschließendstehensieBrustan
BrustundsingenzusammeneinLie
besliedDochnichtnurPinguinesindro
mantischveranlagtSchneckenküs
sensichvordemLiebesakt

■ Übung 50

Im folgenden Text sind die Worte zwar normal angeordnet – die Buchstaben in den Worten allerdings von rechts nach links.

Die importierte Comic-Hetze

mI efual red re05-erhaj mak se uz re-
nie nelanoitanretni dgaj fua sad
muidem cimoc. os nedruw scimoc na
nehciltneffö neztälp hcilbätshcub
tnnarbrev. red resölsua rüf eid ci-
moc-ezteh raw nie hcub sed srena-
kirema cirderf mahtrew. se etsöl ne-
nie nerhaw mrutsreuef red itna-ci-
moc-eiretsyh sua. rüf mahtrew ne-
raw scimoc na mella dluhcs, saw ni
reresun tfahcslleseg feihcs feil, nov
tätilanimirkdneguj rebü elleuxes ne-
noisrevrep sib nih muz sumsissar. red
nrozsklov etethcir hcis rov mella ne-
geg rorroh-scimoc, eid slamad eiw
etueh ieb negnuj nresel rehs tbeileb
neraw. dlab nednaf hcis hcua ni
aporue – srednoseb mi negihcarpsh-
cstued muar – reztühcsdneguj, eid
eid „etnub tsepredlib", eid „et-
fehdnuhcs" nettoruzsua nethcusrev.

■ Übung 51

Der folgende Text ist in Spiegelschrift – lesen Sie ihn jedoch bitte ohne Spiegel!

Hilfe annehmen – Teil 1

Wenn es darum geht, zu bekommen,
was man gerne möchte, lautet die al-
lererste Lektion: Fragen Sie danach!
Bitten Sie andere darum! Haben Sie
schon öfters zu anderen Menschen
gesagt: „Es macht mir nichts aus, je-
mandem zu helfen, aber es fällt mir
schwer, selber um etwas zu bitten"?
Ist es nicht eine Ironie des Schicksals,
dass in einer Welt, in der viele mei-

nen, sie werden vom Leben schlecht behandelt und bekommen nie, was sie sich wünschen, die meisten Menschen nicht einmal darum bitten? Es ist essenziell wichtig, dass Sie, um die Dinge, die Sie wollen, bitten – und zwar aus mehreren Gründen: Durch eine Bitte zeigen Sie Selbstvertrauen und Selbstwertgefühl! Dadurch, dass Sie andere um gewisse Dinge oder Hilfestellungen ersuchen, bestätigen Sie gleichzeitig sich selbst und anderen, dass Sie ein Recht auf diese Frage/Bitte haben. Sie haben Rechte und Privilegien. Weisen Sie ruhig darauf hin. Ihre Bitte um Hilfe bedeutet, dass Sie selber auch daran glauben, diese Hilfe zu verdienen. Dadurch strahlen Sie eine positive Erwartungshaltung aus, die in den meisten Fällen dazu führen wird, dass Sie die geforderte Hilfeleistung auch bekommen.

■ Übung 52

Der folgende Text ist ebenfalls in Spiegelschrift.

Erfindungen 1

Ein gewisser Harvey Kennedy erfand die Schuhbänder und wurde dadurch – im Gegensatz zu vielen seiner Erfinderkollegen – reich. Vermutlich einiges weniger brachte dem englischen Schriftsteller Anthony Trollope seine Erfindung ein: das Pillendöschen. Der ursprüngliche „Erfinder" des Kommunismus war der Bonner Jude Moses Hess, der sich später mit seinem Schüler Karl Marx zerstritt – und seitdem in der kommunistischen Geschichtsschreibung nicht mehr erwähnt wurde. Leonardo da Vinci, seines Zeichens italienisches Universalgenie, erfand bereits 1480 den Fallschirm. Auch die modern anmutenden U-Boote wurden bereits Anfang des 17. Jahrhunderts erfunden. Der Schraubenzieher wurde im übrigen bereits vor der Schraube erfunden – der Zigarettenanzünder bereits vor den Streichhölzern. Das Sandwich wurde nicht von einem seiner berühmtesten Verfechter, nämlich dem leidenschaftlichen Spieler Lord Sandwich erfunden, sondern von den Römern, die es als „offola" kannten. Diese Sandwich-Variante gibt es bis heute, nur sagt man nunmehr „Tramezzini". Die alten Römer schätzten auch auf Eis servierte Früchte und gefrorene Säfte. Die Eiscreme aber wurde „erst" im Jahr 1620 erfunden.

■ Übung 53

Der folgende Text steht Kopf. Lesen Sie ihn aber bitte dennoch, ohne das Buch zu drehen – und zwar von unten nach oben!

Hilfe annehmen – Teil 2

Um etwas zu bitten, ist auch wichtig für Ihre Gesundheit! Wenn Sie sich Hilfe wünschen, aber sich nicht zu Wort melden, kann es leicht geschehen, dass man Sie übersieht oder ignoriert. Das führt zu Frustrationen, Magenbeschwerden usw. Jedes Mal, wenn Sie Ihren Wünschen nicht Ausdruck verleihen, zählt Ihr Körper mit. Eine Bitte ist der erste logische Schritt, um Ihrem Vorgesetzten, Ihrer Familie, Ihren Freunden oder auch Ihrem Gott zu sagen, was Sie sich wünschen. Die meisten der erwähnten Beteiligten können keine Gedanken lesen! Ihre Bitte beschert jemand anderem das Vergnügen, ihnen zu helfen. Tatsächlich ist es egoistisch, NICHT zu bitten. Wenn Sie anderen gerne helfen, dann sollten Sie ihnen auch diese Möglichkeit einräumen. Bringen Sie sie nicht um das Vergnügen und um die Befriedigung, die darin liegt, Ihnen helfen zu dürfen! Letzteres trifft auf nahezu jede Art von Bitte zu. Die meisten Menschen sind nämlich mehr als hilfsbereit, wenn sie merken, dass jemand etwas braucht bzw. dass jemand ohnehin alles tut, was in seiner Macht steht, aber noch etwas zusätzliche Hilfe benötigen könnte. Viele Menschen würden liebend gerne helfen, haben aber Angst, zu aufdringlich zu sein. Mit Ihrer direkten Bitte kommen Sie daher einem sehr natürlichen, menschlichen Bedürfnis entgegen.

■ Übung 54

Auch der folgende Text steht Kopf.

Erfindungen 2

1120 die ersten Kartenspiele. Im 15. Jahrhundert begannen chinesische Gelehrte im Auftrag des Kaiserhauses mit der Arbeit an einer gewaltigen Enzyklopädie. Fertig gestellt umfasste sie 22.937 Bände. Dieses gewaltige Lexikon wurde in zwei Exemplaren aufgelegt. Dennoch hat bis heute kein Band davon überlebt. Die Parkuhr wurde bereits 1935 erfunden, Zündschlüssel erhielten Autos allerdings erst ab dem Jahr 1949. Den allseits beliebten Kugelschreiber erfanden die Brüder Georges und Laszlo Biro (weshalb Kugelschreiber in einigen Sprachen auch noch immer als „biro" bezeichnet werden). Graham Bells bedeutendste Erfindung war bekanntlich das Telefon. Allerdings hatten weder seine Frau noch seine Mutter viel davon; sie waren beide taub. Neben dem Blitzableiter zählt zu den eminentesten Erfindungen von Benjamin Franklin wohl der Schaukelstuhl. Und zu guter Letzt: das türkische Bad erfanden die Römer.

100 vor Christi Geburt bauten die Chinesen die erste Hängebrücke der Welt. Ebenfalls noch vor dem Jahre 0 erfanden die Chinesen das Differentialgetriebe. Die Chinesen kennen Toilettenpapier bereits seit dem Jahr 875. Überhaupt wurde das Papier von einem chinesischen Eunuchen erfunden, der Druck mit beweglichen Lettern darauf wurde erstmals von einem koreanischen Mönch durchgeführt, dessen Name nicht Gutenberg lautete. Um 1027 erfand man erstmals einen Tachometer, im Jahr

■ Übung 55

Auf dem Kopf und Spiegelschrift. Lesen Sie wieder von unten nach oben – ohne Spiegel und ohne das Buch zu drehen.

Europa

chen Staus wird ebenfalls eingeplant. Auf eines kann der Entdecker von heute allerdings verzichten: Der bisweilen stundenlange Zwangsstopp an den Zwischengrenzen, bei dem die Elterngeneration vor wenigen Jahren in der überhitzten Blechkarosse noch stahlharte Nerven beweisen musste, darf heutzutage getrost vergangenen Reiseepochen zugeordnet werden. Blickt so mancher Erwachsene noch nachdenklich auf verfallene Grenzhäuschen oder auf lässig vorbeiwinkende Landeshüter, bemerken Kinder die Passage in ein anderes europäisches Land oft schon gar nicht mehr. Sie staunen dann allenfalls über andersfarbige Straßenmarkierungen und bislang ungesehene Verkehrszeichen.

Was uns heute so selbstverständlich erscheint, war im vergangenen 20. Jahrhundert mit seinen zwei großen Kriegen lange Zeit schlicht Utopie. Zudem verhinderte nach 1945 die Spaltung des Kontinents in den westlich-demokratischen Teil US-amerikanischer Prägung und den östlich-staatssozialistischen Gegenpart unter der Führung der damaligen Sowjetunion noch bis in die späten 1980er-Jahre die Ost-West-Integration. So wurden die Grundpfeiler des uns heute vor Augen liegenden Europas konsequenterweise auch in den westlichen Staaten gelegt, die eine Zukunft für den alten Kontinent im friedlichen Zusammenwachsen sahen. Erst nach dem Bröckeln des Eisernen Vorhangs, der die unterschiedlichen Ideologien quer durch Europa von Nord nach Süd trennte und dem Fall der Mauer 1989 wurde eine Entwicklung möglich, die in ihrem heutigen Stand nur eine flüchtige Zwischenstation darstellen dürfte und seit den 1990er-Jahren in erstaunlicher Rasanz verläuft.

■ Übung 56

Noch einmal auf dem Kopf und in Spiegelschrift.

Das Erste Mal

1897 wurde mit George Smith, von Beruf Taxifahrer, zum ersten Mal in der Weltgeschichte jemand wegen Trunkenheit am Steuer eines Autos verurteilt. Fünf Jahre später, 1902, wurde die weltweit erste Verurteilung aufgrund von Fingerabdrücken ausgesprochen, und zwar gegen einen gewissen Harry Jackson. Die erste Polizistin der modernen westlichen Geschichte wurde in Los Angeles im Jahre 1910 eingestellt. Der südliche Inselstaat Neuseeland gewährte schon am 19. September 1893 als erstes Land der Erde den Frauen das Wahlrecht. Das bereits hundert Jahre zuvor durch blutige Revolution auf „Freiheit – Gleichheit – Brüderlichkeit" eingeschworene Frankreich gewährte seinen „gleichen" Frauen erst 1944 das Wahlrecht! Die erste Hollywood-Schauspielerin, die Nagellack trug, war Pola Negri. Die erste Armbanduhr wurde von Königin Elisabeth I. besessen. Tennis wird bereits seit dem 11. Jahrhundert in französischen Klöstern gespielt. Fußball existiert als Sportart seit dem 12. Jahrhundert. 1150 wurde zum ersten Mal Billard gespielt – und zwar in Italien. Golf ist ein sehr alter schottischer Nationalsport – und da Königin Maria von Schottland bereits 1552 Mitglied des ersten Golf Clubs des Landes war, dürfte sie somit auch die erste Golfspielerin der Geschichte gewesen sein. Das erste Fußballtor mit Netzbespannung wurde 1891 in Nottingham errichtet. Karate kam (erst) 1916 nach Japan. 1094 wird erstmals in Venedig eine Gondel erwähnt. 1494 wurde in Deutschland die erste Lotterie eingeführt. 1777 veröffentlichte die New York Gazette zum ersten Mal in der Geschichte des Zeitungswesens eine Schlagzeile. 1867 wurde „Faust I" das erste Softcover-Buch der Geschichte. 1908 wurde die erste öffentliche Telefonzelle in Nottingham errichtet. 1935 wurde erstmals Bier in einer Dose abgefüllt.

Plant der mobile deutsche Zeitgenosse eine Ferienreise mit dem Auto, etwa an die azurblaue italienische Adria, macht er sich meist einen genauen Zeitplan für die Anreise. Pausen werden präzise festgelegt und eine Reserve für die unumgängli-

Alternative Methoden und Übungen zur Konzentration und Zentrierung

Hohe Konzentration ist eigentlich eine geistige Disziplin. Genauer gesagt ist es eine Fähigkeit, über die man, bedingt durch Umwelteinflüsse, in einmal mehr und einmal weniger großem Ausmaß verfügt. Kommen Sie in eine gefährliche Situation, schalten bestimmte Funktionen in Ihrem Körper um und sorgen für ein Höchstmaß an Konzentration und Reaktionsbereitschaft. Da wir aber nicht immer einen Autounfall provozieren können, um eine anstehende Mathe-Prüfung zu bestehen oder einem wichtigen Gespräch aufmerksam zu folgen, empfiehlt es sich, die eigene Konzentrationsfähigkeit zu verbessern. Denn eine hohe, bzw. erhöhte Konzentration ist in einer Vielzahl von privaten wie beruflichen Situationen ausgesprochen hilfreich. Die „äußeren" Aspekte der Konzentration und der erhöhten Wahrnehmung konnten Sie ja bereits im ersten Teil dieses Kapitels testen und üben. Nun geht es um die „inneren", die mentalen Bereiche: sich sammeln, Ruhe finden, sich zentrieren, die eigene Mitte finden. Also das, was etwa Spitzensportler, und zwar nicht nur asiatische, jedes Mal vor dem Beginn des Wettkampfes tun.

Kommen Ihnen Worte wie Yoga, Atem-Meditation oder Selbsthypnose zu „esoterisch" vor, dann sei Ihnen versichert: Jedes Kulturvolk hat im Laufe seiner Geschichte eigene Techniken zur Sammlung und Zentrierung entwickelt. Und diese wurden von Mönchen, buddhistischen wie christlichen, ebenso angewandt wie von – gläubigen oder agnostischen – Wissenschaftlern und Politikern. Auch die meisten Wirtschaftsbosse und Spitzenmanager von heute verwenden, wie die schon erwähnten Spitzensportler, Meditationen und andere geistige Übungen, um ihr volles geistiges Potenzial einsetzen zu können. Wieso sollten Sie dann nicht davon profitieren? Unsere Einladung: Probieren Sie einfach mal alles aus, verweilen Sie bei Übungen, die Ihnen liegen oder sympathisch sind, überspringen Sie andere oder versuchen Sie diese später. Sie werden bald merken, ob und womit Sie etwas anfangen können. Es ist ganz sicher etwas dabei, das Ihnen bei der Bewältigung Ihrer ganz persönlichen Probleme oder Blockaden hilft. Finden Sie doch vorurteilslos und mit Spaß heraus, welche das sind! Damit das in Ihnen schlummernde Genie weitere Möglichkeiten erhält, zu wachsen und sich zu entfalten. Beginnen wir aber erst einmal mit weniger „abgehobenen" Methoden, Ihre Konzentration zu verbessern

Faktoren, welche die Konzentration beeinflussen

Es ist nicht egal, wann man was wo und unter welchen Umständen lernt oder übt. Benötigt der eine strikte Ruhe, kann sich der andere bei leiser Hintergrundmusik viel besser auf die gestellten Aufgaben konzentrieren. So mancher arbeitet geistig am liebsten im abgedunkelten stillen Kämmerlein zuhause spät in der Nacht, während der andere beim spazieren gehen an der frischen Luft zeitig in der Früh bessere Resultate erzielt. Hier gilt es individuell herauszufinden, was Ihnen nutzt und was Ihnen schadet.

■ Übung 57

Stellen Sie sich eine einfache Lern- bzw. Konzentrationsaufgabe, etwa das Auswendiglernen eines kurzen Gedichtes. Versuchen Sie nun, diese Aufgabe (oder Teile davon, wie einzelne Absätze) zu lösen, indem Sie für sich verschiedene Umstände schaffen:

- absolute Ruhe im dunklen Zimmer
- leise Musik
- laute Musik
- unterschiedliche Musikarten: Pop, Jazz, Klassik
- unter Menschen (Kaffeehaus, Park)
- beim spazieren gehen
- allein an einer abgelegenen Stelle in der Natur
- zu unterschiedlichen Tageszeiten

Sie sollten recht bald merken, was Ihnen mehr liegt, wo und wie Sie sich am besten konzentrieren können. Nutzen Sie dieses Wissen für zukünftige Aufgaben!

Arbeitsplatz

Der Arbeitsplatz, also der Platz, den wir am häufigsten zur Bewältigung unserer Aufgaben nutzen, sollte uns angenehm sein, Raum zur Entfaltung und möglichst wenig Ablenkung bieten. Das heißt, eine kurze Phase des Aufräumens vor dem Lernen oder Arbeiten, hilft enorm, im Anschluss erfolgreicher zu sein. Sie sollten genügend Platz für Ihre Unterlagen (siehe auch weiter unten) und diese immer in Griffnähe haben. Gleichzeitig sollten sich keine störenden und vor allem ablenkenden Objekte weder in Ihrer Griffnähe noch in Ihrem unmittelbaren Sichtbereich befinden. Entfernen Sie alles, das Sie ablenken könnte. Weiters sollten Sie für Ruhe – oder falls Sie, siehe oben, damit besser können – leise, ruhige Hintergrundmusik sorgen. Instrumentalmusik, etwa Meditations-CDs oder ruhige klassische Musik, sind für die meisten Menschen am besten geeignet. Musik mit starken Rhythmen oder auffälligen (vor allem deutschen!) Liedtexten lenken dagegen die meisten Leute eher ab.

■ Übung 58

Tun Sie's! Räumen Sie Ihren Arbeitsplatz vor der Bewältigung der nächsten wichtigen Aufgabe – oder auch nur zum Üben eines Teiles dieses Buches – nach oberen Kriterien auf. Alles geordnet wegschaffen ist sicher der optimale Weg, zum Testen reicht es aber auch, alles von der Oberfläche Ihres Schreibtisches ungeordnet in eine Schachtel zu räumen. Beginnen Sie mit Ihrer Aufgabe. Wie fühlen Sie sich? Ist es eine Verbesserung? Wenn ja, sollten Sie diese Tatsache als Motivation für mehr Ordnung permanent nutzen.

Der ideale Schreibtisch

Abgesehen von Dingen wie Gedichte auswendig lernen, was sich je nach persönlicher Vorliebe praktisch überall durchführen lässt, ist Lernen, Üben, Arbeiten sonst doch mehrheitlich an Bücher, Hefte und andere Arbeitsmaterialien gebunden. Wenn man also an einem Tisch sitzend arbeitet, sollte man einige Dinge unbedingt beachten. Wichtig ist ein Ort, der von einem alleine benutzt wird und an dem man alle Arbeitsutensilien übersichtlich anbringen und anordnen kann. Eine Schreibplatte oder ein Schreibtisch sollte daher mindestens eine Abmessung von 100 x 60 cm aufweisen. Die ideale Höhe für einen Schreibtisch beträgt im allgemeinen zwischen 70 und 80 cm. Weitere Arbeitshilfen wie Seitenfächer, Hängeregistraturen oder Ausziehplatten sind natürlich darüber hinaus nützlich. Wichtig ist aber auch die Wahl des richtigen Stuhles, ein Faktor, auf den man gar nicht genug Wert legen kann. Denn unter Umständen muss man auf diesem jeden Tag mehrere Stunden verbringen – über Nebenwirkungen und unerwünschte Wirkungen von falschen oder falsch genutzten Stühlen informiert Sie gerne Ihr Arzt oder Orthopäde... Wie sieht nun der richtige Stuhl aus? Vor allem soll er nicht zu hart und nicht zu weich sein, jedenfalls bequem und unbedingt in der Höhe verstellbar – dann kann man ohne Ermüdungserscheinungen und vor allem Muskelverspannungen mehrere Stunden darauf sitzend lernen. Wichtig ist auch noch, auf Schattenbildung zu achten: Stellen Sie Ihren Schreibtisch so auf, dass Tageslicht nicht stört. Künstliches Licht sollte ausreichend hell sein und von vorne oder von links (bei Linkshändern von rechts!) kommen.

Innere Balance

Viele der hier angebotenen Übungen – von autogenem Training über Yoga bis Qi Gong – zielen auf eine innere Balance, eine Ruhe und Gelassenheit sowie eine Zentrierung ab. Versuchen Sie alle Methoden, und nehmen Sie die eine oder andere in Ihr (tägliches) Repertoire an Entspannungsübungen auf. Die Grundregel ist meist sehr ähnlich und recht einfach: Konzentration auf sich selbst, Abschotten von äußeren Einflüssen, innere Ruhe. Hier eine Grundübung, detailreichere finden Sie im weiteren Textverlauf.

■ Übung 59

- Setzen Sie sich aufrecht hin.
- Schließen Sie die Augen.
- Atmen Sie ruhig und achten Sie auf das Ein- und Ausatmen.
- Denken Sie an etwas Ruhiges, Stilles oder sagen Sie sich „Ich bin in Ruhe."
- Bleiben Sie in diesem Zustand, so lange er für Sie angenehm ist.

WICHTIGE TIPPS FÜR EFFEKTIVES LERNEN UND ARBEITEN

- Die ideale Raumtemperatur beim Lernen und anderen geistigen Arbeiten liegt bei 18 Grad Celsius. Dabei aber darauf achten, dass man unbedingt warme Füße hat!
- Die Luftfeuchtigkeit sollte möglichst zwischen 50 und 70 % liegen, weil das als am angenehmsten empfunden wird.
- Unbedingt Zugluft vermeiden!
- Der Sauerstoffbedarf bei geistiger Arbeit ist sehr hoch: Er liegt bei etwa 50 Kubikmeter pro Stunde! Das bedeutet, dass man einen mittelgroßen Raum alle 15 Minuten lüften müsste. Achten Sie also auf ausreichend frische Luft – vor allem auch in der kalten Jahreszeit! Und: Das so genannte Stoßlüften, das heißt alle Fenster kurz ganz aufmachen, ist besser als Fenster ständig gekippt zu halten.

Flow

„Flow" ist englisch und bedeutet „Fluss", allerdings nicht im Sinne von Gewässer (das wäre „river") sondern im Sinne von fließen, „im Fluss sein". Und sicher kennen Sie diesen Zustand selbst: Irgendetwas, eine Arbeit oder Aufgabe, fesselt Sie ganz. Sie sind vollkommen davon erfüllt, Sie vergessen alles andere um sich und arbeiten wie von einem fließenden Gewässer vorantransportiert mit Leichtigkeit und im Einklang mit sich selbst weiter. Wie schön wäre es, wenn uns das bei all unseren Aufgaben gelänge! Tatsächlich kann man aber auch „Flow" wie fast jeden anderen Zustand durch Übung immer besser erreichen. Allerdings lässt er sich nicht erzwingem, ja nicht einmal leicht bewusst herbeiführen. Aber mit folgender Übung sollte es Ihnen gelingen, früher oder später in den erwünschten Zustand einzutreten – und ihn dann immer leichter zu erreichen.

■ Übung 60

Suchen Sie sich eine Aufgabe, die folgende Kriterien erfüllt:

- Es sollte etwas sein, das Ihnen von vornherein Spaß macht.
- Die Aufgabe sollte Sie – am besten geistig und körperlich – fordern, aber nicht zu schwer sein.
- Es sollte eine Aufgabe sein, die einen längeren Zeitraum gleicher oder ähnlicher Tätigkeiten erfordert.

Ein Beispiel wäre das Sortieren von ungeordneten Zeitschriften, Magazinen, Romanheften oder Comics, die Sie mögen, im Idealfall sammeln. Nehmen Sie den Stapel (oder Stapel nach Stapel) und ordnen Sie die Hefte chronologisch nach Erscheinungsdatum und Nummer. Die Mechanik des Vorganges, verbunden mit der Freude, die Sie an den Objekten haben, kann im Idealfall den Zustand des „Flow" herbeiführen. Sie werden merken, wenn es so ist! Haben Sie den Zustand, bei welcher Tätigkeit auch immer, erreicht, geben Sie sich dem „Flow" hin, machen Sie sich die Gefühle und Empfindungen dabei bewusst, erfreuen Sie sich an Ihrem Tun. Schaffen Sie es immer wieder, diesen Zustand zu erreichen, wird es Ihnen bald immer leichter fallen, diese – erfreuliche und hochkonzentrierte! – Art des Arbeitens zu einem häufigen Vorgang zu machen. Sogar bei Aufgaben, die Ihnen bislang nicht so sehr gelegen haben!

Emotionaler Zustand, Atem- und Entspannungsübungen

Am besten lernen und arbeiten die meisten Menschen in einer ruhigen

Situation – äußerlich wie innerlich. Wenn Sie sich ruhig, gelassen, aber wach einer Aufgabe widmen, wird der Erfolg ungleich größer sein, als wenn Sie gehetzt und besorgt „auf den letzten Drücker" Vokabeln pauken oder die wichtigsten Punkte einer folgenden Geschäftsbesprechung memorieren. Hier helfen oft einfache Atem- und Entspannungsübungen, um sich zu konzentrieren und zu zentrieren, da diese Ihnen die nötige innere Ruhe und eine kurze Atempause verschaffen, bevor Sie sich den eigentlichen Aufgaben widmen.

■ Einfache Atemübung 1

Atmen Sie ganz langsam und bewusst. Versuchen Sie vor allem, besonders lange und viel auszuatmen, damit die verbrauchte Luft ganz aus Ihren Lungen entweichen kann. Dabei hilft es oft, den Bauch bzw. eigentlich das Zwerchfell einzuziehen. Atmen Sie dann zur Abwechslung ganz schnell mehrfach hintereinander ein und aus. Wechseln Sie beides einige Male ab.

■ Einfache Atemübung 2

Stellen Sie sich aufrecht und gerade hin, am besten bei offenem Fenster oder in der Natur. Lockern Sie Ihre Schultern und Arme. Atmen Sie dann tief durch die Nase ein – so tief, dass sich die Bauchdecke nach außen wölbt. Halten Sie die Luft nun etwas an und atmen Sie danach langsam und bewusst aus.

■ Zähltechnik

Konzentrieren Sie sich, bequem sitzend oder liegend, mit geschlossenen Augen auf Ihren Atem. Beobachten Sie Ihren Atem eine Weile lang. Beginnen Sie anschließend, immer mit dem Ausatmen, von zehn an rückwärts zu zählen. Immer eine Zahl weniger bis Null. Sie sollten sich anschließend wesentlich entspannter und ruhiger fühlen.
Mit etwas Übung erreichen Sie dieses Ziel auch schon, wenn Sie mit fünf oder sogar drei beginnen.

TIPP!

Wenn Sie das nächste Mal spazieren gehen, lassen Sie doch einmal Ihre Schritte den Rhythmus Ihres Atmens bestimmen – achten Sie darauf, wie sich das anfühlt und wie es sich geistig auf Sie auswirkt!

Geatmet werden 1

Setzen Sie sich bequem oder legen Sie sich hin. Konzentrieren Sie Ihre Aufmerksamkeit auf den kleinen Steg zwischen den Nasenlöchern. Versuchen Sie zu spüren, wie der Atem an diesem Steg vorbei streicht. Atmen Sie bewusst einige Male tief ein und aus. Sie nehmen dabei diese Empfindung ohne Anstrengung immer deutlicher wahr. Lassen Sie nur Ihren Körper atmen. Mischen Sie sich nicht ein. Der Atem strömt mühelos ein und aus. Ihre Aufmerksamkeit bleibt nur bei diesem Vorgang.

Sollte Ihre Aufmerksamkeit abschweifen, bringen Sie sie immer wieder sanft und ohne Zwang oder Ärger auf sich selbst zurück, auf das rhythmisch wechselnde Ein und Aus. Schon bald werden die Abschweifungen und Ablenkungen abnehmen und schließlich ganz verschwinden – die Konzentration stabilisiert sich.

Geatmet werden 2

Statt auf Ihren Steg zwischen den Nasenlöchern können Sie sich auch auf das Heben und Senken Ihres Bauches konzentrieren. Ansonsten wie Übung 1.

Wechselseitiges Atmen

Diese Übungen sind aus dem Yoga entlehnt. Es geht im Grunde darum, durch rhythmisch abwechselndes Atmen beide Gehirnhälften zu aktivieren und zu koordinieren. Diese Übung ist besonders geeignet bei Blockaden oder herabgesetzter Denkleistung. Sie dient der Harmoni-

3D-BILDER UND „MAGIC-EYE"-BÜCHER

Erinnern Sie sich an die Welle der „Magic Eye"-Bücher? Das waren diese Bücher, aber auch Postkarten und Poster, bei denen man durch eine bestimmte Art des Sehens in einer Reihe von regelmäßigen Mustern plötzlich andere, dreidimensionale Formen erkennen konnte. Diese und andere Formen des Stereo-Sehens – man kann etwa stereografische Fotografien durch dieselbe Blickart auch ohne Brille in 3D sehen – vernetzen Ihre Gehirnhälften und erhöhen Ihre Konzentration und Aufmerksamkeit. Probieren Sie's! Vielleicht haben Sie ja noch so ein Buch oder eine Postkarte zuhause liegen. Die Bücher gibt es auch noch zu kaufen – einzelne Beispiele kann man sich aber auch im Internet ansehen oder ausdrucken.

sierung sowie der Klarheit und Konzentration. Man kann die Übung aber auch als Einstieg in einen Meditationszustand nutzen.

Atmen Sie abwechselnd durch je ein Nasenloch. Das können Sie erreichen, indem Sie jeweils eines der Nasenlöcher zu halten – oder indem Sie sich nur auf das Nasenloch, mit dem Sie atmen wollen, konzentrieren. Versuchen Sie dabei, dem natürlichen Atemrhythmus in seinem Kommen und Gehen zu folgen. Nun wechseln Sie den Atem folgendermaßen ab:

- Atmen Sie jeweils drei Mal rechts ein und links aus.
- Atmen Sie jeweils drei Mal links ein und rechts aus.
- Atmen Sie jeweils drei Mal durch beide Seiten ein und aus.

Wiederholen Sie diese Abfolge einige Minuten lang.

Atemübungen gegen Angst, Stress und Ärger 1

Bei Prüfungen und anderen Stresssituationen, oder wenn eine Deadline oder ein wichtiger Termin naht, und man noch nicht so weit ist oder sich unvorbereitet fühlt, führen Angst, Stress oder auch Ärger manchmal zu einer falschen, panischen Atmung. Eine Art flache Brustatmung, die körperliche Beschwerden wie Unwohlsein, Herzklopfen oder Schwindelgefühle auslöst, da das Gleichgewicht zwischen Sauerstoff und Kohlendioxid im Blut nicht mehr stimmt. Das falsche Atmen und die Angst, der Stress steigern sich dann oft gegenseitig in einer Endlosspirale. Sollten Sie in eine solche akute Stresssituation geraten, probieren Sie Folgendes:

- Achten Sie bewusst auf Ihre zu flache und zu schnelle Atmung.
- Halten Sie beide Hände gewölbt über Nase und Mund, sodass beim nächsten Einatmen Ihre eigene ausgeatmete Atemluft wieder eingeatmet wird.
- Atmen Sie 2-3 Minuten bewusst langsam in die so gewölbten Hände hinein, bis die Panik-Symptome verschwinden.

Atemübungen gegen Angst, Stress und Ärger 2

Wenn Sie eine oben beschriebene Stressreaktion schon vorab verhindern wollen, führen Sie folgende Atemübung bereits bei den ersten Anzeichen durch:

Halten Sie den Mund geschlossen und atmen Sie bewusst langsam und ruhig nur durch die Nase ein und aus. Gelingt es Ihnen, so die aufkommende Stressatmung zu verhindern, führen Sie anschließend nach Möglichkeit eine der anderen hier beschriebenen Atemübungen zur Entspannung und Zentrierung durch.

Cook's Hook-ups

Folgende Übung dient der Vernetzung Ihrer beiden Gehirnhälften. Denn gerade im perfekten Zusammenspiel des kreativen und des logischen Teils Ihres Hirns liegt der Weg zu besserer Konzentration und Erfolg bei vielen Aufgaben.

■ Übung 61

Setzen Sie sich bequem in einen Stuhl. Legen Sie Ihren linken Fuß auf Ihr rechtes Knie. Umfassen Sie mit Ihrer rechten Hand den linken Fuß in der Gegend des Fußknöchels oder legen Sie die Hand auf den Knöchel. Greifen Sie jetzt mit der linken Hand den Fußballen Ihres ebenfalls linken Fußes in der Nähe der Zehen. Drücken Sie mit Ihrer Zungenspitze gegen das Dach Ihrer Mundhöhle. Schließen Sie die Augen. Bleiben Sie so 30 Sekunden bis 1 Minute ruhig atmend sitzend.

■ Übung 62

Für Fortgeschrittene

Nehmen Sie die oben beschriebene Position ein. Drücken Sie nun aber beim Einatmen mit Ihrer Zunge von innen gegen die Stelle, wo die oberen Schneidezähne das Zahnfleisch berühren. Beim Ausatmen drücken Sie die Zunge ein paar Zentimeter weiter hinten gegen die Oberseite der Mundhöhle, den so genannten „harten Gaumen". Führen Sie die Übung 1 Minute lang aus. Anschließend lösen Sie die Position auf, stellen die Füße auf den Boden und legen die Fingerspitzen beider Hände gegeneinander. Atmen Sie so noch eine weitere Minute ruhig weiter.

Lernen Sie Jonglieren!

Forschungen haben ergeben, dass nur wenige Dinge unsere beiden Gehirnhälften so gut vernetzen wie das Jonglieren, egal ob mit Bällen, Tüchern oder Keulen. Offenbar wird bei diesem für unser Gehirn recht schwierigen Vorgang (Hunderte komplizierte Rechenleistungen im dreidimensionalen Raum und schwierige Augen-Hand-Kombination!) unser gesamtes Denken auf eine gründliche Art angeregt, trainiert und damit auch für andere Aufgaben fit gemacht.

■ Übung 63

Besorgen Sie sich Jonglierbälle und ein Buch für Anfänger oder besuchen Sie einen Kurs. Zur Anregung Ihrer Denkleistung und Kreativität brauchen Sie nicht mit sieben brennenden Fackeln zu jonglieren! Das

Beherrschen der „Welle" (drei Bälle kontinuierlich in der Luft und in Bewegung halten), und das tägliche, auch nur kurze Üben mit den Bällen kann Ihren „grauen Zellen" eine lang vermisste Energiekur verpassen!

Rhythmus-Übungen

Auch verschiedene Übungen, die mit Rhythmus zu tun haben, verbessern die Konzentrationsfähigkeit. Vor allem wenn man trainiert, einen bestimmten Rhythmus über einen längeren Zeitraum beizubehalten. Auch hier kommt es zu einer vernetzten Tätigkeit von Körper und Geist, was die Koordination verbessert und damit auch zu mehr Ruhe und einer besseren Zentrierung beiträgt. Klopfen oder schlagen Sie den Rhythmus womit Sie möchten: Kugelschreiber, Kochlöffel oder auch eine Rassel! Sie können auch mit den Fingern klopfen, was sich aber für längere Übungen nicht empfiehlt. Bewegung ist nicht verboten! Wenn Sie beim Takt-Schlagen tanzen oder singen möchten – tun Sie's einfach!

■ Übung – 3/4-Takt

Klopfen, schlagen oder rasseln Sie im Dreivierteltakt. Das heißt, klopfen Sie immer drei Schläge hintereinander und betonen Sie dabei jeden ersten Schlag: UM-ta-ta-UM-ta-ta, usw. Wenn es Ihnen am Anfang schwer fällt, denken Sie einfach an einen Walzer. Üben Sie über einen längeren Zeitraum, gut 5–10 Minuten, und immer wieder mal, am besten täglich.

■ Übung – 4/4-Takt

Klopfen, schlagen oder rasseln Sie im Viervierteltakt. Das heißt, klopfen Sie immer vier Schläge hintereinander und betonen Sie dabei jeden ersten Schlag: UM-ta-ta-ta-UM-ta-ta-ta, usw. Viele Pop-Songs und Volkslieder sind in diesem Takt. Üben Sie über einen längeren Zeitraum, gut 5–10 Minuten, und immer wieder mal, am besten täglich.

■ Übung – Takt mal 2

Diese Übung erfordert ein sehr hohes Maß an Koordination und wird vermutlich nicht von Anfang an klappen. Manchen Leuten fällt es nicht besonders schwer, zwei unterschiedliche Takte gleichzeitig zu schlagen und zu halten. Viele haben aber, vor allem anfangs, große Probleme damit. Lassen Sie sich nicht entmutigen, versuchen Sie es immer wieder – das Ergebnis lohnt den Aufwand! Und so geht's: Beginnen Sie mit der einen Hand einen Dreivierteltakt zu schlagen. Fallen Sie dann mit der anderen Hand mit einem Viervierteltakt ein. Das mag am Anfang fast unmöglich scheinen, aber wenn man mal den Dreh raus hat, dann kann man das sich regelmäßig ändernde Muster fühlen und ohne Probleme beibehalten.

Progressive Entspannung nach Jacobson

Eine eher körperliche als mentale Übungsreihe: Es wirkt hier das Prinzip Entspannung durch Anspannung. Die so genannte Progressive Muskelrelaxation führt durch den Körper und es ergibt sich eine angenehme Entspannung im ganzen Organismus. Wenn Sie diese beherrschen, ist sie in jeder Situation anwendbar, in der Sie eine Anspannung bemerken, z. B. bei Ärger, Frust, Stress oder Leistungsanforderungen. Durch das Anspannen von Muskeln und das anschließende Lockerlassen wird eine befreiende Wirkung erzielt. Klären Sie hier mit Ihrem Arzt ab, ob diese Übungen befürwortet werden.

■ Übung 64

Setzen Sie sich aufrecht auf einen Stuhl, lehnen Sie sich nur leicht an der Lehne an, stellen Sie beide Füße auf den Boden oder legen Sie sich flach auf den Rücken. Achtung: Bei allen Übungen geht es darum, Muskeln anzuspannen, kurz zu halten und dann loszulassen!

1. Ballen Sie die rechte Hand und spannen Sie gleichzeitig den rechten Unterarm an. Einige Sekunden halten, dann loslassen. (Das gilt auch für alle weiteren Schritte.)
2. Ballen Sie die linke Hand und spannen Sie den linken Unterarm an.
3. Legen Sie die Stirn in Falten.
4. Kneifen Sie die Augenlider zusammen.
5. Spannen Sie die Nackenmuskeln an.
6. Spannen Sie die Mundmuskeln an, indem Sie Ihre Lippen spitzen.
7. Drücken Sie die Zähne leicht aufeinander.
8. Spannen Sie die Hals- und Nackenmuskeln an, indem Sie die Schultern zu den Ohren hochziehen.
9. Spannen Sie die Schultern an, indem Sie die Schulterblätter nach innen ziehen.
10. Spannen Sie die Bauchmuskeln an, ziehen Sie sie nach innen.
11. Spannen Sie die Rückenmuskeln an, sodass der Rücken etwas hohl wird.
12. Spannen Sie beide Pobacken an.
13. Spannen Sie den rechten Oberschenkel an, indem Sie den Fuß nach unten drücken.

14. Ziehen Sie den rechten Fuß hoch, lassen Sie den Fuß mit der Ferse auf dem Boden stehen.
15. Ziehen Sie am rechten Fuß die Zehen wie zum Greifen nach innen unten.
16. Spannen Sie den linken Oberschenkel, indem sie den Fuß nach unten drücken.
17. Ziehen Sie den linken Fuß hoch, lassen Sie den Fuß mit der Ferse auf dem Boden stehen.
18. Ziehen Sie am linken Fuß die Zehen nach unten innen.

Achtung: Wer leicht zu Kopfschmerzen neigt, sollte die den Kopf betreffenden Übungen nicht ruckartig ausführen, sondern sowohl Anspannung wie auch Entspannung langsam auf- und anschließend wieder abbauen.

Energieübung

Die Verbindung zwischen Körper und Geist wird immer besser erforscht. Heute zweifelt kein Mediziner mehr daran, dass das eine das andere beeinflusst. Insofern können auch schlechte Haltungen oder das lange Verharren in immer gleicher Position zu einem deutlichen Abfall von Konzentration und Leistung führen.

Dagegen helfen etwa die simpleren Atemübungen vor offenem Fenster, kurze Spaziergänge oder auch – meist aus dem asiatischen Raum stammende – körperliche Energieübungen. Denn in Asien hat man eine lange Tradition, die Gesundheit, aber auch das geistige Wohlbefinden durch konzentrierte Körperübungen zu stärken. Egal, ob die Übungen nun von Yoga, Tai-Chi oder Qi Gong her stammen. Hier eine kleine Auswahl leichter Übungen, die am besten in bequemer Kleidung und ohne Schuhe bei ausreichender Zeit (etwa 20 Minuten) durchzuführen sind.

Hockstellung

Nehmen Sie folgende Hockstellung ein: Die Füße werden parallel etwa 30 cm auseinander gestellt. Ihre Ellenbogen werden dabei an die In-

nenseite Ihrer Knie gelegt. Drücken Sie dabei mit Ihren Ellenbogen Ihre Knie leicht nach außen (siehe Illustration). Befinden Sie sich in der Position, beginnen Sie leicht zu „schaukeln": vor und zurück, seitlich oder im Kreis. Achten Sie dabei auf Ihren Atem und betonen Sie das Ausatmen. Machen Sie das etwa drei Minuten lang. Es empfiehlt sich (mindestens) eine tägliche Einheit.
Die Stellung lösen Sie auf, indem Sie die Knie leicht aufrichten und die Hände nach vor fallen lassen, bis sie – wenn Sie körperlich dazu in der Lage sind – den Boden berühren. Heben Sie dann Ihr Gesäß, strecken die Beine und rollen Sie sich langsam „Wirbel für Wirbel" in die aufrechte Haltung.

Pyramidenstellung

Stellen Sie Ihre Füße parallel etwas mehr als schulterbreit auseinander. Beugen Sie die Knie leicht, lehnen Sie sich nach vorn und legen Sie die Hände oberhalb der Knie auf die Oberschenkel (siehe Illustration). Stützen Sie dabei das Körpergewicht mit den Schultern, nicht den Beinen. Schieben Sie die Füße so vorwärts, dass an den Füßen und zwischen den Ober- und Unterschenkeln rechte Winkel entstehen. Die Knie sollen über den Knöcheln liegen. Arme und

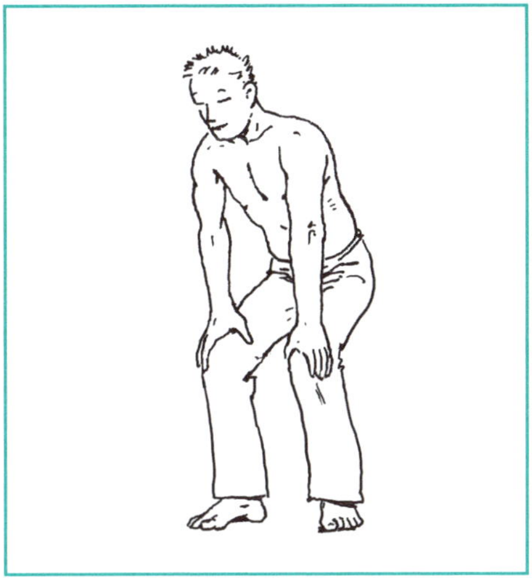

Rücken ganz gerade lassen. Die Füße sollen in die gleiche Richtung wie die Oberschenkel zeigen. Ziehen Sie die Schultern zu den Ohren hin an. Die Knie drücken Sie mit den Händen nach außen. Dann bewegen Sie sich leicht auf und ab oder schaukeln von einer Seite auf die andere. Bleiben Sie ungefähr drei Minuten in dieser Stellung. Verlassen Sie anschließend die Stellung wie zuvor, indem Sie die Hände lösen und die Knie strecken. Diese Übung lässt sich adaptiert auch auf einem Stuhl durchführen!

Beine-an-die-Wand-Stellung

Suchen Sie sich eine freie Stelle an einer Wand. Legen Sie sich so knapp vor die Wand auf den Boden, dass Ihr Gesäß die Wand berührt. Schieben

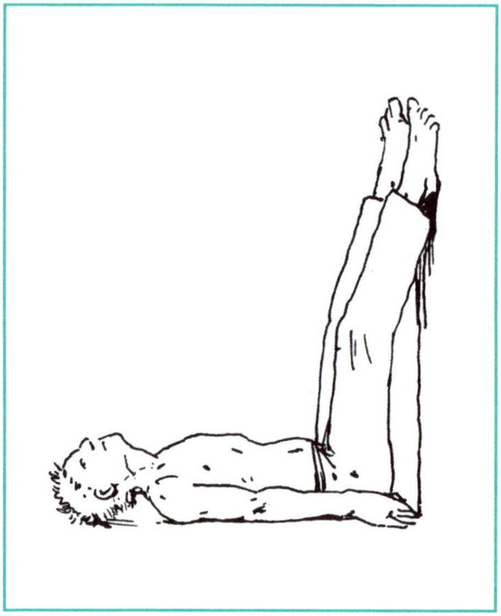

Sie dann die Beine hoch und stützen Sie sie an der Wand ab (siehe Illustration). Die Wirbelsäule bleibt auf dem Boden. Behalten Sie diese Stellung 3–5 Minuten bei. Verlassen Sie die Stellung, indem Sie sich zur Seite drehen, die Beine zu Boden sinken lassen und dann aus dieser Position langsam aufstehen.

Lichtmeditationen und geistige Reisen

Die Lichtmeditationen verbinden Atemübungen mit der – geistigen – Vorstellung von Energieströmen. Bei den geistigen Reisen visualisieren Sie entspannte Situationen – und werden dadurch entspannt und konzentrierter!

■ Lichtmeditation 1

Eine sehr gute Methode, zu innerer Ruhe und damit zu einer entspannten, die Kreativität fördernden Stimmung zu kommen, ist die so genannte Lichtmeditation. Es gibt viele verschiedene Varianten, immer geht es aber darum, „Licht einzuatmen" und damit den Körper zu reinigen bzw. mit Energie zu füllen. Man kann verschiedenfarbiges Licht für verschiedene Zwecke einsetzen (grün vertreibt Krankheiten, Gold heilt, usw.), aber es genügt auch, sich einfach weißes Licht vorzustellen. Auch deswegen, weil – Farblehre! – in weißem Licht alle anderen Farben enthalten sind! Man kann sich auch auf die sieben klassischen Energiezentren (Chakren) konzentrieren und diese einzeln „beatmen" (siehe weiter unten). Für die Grundübung genügt es sich einfach vorzustellen, Licht durch Mund und Nase einzuatmen.

Legen Sie sich bequem und entspannt (Gürtel öffnen?) hin, und atmen Sie einige Male tief durch. Stellen Sie sich nun vor, wie Sie mit jedem Atemzug (weißes) Licht einatmen, und wie sich dieses Licht in Ihrem Körper verteilt. Beginnen Sie mit Ihrem Kopf. Spüren Sie, wie sich das Licht in Ihrem Kopf verteilt und dabei negative, dunkle Gedanken vertreibt? Diese können Sie dann gleich bewusst ausatmen! Ihr Kopf wird so frei und wach für Neues. Stellen Sie sich weiter vor, wie das eingeatmete Licht in Ihrem ganzen Körper zirkuliert, Sie ganz erfüllt und durchdringt. Überall vertreibt das Licht Schmerzen, Spannungen und negative Energien und ersetzt sie durch ein angenehmes, warmes, wohliges und energiegeladenes Gefühl. Beenden Sie die Übung nach Gefühl.

■ Lichtmeditation 2

Als Fortgeschrittenen-Übung können Sie sich vorstellen, wie Sie das Licht durch Ihren Kopf (am höchsten Punkt, das „Scheitelchakra") einatmen. Sie atmen das „kosmische" Licht, die „kosmische" Energie ein und lassen das Licht beim Ausatmen durch die Fußsohlen (oder zwischen Ihren Beinen, beim „Basis-" oder „Wurzelchakra") „in die Erde" herausfließen. Atmen Sie nun zur Abwechslung (z. B. rotes) energievolles Licht „aus der Erde" durch Ihre Beine, Ihr Wurzelchakra ein, und lassen Sie es beim Ausatmen durch Ihren Scheitel „in den Kosmos" strömen. Wechseln Sie beide Atemrichtungen ab. Damit werden Sie abwechselnd von kosmischer und Erd-Energie durchflutet und werden Teil des universellen Energieaustausches. Beenden Sie die Übung, wenn Sie sich wach, kraft- und energievoll fühlen!

■ Lichtmeditation 3

Noch „professioneller" ist es, alle sieben Hauptchakren zu beatmen. Konzentrieren Sie sich dabei nacheinander auf die Stellen, an denen die Chakren, also Energiezentren Ihres Körpers sitzen. Es ist dabei völlig unerheblich, ob Sie daran glauben, dass es solche Zentren gibt! Atmen Sie jeweils in diese Chakren „hinein", versuchen Sie diese mit Licht zu erfüllen und zu öffnen. Sollten Sie spüren, dass es an einer Stelle einen besonders großen Bedarf oder ein Defizit an Energie gibt, verweilen Sie länger an dieser Stelle. Sie können an alle Stellen einfach (weißes) Licht hinatmen, „richtig" geht die Übung so, jedem Chakra die dazugehörige Farbe zu schicken. Man beginnt immer unten. Hier die sieben Hauptchakren, wo sie sich befinden, und welche Farbe man hineinatmen soll:

Basis- oder Wurzelchakra – Steißbeinbereich – (feuriges) Rot

Sakralchakra – ca. 3 cm unterhalb des Nabels – Orange

Solarplexuschakra – ca. 3 cm oberhalb des Nabels – Gelb oder Goldgelb

Herzchakra – Brustmitte – Grün (aber auch Rosa oder Gold)

Hals- oder Kehlchakra – Halsmitte – Hellblau
Stirnchakra („3. Auge") – über der Nasenwurzel zwischen den Augen – Indigoblau, Violett
Kronen- oder Scheitelchakra – Mitte der Kopfoberseite – Violett, Weiß, Gold

Urlaub im Kopf 1

Neben den mehr körperlich orientierten Atem- und Energieübungen, kann man Entspannung und Konzentration auch durch Übungen auf der mehr geistigen Ebene erreichen, wie mit den folgenden „Geistigen Reisen".
Legen Sie sich entspannt hin, atmen Sie einige Male tief und bewusst durch, und versuchen Sie, sich an einen „Ort innerer Harmonie" zu begeben. Dieser Ort kann ein echter Ort sein, wo Sie sich etwa in Ihrer Kindheit besonders wohl gefühlt haben. Sie können sich aber auch einen inneren Ort schaffen, einen Tempel, ein Haus oder einen Raum, der Ihnen ganz und gar entspricht. Richten Sie diesen Ort mit Dingen, Geräuschen und Gerüchen ein, die Sie mögen und die Ihnen angenehme Gefühle vermitteln. Versuchen Sie, diesen Ort möglichst gut und in allen Details zu visualisieren. Besuchen Sie diesen Ort in Gedanken immer wieder, bis er sich fix in Ihrem Bewusstsein verankert hat. Sie haben nun einen Platz, an den Sie sich – unabhängig davon, wo Sie sich gerade wirklich befinden, etwa in einer überfüllten U-Bahn – zurückziehen können, um Ruhe und Entspannung zu finden.

Urlaub im Kopf 2

Alternativ können Sie sich auch einfach einen Spaziergang durch die Natur vorstellen: Sie spazieren entlang eines Baches, hören das Plätschern, hören auch das Zwitschern der Vögel, besehen sich Blumen, setzen sich ins noch etwas feuchte Gras, atmen die klare, kühle Luft ein, sehen den treibenden Wolken zu...
Bauen Sie diese Vision jedes Mal mit mehr Details aus, und üben Sie diesen „Spaziergang" oft. Je besser Sie sich all das vorstellen können, desto erholsamer wird ihr „Traum"-Urlaub werden.

Autogenes Training

Von autogenem Training hat vermutlich jeder schon einmal gehört. Es wurde hierzulande schon sehr stark zu einer Zeit praktiziert, als andere – asiatische – Methoden noch völlig unbekannt waren. Der Name ist Programm: Autogen wird vom griechischen Wort „autogenis" („selbst erzeugt, selbst hervorgebracht") abgeleitet und das englische Wort „training" steht einfach für Übung. Diese Entspannungstechnik arbeitet, ähnlich der Selbsthypnose, mit einem selbst erzeugten Zustand tiefer Ruhe – eine der besten Voraussetzungen zur Erlangung verbesserter Konzentration. Üblicherweise geht man von sechs Stufen, also Übungen, aus, die meist leicht innerhalb von sechs Wochen erlernt – und vor allem erübt! – werden können. Autogenes Training kann sehr leicht und fast überall durchgeführt werden. Bereits zehn Minuten tägliches Üben führen zu messbaren Erfolgen in Sachen Ruhe und Konzentrationsfähigkeit. Bevor Sie mit den einzelnen Übungen dieser Entspannungsform beginnen, sollten Sie Rücksprache mit Ihrem Arzt (oder Heilpraktiker) halten, ob diese Methode für Sie persönlich geeignet ist. Für Menschen, die einen niedrigen Blutdruck haben, ist Autogenes Training nicht so gut geeignet, da während der Übungen der Blutdruck noch mehr absinkt.

Autogenes Training – 1. Stufe

Legen Sie sich bequem mit einer Decke auf den Boden und halten Sie die Beine leicht gespreizt. Ihre Arme ruhen locker und entspannt neben dem Körper. Achten Sie darauf, dass die Handflächen nach oben zeigen!

Nun schließen Sie die Augen und konzentrieren sich ausschließlich auf Ihren Arm. Sie spüren ihn und stellen sich vor, dass er schwer wird, damit sich die Muskulatur richtig entspannen kann.

Sprechen Sie jetzt leise folgende Formel vor sich hin: „Mein rechter (linker) Arm wird ganz schwer." Versuchen Sie, sich von nichts ablenken zu lassen und konzentrieren Sie sich auf einen einzigen Grundgedanken: Es ist völlig angenehm!

Jede Übung wird mit dem Zurückholen beendet: Tief ein- und ausatmen, Augen öffnen und dann heftig die Arme bewegen, indem Sie diese mehrmals zum Körper hinziehen. Dann strecken und recken Sie sich, so wie Sie das vielleicht beim morgendlichen Aufstehen tun. Diese Übung kann zur Abwechslung auch mit den Beinen oder Füßen durchgeführt werden.

Autogenes Training – 2. Stufe

Diese Übung dient der Wärmeerzeugung und entspannt alle Gefäße. Dadurch kann sich das Herz-Kreislauf-System erholen und der Körper wird verstärkt mit Sauerstoff versorgt.

Legen Sie sich wieder ganz bequem auf Ihre Unterlage auf den Boden. Verwenden Sie nun die Formel: „Mein rechter (linker) Arm wird ganz warm!" Gerade für Anfänger ist es sehr hilfreich, wenn man sich die Wärme bildlich vorstellt. Denken Sie an einen warmen Tag am Strand oder an ein heißes Bad. Damit die Übungen nicht eintönig werden, können Sie auch mit der Schulter oder den Beinen durchgeführt werden. Nach jeder Übung darf die Rückführung nicht vergessen werden.

Autogenes Training – 3. Stufe

Legen Sie sich wieder in die vertraute Grundposition. Ihre Formel lautet jetzt: „Mein Herz schlägt ruhig und regelmäßig!" Gerade bei Anfängern ist oft zu beobachten, dass sie das Gefühl haben, das Herz würde schneller schlagen. Dieses Phänomen verschwindet jedoch nach einiger Zeit. Vergessen Sie nach der Übung bitte nicht das Zurückholen!

Autogenes Training – 4. Stufe

Um innere Ruhe zu finden, ist richtiges Atmen eine sehr wichtige Voraussetzung (siehe auch Atemübungen). Da die Atmung normalerweise vegetativ gesteuert wird, findet sie unabhängig von unserem Willen statt. Deshalb finden Sie in Ihrer Übungsformel auch kein „Ich" oder „Mein" sondern nur: „Atmung ruhig und regelmäßig!" So passiv wie Ihre Atmung stattfindet, so passiv verhalten auch Sie sich. Spüren Sie einfach nur, wie Ihr Atem durch den Körper strömt.

Autogenes Training – 5. Stufe

Diese Übung ist ganz dem Sonnengeflecht gewidmet. Um sie durchführen zu können, müssen Sie natürlich erst einmal genau wissen, wo das Sonnengeflecht seinen Sitz hat. Dieses Nervengeflecht liegt zwischen den Brustwarzen und dem Nabel, ganz zentral am unteren Ende des Brustbeines und strahlt zu fast allen Organen im unteren Körperbereich, wie z. B. Milz, Leber und Nerven, positive Energie aus (siehe auch Chakren-Meditation). Ihre Formel lautet jetzt: „Mein Sonnengeflecht strömt warm!" Vergessen Sie auch bei dieser Übung die Rückführung nicht.

Autogenes Training – 6. Stufe

Auch die letzte Grundübung ist dem Erreichen von tiefer innerer Ruhe gewidmet. Ihre Formel lautet jetzt:

„Meine Stirn ist angenehm kühl!" Achten Sie darauf, dass Sie Kühle nicht mit Kälte verwechseln, da letzteres von vielen als unangenehm empfunden wird. Vergessen Sie die Rückführung nicht.

Selbsthypnose, Selbstsuggestion und positive Affirmationen

Es gibt viele Methoden, den Geist zu schulen. Lernen, Konzentrationsübungen etc. sind einige der besten. Manchmal hilft es aber auch, sich selbst ein wenig zu „überzeugen", damit etwas besser funktioniert. Denn: Wir sind was wir denken! Wenn jemand herumläuft und überzeugt ist, der größte Pechvogel der Welt zu sein, dann wird ihm auch immer wieder Negatives widerfahren. Schlimmer noch: Er wird auch in an sich positiven Dingen gleich das Negative sehen: „Was? Ich hab im Lotto gewonnen? O Gott, jetzt werden sich die Neider und Schnorrer auf mich stürzen! Und ich hab gehört, dass viele Lotto-Gewinner nach einem Jahr ärmer sind als vorher. Was für ein Pech!" Es muss aber nicht gleich so drastisch sein: Wenn Sie etwa überzeugt davon sind, dass Sie Vokabeln nur sehr schwer lernen können, oder sich nie wirklich konzentrieren können, dann wird das auch so sein und bei aller Übung auch so bleiben!

■ Selbsthypnose

Selbsthypnose ist sehr effektiv und nicht schwer zu erlernen. Eine genaue Einführung würde den Rahmen hier sprengen. Aber die Grundzüge können dargelegt werden, damit Sie einmal ausprobieren können, ob diese Methode etwas für Sie ist:

LABORMÄUSE – ODER WAS EINSTELLUNG BEWIRKEN KANN

Laborversuche haben gezeigt, dass sich die Einstellung auch überträgt, sogar auf Tiere. Man gab zwei Gruppen von Studenten zwei Gruppen von Mäusen, die alle Geschwister waren, behauptete aber der einen Studentengruppe gegenüber, dass ihre Mäuse besonders langsame und schwere Lerner seien. Der anderen Gruppe wurde versichert, ihre Mäuse wären besonders intelligent! Das Ergebnis: Die „intelligenten" Mäuse lernten die Aufgabe – fünfmal durch ein Labyrinth hin und her – spielend, die „doofen" Mäuse schafften den Weg gerade zwei- bis dreimal.

- Legen Sie sich bequem hin und öffnen Sie drückende Kleidungsstücke.
- Schließen Sie die Augen.
- Kommen Sie zur Ruhe, atmen Sie ruhig und regelmäßig.
- Sagen Sie sich nun, dass Ihr Körper „bleischwer" wird – Körperteil nach Körperteil.
- Sagen Sie sich danach, dass Ihr Körper zwar schwer ist, Sie sich aber ganz leicht fühlen.
- Zählen Sie nun von 10 bis 0; wenn Sie können, visualisieren Sie dabei, eine Treppe hinab oder auf eine Tür zuzugehen. Sagen Sie sich dabei zwischendurch immer wieder, dass Sie bei Erreichung von Null in einen „tiefen hypnotischen Schlaf" fallen werden.
- Wenn Sie Null erreichen, werden Sie vermutlich keine große Veränderung spüren, akzeptieren Sie einfach, dass Sie nun in einem hypnoseähnlichen, sicher aber besonders suggestiblen Zustand sind.
- „Vertiefen" Sie die Hypnose immer wieder, indem Sie sich vorsagen, dass die Hypnose „tiefer und tiefer" wird.
- Sagen Sie sich nun, was Sie sich auftragen wollen, z. B.: „Ich werde ab sofort meine Arbeit immer mit Energie beginnen!" (siehe auch Affirmationen). Sie können es sich auch „befehlen" – was Ihnen mehr liegt.
- Beenden Sie die Hypnose, indem Sie innerlich bis drei zählen und sich davor und zwischen den Zahlen sagen, dass Sie bei drei aufwachen werden.
- Sie können hier (vor 3) auch noch einmal Ihren posthypnotischen Befehl bekräftigen oder sich sagen, dass Sie munter und voll Energie aufwachen werden.

Üben Sie die Selbsthypnose öfter. Sie wird Ihnen immer leichter fallen.

Selbstsuggestion

Selbstsuggestion oder Auto-Suggestion meint im Prinzip dasselbe wie Affirmationen (siehe nächste Übung), nämlich sich selbst – meist durch vorsagen – von etwas zu überzeugen. Es soll eine positive Veränderung der eigenen Psyche bewirken. Selbstsuggestion funktioniert besser, wenn man sich selbst in eine „suggestible" Situation versetzt. Suchen Sie sich also einen ruhigen Ort, oder einen für Sie meditativ wirkenden, etwa in der Natur. Atmen Sie ruhig und entspannen Sie sich. Sie können auch wie bei der Selbsthypnose vorgehen, nur dass Sie dabei den Teil des „Einschlafens" auslassen.

Sagen Sie sich nur ruhig, innerlich oder laut, vor, was Sie gerne anders hätten, auf welche Weise Sie sich gerne positiv verändern würden. Sie können auch zuerst nach Innen horchen, ob Ihnen ein bestimmter Wunsch, eine bestimmte Formulierung einfällt. Spüren Sie auch verschiedenen Formulierungen nach und finden Sie die für Sie passendste. Wiederholen Sie die Formulierung einige Male, so lange Sie sich damit wohl fühlen. Führen Sie die Suggestion immer wieder, ja häufig durch, um sie zu verstärken.

Positive Affirmationen

Affirmation bedeutet eigentlich „Bestärkung". Es geht also darum, sich selbst auf einem Weg zu bestärken, den man für sich gewählt hat. Affirmationen sind kurze Sätze, die Ihr Ziel zusammenfassen. Sie können sich diese Sätze immer wieder (laut oder leise) vorsagen, beim Gehen, Rad fahren, Sport, beim Essen, zwischendurch in Pausen... Sie können sie auch auf einen Zettel schreiben, den Sie immer wieder lesen oder etwa an die Klotür hängen! Die Wiederholung macht in diesem Fall den Unterschied. Affirmieren Sie so lange, bis Sie sich selbst diese Veränderung „glauben"! Oder bis der erwünschte Zustand eingetreten ist. Hier ein paar Tipps zur Formulierung: Formulieren Sie positiv: nicht „Ich werde nicht mehr zu spät kommen", sondern „Ich komme immer pünktlich." Formulieren Sie in der Gegenwart: nicht „Ich werde mich in Zukunft besser konzentrieren können", sondern „Es fällt mir leicht, mich zu konzentrieren!" Fügen Sie positiv verstärkende Elemente ein, wie „Es macht mir Spaß, neue Aufgaben anzugehen!", „Mein Zimmer aufzuräumen macht mir Freude und befriedigt mich zutiefst". Seien Sie kreativ dabei!

AFFIRMATIONSTIPP!

Schreiben Sie Ihre aktuelle Affirmation mehrmals hintereinander (gut 20-mal) auf ein Blatt Papier. Machen Sie das mehrmals täglich, oder zumindest einmal pro Tag. Durch das Schreiben (Motorik) und das gleichzeitige Lesen wird Ihre Affirmation besonders intensiv aufgenommen und dadurch nicht nur schneller, sondern auch intensiver wirksam!

Kreative Konzentration

Bei den folgenden Übungen verbinden Sie Imagination mit Konzentration und teilweise auch Motorik miteinander. Damit bringen Sie ganz verschiedene Teile Ihres Gehirns dazu, konzentriert zusammenzuarbeiten.

Übung 65

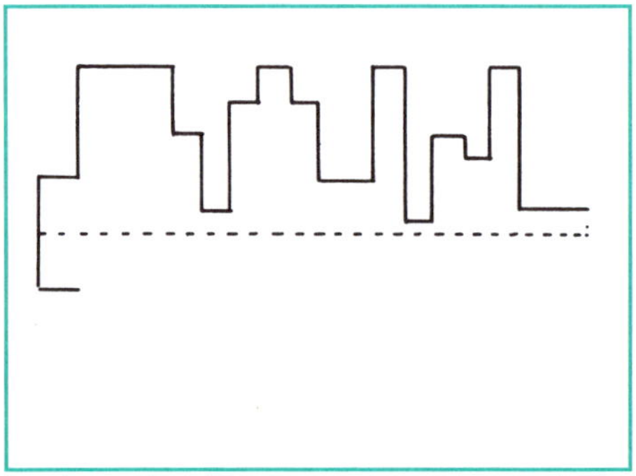

Zeichnen Sie die vorgegebene Linie spiegelbildlich zur gestrichelten Linie nach. Beginnen Sie links unten, beim angedeuteten Anfang. Sie können Ihr Ergebnis am Ende mit einem Lineal bewerten. Radieren Sie die Linien aus und probieren Sie es immer wieder einmal.

Übung 66

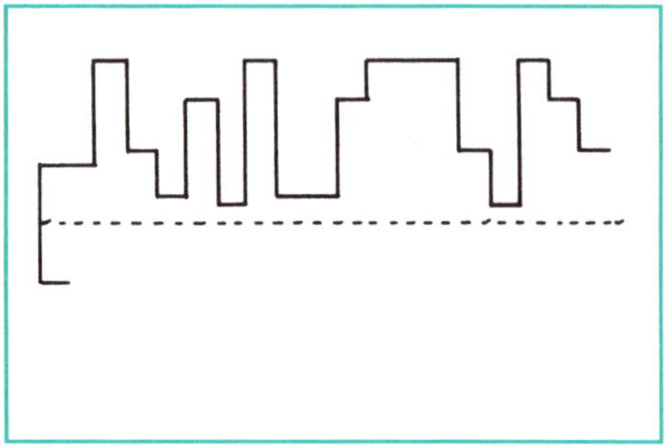

Zeichnen Sie die vorgegebene Linie spiegelbildlich zur gestrichelten Linie nach. Beginnen Sie links unten, beim angedeuteten Anfang.

Übung 67

Zeichnen Sie die vorgegebene Linie spiegelbildlich zur gestrichelten Linie nach. Beginnen Sie links unten, beim angedeuteten Anfang.

Intelligenz

Unter Intelligenz versteht man genau genommen die Gesamtleistung des menschlichen Gehirns, zumindest was den bewussten Teil betrifft.

Für IQ-Tests und Intelligenz-Trainings teilt man die Intelligenz-Aufgaben absichtlich und eher grob in bestimmte Bereiche wie logisches Denken, räumliches Denken und zahlengebundenes Denken ein. Tatsächlich arbeitet das Hirn immer fächerübergreifend: Auch bei räumlichen oder zahlengebundenen Aufgaben benötigt man Logik, und bei vielen Logik-Aufgaben ist auch etwas räumliches Denken vonnöten. Dass auch Konzentration, Kreativität und Gedächtnis (man erinnert sich an ähnliche Aufgaben) immer eine Rolle spielen, versteht sich eigentlich auch von selbst.

Dennoch ist es ein guter Ansatz, die „Denkmuskeln" einen nach dem anderen zu trainieren. Wie bei der körperlichen Fitness, bei der viele Einzelübungen einen durchtrainierten Körper ergeben, führen auch gezielte Intelligenz-Übungen zu einem leistungsfähigen Gehirn – vor allem, wenn neben der Intelligenz noch zusätzliche Hirnleistungen trainiert werden.

Intelligenz – Logisches Denken

Ohne Logik geht gar nichts. Ob man entscheidet, was man heute kochen möchte, und dafür eine Einkaufsliste sowie die Abfolge des Kochens bis zum Servieren plant, oder ob man sich einer neuen Aufgabe im Büro stellt – immer benötigt man Logik, um einen möglichst effizienten Weg zur Lösung der anstehenden Aufgabe zu finden.

Diese Fähigkeit zum logischen Denken lässt sich daher durch jede beliebige Art von Logik-Aufgabe trainieren.

Genauer gesagt versteht man unter Logik-Aufgaben solche, bei denen, aufgrund von präsentierten Fakten, (logische) Schlüsse gezogen werden müssen. Ein typisches Beispiel sind Aufgaben, bei denen aus mehreren ähnlichen Gegenständen oder Formen diejenigen herauszufinden sind, die nicht zu den anderen passen. Eine andere Variante dieser Aufgaben besteht dann darin, (logisch) aufgebaute Reihen (logisch) zu ergänzen.

Meist unterscheidet man bei diesen Aufgaben zwischen zwei Arten, und zwar zwischen Aufgaben zur visuellen Logik und Denkspielen.

Aufgaben zur visuellen Logik

Hier geht es fast immer darum, Ähnlichkeiten in der Form oder Struktur der vorgegebenen Figuren zu erkennen oder auf verschiedene Art zu deuten. Lassen Sie sich also nicht von dem Gesamtbild der Aufgabe ablenken, sondern konzentrieren Sie sich auf Details!

Gesichter etwa sind aus Teilen aufgebaut (Ohren, Augen, Mund, etc.), vermischte Figuren und Gruppen aus einzelnen (geometrischen) Symbolen. Vergleichen Sie diese Teile. Wie viele sind es jeweils? Wie verhalten sie sich zueinander (Größe, Form, Anordnung, etc.)

In manchen Fällen geht es auch um das genaue Hinsehen oder um die Fähigkeit, in einer Form mehrere zu erkennen (Dreiecks- und Vierecksaufgaben). Bei Streichholzaufgaben oder Aufgaben zum Verbinden einzelner Punkte ist häufig auch kreative Logik gefragt.

Denkspiele

Die wichtigste Regel bei Textaufgaben: Die Lösung liegt immer in den präsentierten Elementen! Versuchen Sie nicht, noch etwas dazuzuerfinden, verwenden Sie nur was da ist, und ziehen Sie daraus logische Schlüsse. Bei Gruppen von Worten geht es immer um eine Übereinstimmung: Diese kann inhaltlich sein, in einer bestimmten Qualität liegen oder aber auch darin, aus wie vielen Buchstaben die Worte bestehen!

Versuchen Sie bei allen Aufgaben immer mehrere Lösungsansätze und verbeißen Sie sich nicht in eine bestimmte Richtung, auch wenn sie noch so sinnvoll erscheint. Bei den Buchstabenreihen empfiehlt es sich, das Alphabet geistig durchzugehen oder – noch besser – irgendwo zu notieren.

Noch was: Die folgenden Textaufgaben haben allesamt mit Worten oder erzählten Geschichten zu tun, gehören aber trotzdem nicht in den Bereich des sprachgebundenen Denkens, wo die sprachliche Kompetenz gefordert ist. Vielmehr geht es um das Ziehen logischer Schlüsse (und manchmal auch um ein wenig Allgemeinwissen).

Im Folgenden sind die Übungen aus beiden Bereichen bunt gemischt, nur der Schwierigkeitsgrad steigt langsam an: * = leicht; ** = mittel; *** = schwer. Es empfiehlt sich aus Trainingsgründen diese Reihenfolge einzuhalten, da auf diese Weise die Effektivität der Übungen gesteigert werden kann!

Im Gegensatz zu IQ-Tests und -Trainern geht es in diesem Buch in erster Linie um die Erweiterung Ihrer Denkfähigkeiten und -leistungen. Das bedeutet, Sie können sich bei jeder Übung so viel Zeit lassen, wie Sie wollen! Sie können nach ein paar Aufgaben auch nochmal zurückgehen und Lösungen korrigieren, wenn Sie inzwischen gemerkt haben, dass gewisse Aufgaben anders funktionieren, als Sie zuerst gedacht hatten. Machen Sie zunächst nur ein paar Übungen und sehen Sie dann im Lösungsteil nach. Lesen Sie sich die Auflösungen genau durch und vergleichen Sie Ihre Ergebnisse damit. Wenn Sie verstehen, *wieso* eine Lösung die richtige ist, hat Ihr Gehirn – und damit Sie! – wieder etwas dazugelernt. Mit gut trainierten Gehirnmuskeln wird es Ihnen immer leichter fallen die Aufgaben zu lösen, auch die schweren!

Übung 1 (*)

Welcher Buchstabe setzt die Reihe logisch fort?

A B A C A D A E A ?

Übung 2 (*)

Welche Figur gehört an den letzten Platz der dritten Reihe?

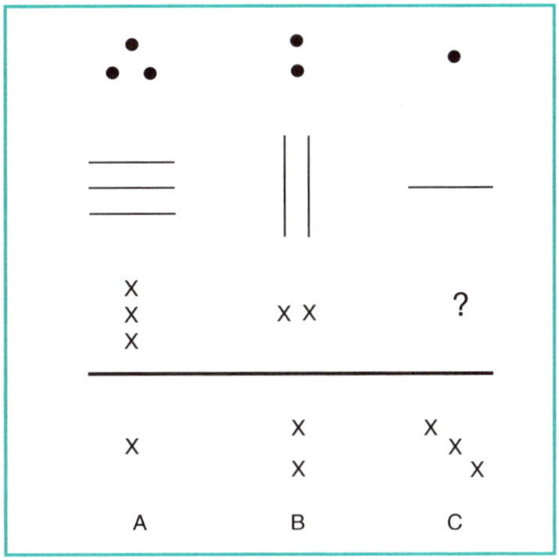

Übung 3 (*)

Lesen Sie die folgende Geschichte aufmerksam (auch mehrmals) durch und beantworten Sie anschließend die Frage:

> Silvio, Romana und Susi gehen spazieren. Plötzlich läuft Susi los, springt in einen Ententeich schwimmt den Enten nach, hüpft an Land, schüttelt sich und läuft dann so lange herum bis sie wieder trocken ist. finden das jedoch gar nicht eigenartig. Wieso?

Übung 4 (*)

Welches Auto passt nicht zu den anderen? Warum?

VOLVO **AUDI**
BMW
MERCEDES **VW**

Übung 5 (*)

Welche Figur muss folgen?

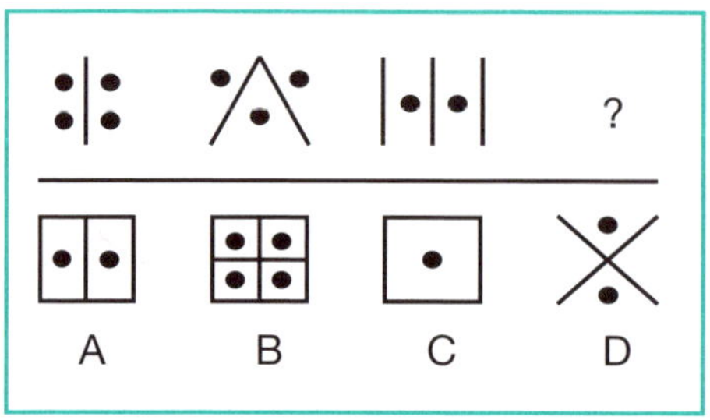

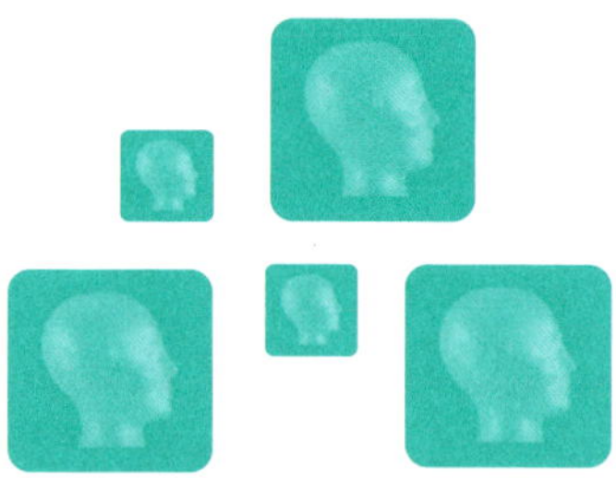

Übung 6 (*)

Welcher Buchstabe setzt die Reihe logisch fort?

Y F E Y F E Y F ?

Übung 7 (*)

Lesen Sie die folgende Geschichte aufmerksam (auch mehrmals) durch und beantworten Sie anschließend die Frage:

Alice sitzt in einem Restaurant und nimmt ihr Abendessen zu sich. Während Sie ihre Suppe isst sieht sie aus dem Fenster und erblickt eine wunderschöne, große Kirche. Während der Hauptspeise sieht sie aus demselben Fenster und sieht einen dunklen Wald. Während der Nachspeise blickt sie wieder durch dasselbe Fenster und sieht ein großes Kraftwerk. Dann trinkt Sie noch einen Kaffee, sieht wieder aus dem Fenster und schaut auf ein leuchtend gelbes Rapsfeld. Wie ist das möglich?

Übung 8 (*)

Welches Tier bzw. Fabeltier passt nicht zu den anderen? Warum?

FORELLE	**PHÖNIX**
FINK	**SPHINX**
FLUNDER	**FALKE**

Übung 9 (*)

Lesen Sie die folgende Geschichte aufmerksam (auch mehrmals) durch und beantworten Sie anschließend die Frage:

Sonja fährt mit der S-Bahn von der Stadtmitte zum Stadtrand. Nach einer kurzen Pause fährt sie mit der Bahn dieselbe Strecke wieder zurück. Dann wieder raus, dann wieder zurück, den ganzen Tag. Sonja ist aber weder verrückt noch arbeitslos, und es wird ihr auch nicht langweilig dabei. Wieso tut sie das dann?

Übung 10 (*)

Welches Haus gehört auf den freien Platz der dritten Reihe?

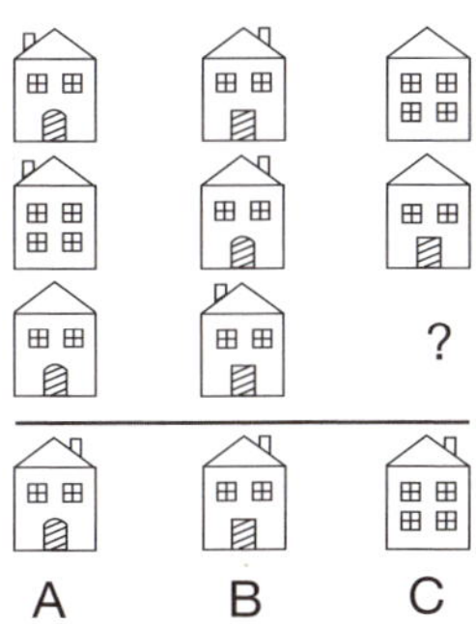

Übung 11 (*)

Welcher Name gehört nicht dazu?

BORIS BECKER
BUBI SCHOLZ
RALF SCHUMACHER
OTTO WAALKES
FRANZ BECKENBAUER
STEFFI GRAF

Übung 12 (*)

Welche zwei Buchstaben folgen als nächste?

B A D C F E H G ? ?

Übung 13 (*)

Welche Figur enthält die meisten Dreiecke?

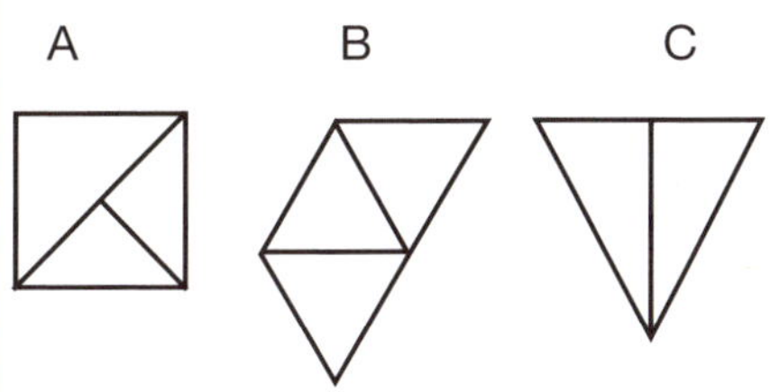

Übung 14 (*)

Nennen Sie mindestens drei Bedeutungen des Wortes:

ZUG

■ Übung 15 (**)

Für welche Figur benötigt man die meisten Zeichenstriche, d. h. bei welcher Figur muss man am häufigsten absetzen, um sie zeichnen zu können?

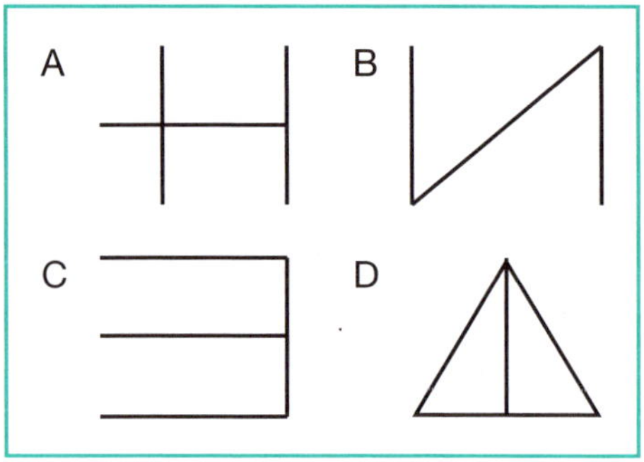

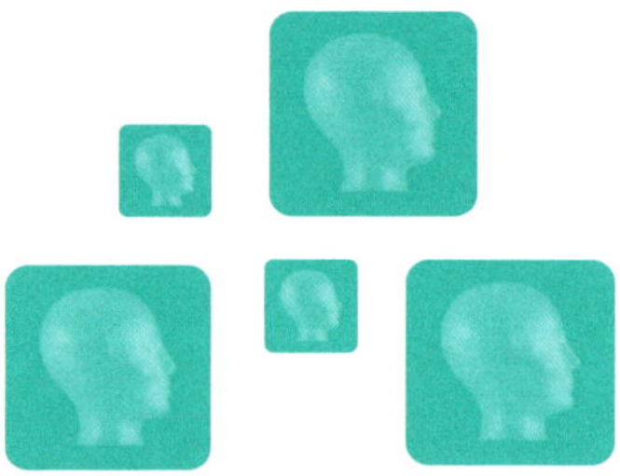

■ Übung 16 (**)

Welche Symbolgruppe passt zu den oberen?

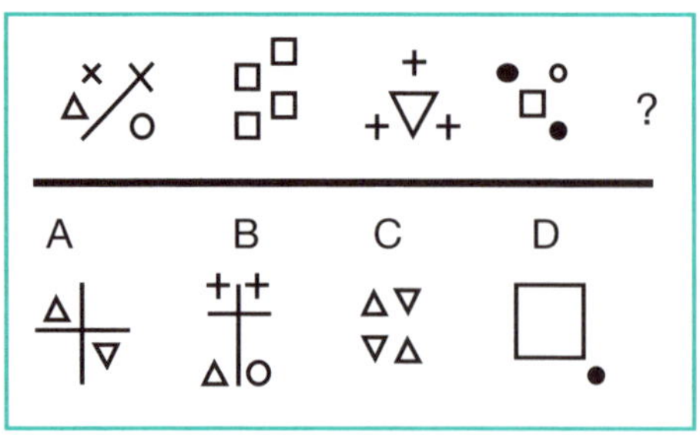

■ Übung 17 (**)

Lesen Sie die folgende Geschichte (auch mehrmals) und beantworten Sie anschließend die Frage:

> In einer Wohnung wurde eingebrochen. Schränke wurden zerwühlt, Schubladen herausgerissen, das in dem Zimmer vorhandene Aquarium, das Fenster und der Computer zerstört. Darüber hinaus wurden Franz und Fritz tot am Boden liegend aufgefunden. Nach Aussage des Arztes wurde keine äußere Gewalt angewandt – Fritz und Franz waren erstickt. Wie ist das möglich?

■ Übung 18 (**)

Welches Wort passt nicht zu den anderen?

MANN
AMSTERDAM
SILIKON
LONDON
BETON
STEIN
SOHN
BERLIN

■ Übung 19 (**)

Welche Gruppe passt nicht zu den anderen?

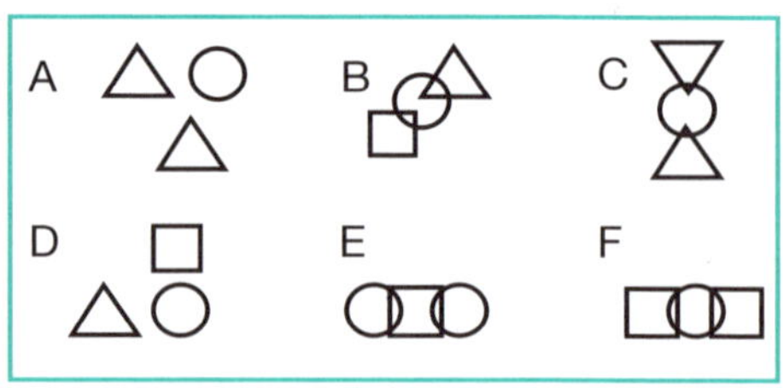

Übung 20 (**)

Welcher Buchstabe folgt?

A C B D C ?

Übung 21 (**)

Lesen Sie die folgende Geschichte (auch mehrmals) und beantworten Sie anschließend die Frage:

> Mario und Lea reden täglich miteinander. Sie erzählen sich Witze, sie lachen gemeinsam, sie hänseln sich und trösten sich, wenn sie traurig sind. Sie kennen voneinander die intimsten Geheimnisse. Dennoch hat keiner von den beiden jemals die Stimme des anderen gehört – auch nicht per Telefon. Wie kann das sein?

Übung 22 (**)

Welches Symbol passt nicht zu den anderen?

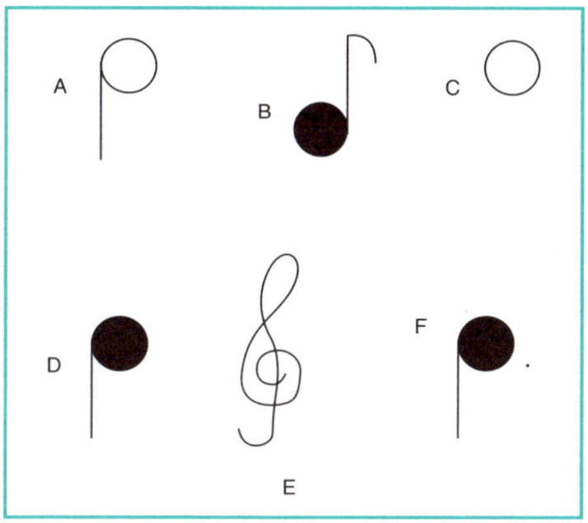

Übung 23 (**)

Lesen Sie die vier Aussagen. Wenn man sie nach den Gesetzen der Logik miteinander verbindet, stellt man fest, dass einer der Sätze mit den anderen drei unvereinbar ist. Welcher der vier Sätze ist es?

a) Einige Bauern sind Politiker.
b) Die Unsterblichen ignorieren die Politik.
c) Kein Wissenschaftler ist Bauer.
d) Alle Sterblichen sind Wissenschaftler.

Übung 24 (**)

Welcher Name passt nicht zu den anderen?

JUPITER	**HERA**
ATHENE	**APOLL**
HERMES	**APHRODITE**

Übung 25 (**)

Welches der oberen Negative passt zu dem unteren Positiv?

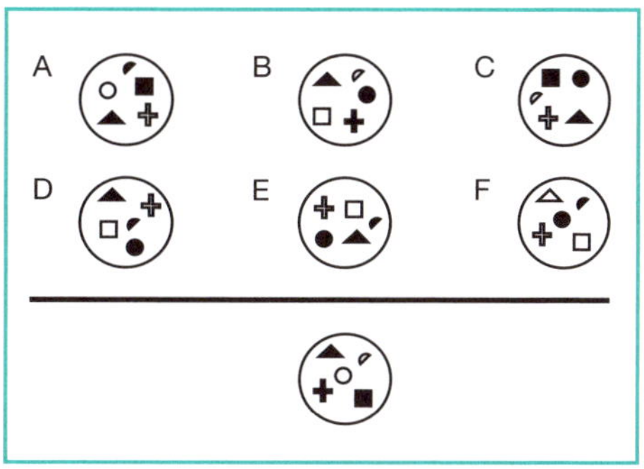

■ Übung 26 (**)

Welcher Buchstabe folgt?

H I G J F K ?

■ Übung 27 (**)

Lesen Sie die folgende Geschichte (auch mehrmals) und beantworten Sie anschließend die Frage:

Jim und Joe sind zwei kräftige junge Männer Mitte 30. Sie sind etwa 180 cm groß, haben starke Muskeln und sind rundum gesund. Sie arbeiten den ganzen Tag, heben dabei auch schwere Lasten, scherzen und lachen, haben nie Schwächeanfälle und sind mit ihrem Leben ganz zufrieden. Dennoch bringt keiner von beiden mehr als 13 kg auf die Waage! Wie ist das möglich?

■ Übung 28 (**)

Wie viele gleichseitige Dreiecke, die mindestens 1 Punkt enthalten, sind hier zu sehen?

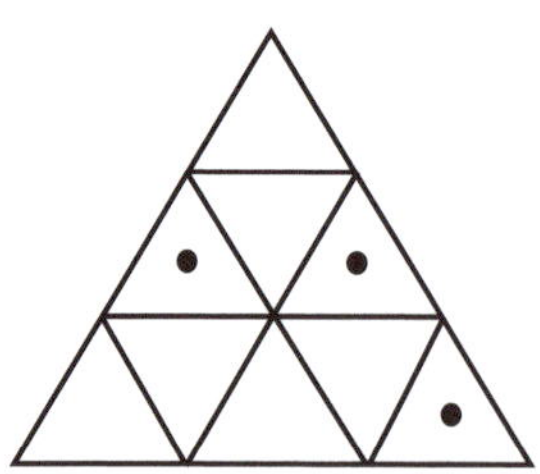

■ Übung 29 (**)

Legen Sie drei (nicht mehr und nicht weniger) Streichhölzer so um, d. h. zeichnen Sie die Lösung in das freie Feld, dass drei Quadrate von gleicher Größe entstehen.

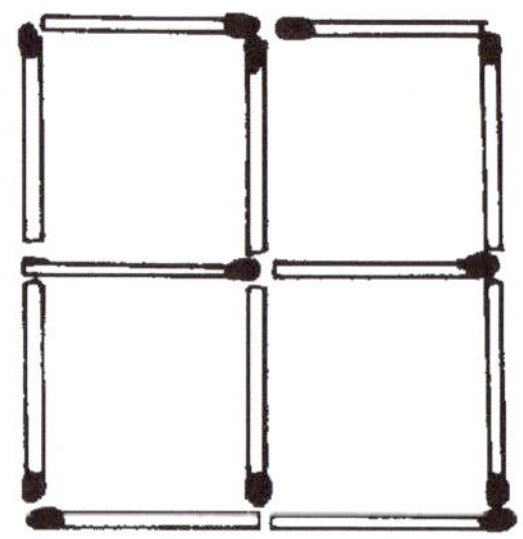

■ Übung 30 (**)

Welches Wort passt nicht zu den anderen?

SPEICHE	**STEIGBÜGEL**
ELLE	**HAMMER**
AMBOSS	**SCHRAUBSTOCK**

Übung 31 (**)
Welche zwei Figuren bilden kein Paar?

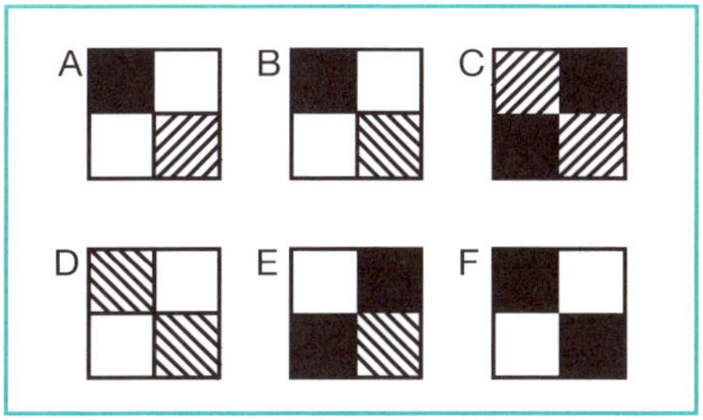

Übung 32 (**)
Welcher Buchstabe folgt?

Q R T U W ?

Übung 33 (**)
Lesen Sie die folgende Geschichte (auch mehrmals) und beantworten Sie anschließend die Frage:

Bob und Jacob sind zwei Schulkinder im Alter von 13 Jahren. Sie gehen beide gerne in die Schule, lernen fleißig, sind sportlich, gehen sonntags mit ihren Eltern in die Kirche und sind auch privat miteinander befreundet. Nur im Schulbus sitzen sie nie nebeneinander. Jacob sitzt immer vorne und Bob immer ganz hinten, obwohl beide keinerlei Beschwerden wie eine Reisekrankheit haben. Wieso?

Übung 34 (**)
Wie viele Ecken hat diese Figur?

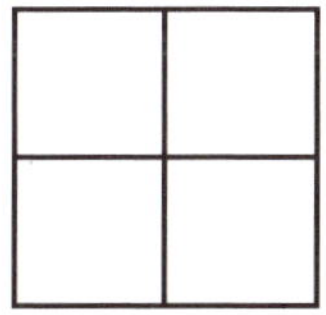

Übung 35 (**)
Welcher Name passt nicht zu den anderen?

MOZART **BEETHOVEN**
SCHUBERT **SCHÖNBERG**
BRUCKNER **HAYDN**

Übung 36 (**)
Welche zwei Buchstaben müssen folgen?

B Y C X D ? ?

Übung 37 (**)
Welche Figur enthält die meisten Drei- und Vierecke?

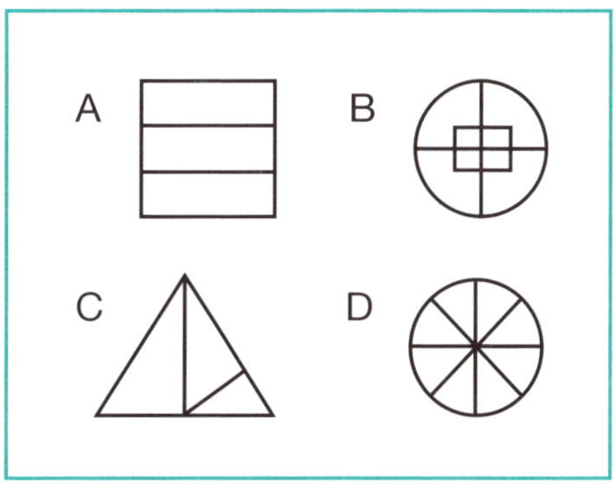

■ Übung 38 (**)

Lesen Sie die folgende Geschichte (auch mehrmals) und beantworten Sie anschließend die Frage:

Karl-Heinz ist mit seinen neuen Lebensumständen mehr als unzufrieden. Früher war er beliebt bei allen, heute gehen im alle aus dem Weg, ja, manche laufen sogar schreiend davon, wenn sie ihn sehen. Er verbringt jetzt auch den ganzen Tag zu Hause, mit vorgezogenen Vorhängen. Auch die Sonntagsmesse, die er früher jede Woche besuchte, schwänzt er. Heute bereiten ihm Kirchen nur mehr Übelkeit und Schmerzen. Nur nachts geht er noch manchmal auf die Straße, aber auch nur, wenn er Hunger hat. Dabei macht ihm auch seine neue Diät zu schaffen – nur eine einzige Art von Nahrung kann sein Körper noch verarbeiten. Dabei mochte er früher doch alles: Wurst, Käse, Obst, Gemüse, Fisch, Fleisch, Brot, Teigwaren, Reis, Süßigkeiten, etc. – aber nichts davon steht mehr auf seinem Speiseplan. Was ist mit Karl-Heinz geschehen, das sein Leben so verändert hat?

■ Übung 39 (**)

Welche/r Farbe oder Farbton passt nicht zu den anderen?

PINK	**LILA**
ROSTROST	**PURPUR**
ROSA	**KHAKI**

■ Übung 40 (**)

Welches Objekt passt nicht zu den anderen?

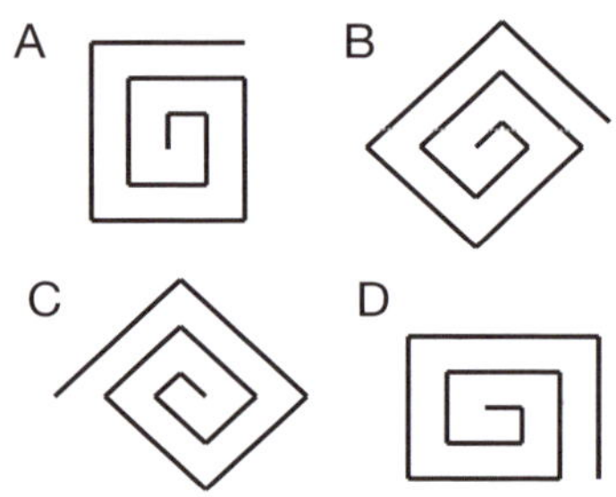

■ Übung 41 (**)

Verbinden Sie die 16 Punkte mit einem Bleistift in sechs geraden Zügen, und zwar ohne abzusetzen und ohne einen Punkt mehrmals zu berühren.

Übung 42 (**)

Welche/r Farbe oder Farbton passt nicht zu den anderen?

OCKER	BLAU
MALVE	VIOLETT
GELB	LILA

Übung 43 (**)

Welche zwei Figuren passen nicht zu den vier anderen?

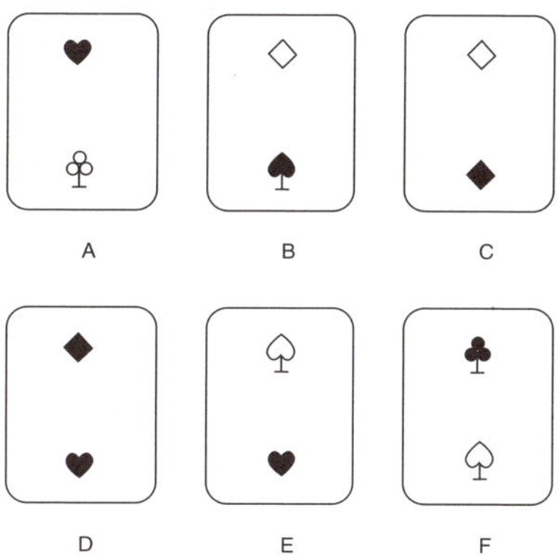

Übung 44 (**)

Sie sehen hier sechs gleichseitige Dreiecke. Legen Sie vier (nicht mehr und nicht weniger) Streichhölzer so um, d. h. zeichnen Sie die Lösung in das freie Feld, dass genau drei gleichseitige Dreiecke übrig bleiben.

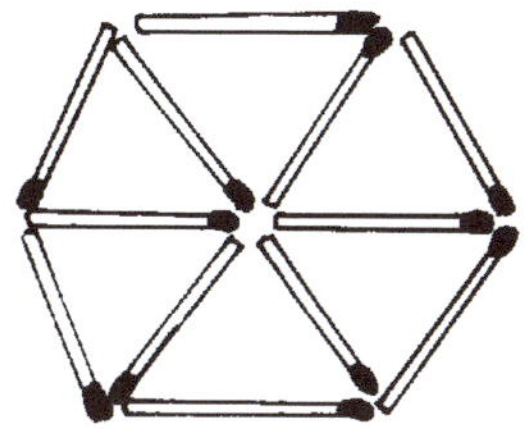

Übung 45 (**)

Welches Zeichen passt nicht zu den anderen?

§	%	(
<	)	!
/	$	?

Übung 46 (**)

Welcher Buchstabe fehlt?

A	J	S
D	?	V
G	P	Y

■ Übung 47 (**)

Lesen Sie die folgende Geschichte und beantworten Sie anschließend die Fragen:

In einem leeren Zimmer wird ein Mann an der Lampe aufgehängt, mit den Fußspitzen ca. einen Meter über dem Boden baumelnd, tot aufgefunden. Der fensterlose Raum war von innen verschlossen – das Schloss hat nur nach innen ein Schlüsselloch. Im gesamten Raum, weder an noch in dem Mann wurde ein Schlüssel gefunden. Ebenso fehlte jeder Hinweis auf eine Leiter, Kiste oder ähnliches, mit der der Mann die Schlinge an der Lampe hätte befestigen können. Auch war das Seil für einen „Lassowurf" zu kurz. Einzig unter den Füßen des Toten und unterhalb des Türschlosses fand sich je eine Wasserlache.

Frage: War es Mord oder Selbstmord? Wie wurde er ausgeführt?

■ Übung 48 (**)

Welcher Buchtitel passt nicht zu den anderen?

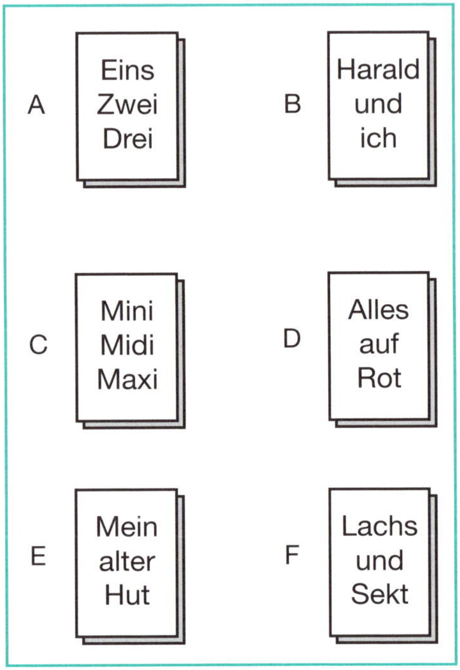

■ Übung 49 (**)

Welches Wort passt nicht dazu?

MOUNT EVEREST
OLYMPUS MONS
MATTERHORN
WATZMANN
MOUNT OLYMPUS
PARAMOUNT
GROSSGLOCKNER
KILIMANDSCHARO
FUJIYAMA

Übung 50 (**)

Die acht Streichhölzer bilden insgesamt 14 Quadrate. Nehmen Sie zwei Hölzchen weg, sodass nur drei Quadrate übrig bleiben. (Sie können Ihre Lösungsversuche auch auf dem freien Feld mit Bleistift skizzieren.)

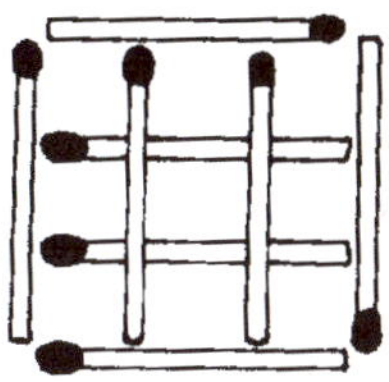

Übung 51 (**)

Welche Figur passt nicht zu den anderen?

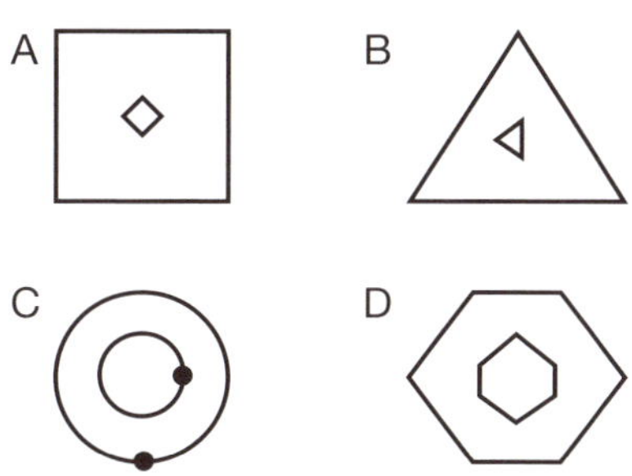

Übung 52 (**)

Welche Buchstabenkombination muss folgen?

ZU XO VI TE ??

Übung 53 (**)

Lesen Sie die folgende Geschichte und beantworten Sie anschließend die Frage:

Vier Freunde machten Urlaub in Griechenland. Sie waren in etwa gleich alt, kamen aus demselben Land, hatten die gleiche Hautfarbe, verdienten in etwa das gleiche, übten ähnliche Berufe aus, trugen alle meist Jeans mit T-Shirt und Turnschuhen, standen derselben politischen Partei nahe und hatten dasselbe Religionsbekenntnis. Eines Tages beschlossen sie, eine Fahrt mit dem Schiff zu einer Halbinsel zu machen, auf der ein berühmtes Kloster lag. Als das Schiff anlegte, verweigerte der Mann im Hafen einem der vier Freunde den Zutritt zur Insel. Wieso nur dem einen der Freunde?

Übung 54 (***)

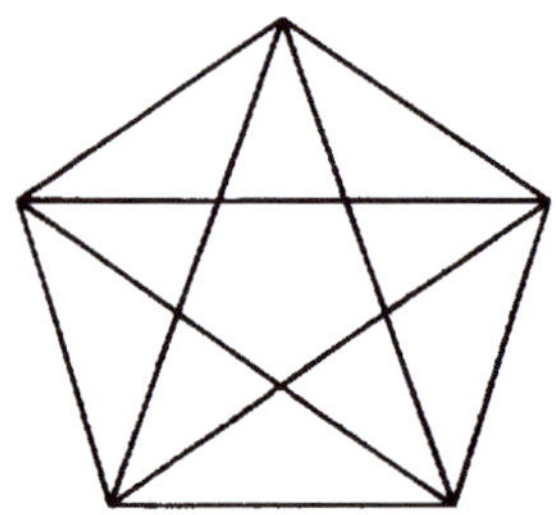

In diesem Pentagramm befindet sich eine Reihe von regelmäßigen und unregelmäßigen Dreiecken. Wie viele?

Übung 55 (***)

Welches Wort passt nicht dazu?

WIEN	**MADRID**
REIMS	**SCHWEIZ**
TIBET	**PEKING**
BERLIN	**KIEL**

Übung 56 (***)

Lesen Sie die Aufgabe und beantworten Sie anschließend die Fragen.

Stellen Sie sich einen Weg vor, an dem nacheinander fünf Hütten stehen, die aus verschiedenen Materialien gebaut sind. Die Bewohner der Hütten sind jeweils Angehörige verschiedener Religionen, sie haben verschiedene Pflanzen vor ihren Hütten angebaut, sie essen unterschiedliche Dinge und hören unterschiedliche Musikrichtungen.

Lesen Sie die folgenden Angaben durch:

a) Der Christ wohnt in einer Holzhütte.
b) Der Mohammedaner hat eine Palme.
c) In der Lehmhütte wird Klassik gehört.
d) Die Lehmhütte steht aus Ihrer Sicht direkt neben der Ziegelhütte.
e) Der Mann, der Gemüse isst, hat einen Rosenbusch.
f) Der Obstesser hat eine Steinhütte.
g) Der Besitzer des mittleren Hauses hört Jazzmusik.
h) Der Buddhist wohnt in der ersten Hütte links.
i) Der Mann, der Fleisch isst, wohnt in der Hütte neben dem Mann, der eine Sonnenblume hat.
j) Der Obstesser wohnt neben dem Mann, der Veilchen hat.
k) Der Mann, der Reis isst, hört Rockmusik.
l) Der Hindu isst Getreide.
m) Der Buddhist wohnt neben der Strohhütte.
n) Einer der Männer hört Tanzmusik.
o) Einer hat einen Fliederbaum.
p) Der Jude hört Volksmusik.

Ordnen Sie nun aufgrund dieser Angaben jeder der fünf Hütten die Bewohner, ihre Pflanzen, Musik- und Essgewohnheiten zu.

HOLZHÜTTE ____________________

____

STROHHÜTTE ____________________

____

STEINHÜTTE ____________________

____

ZIEGELHÜTTE ____________________

____

LEHMHÜTTE ____________________

____

Zählen Sie außerdem, aus Ihrer Sicht gesehen, die Hütten von links nach rechts auf:

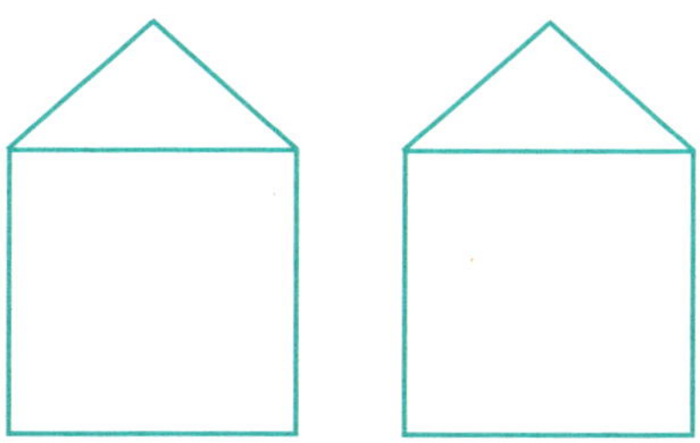

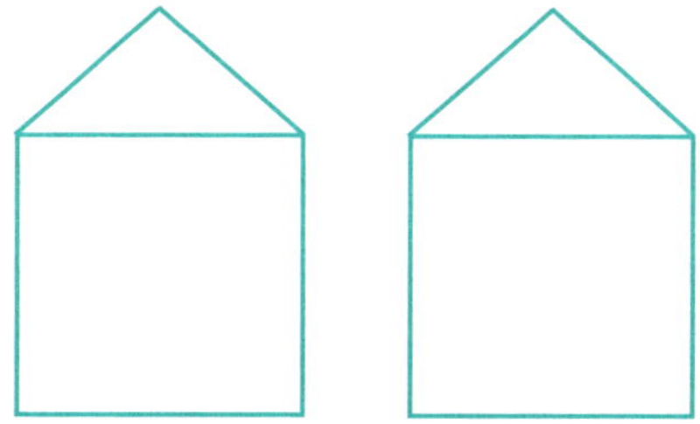

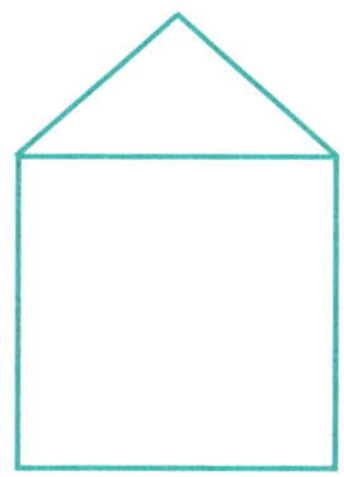

■ Übung 57 (***)

Welche Symbolgruppe passt nicht zu den anderen?

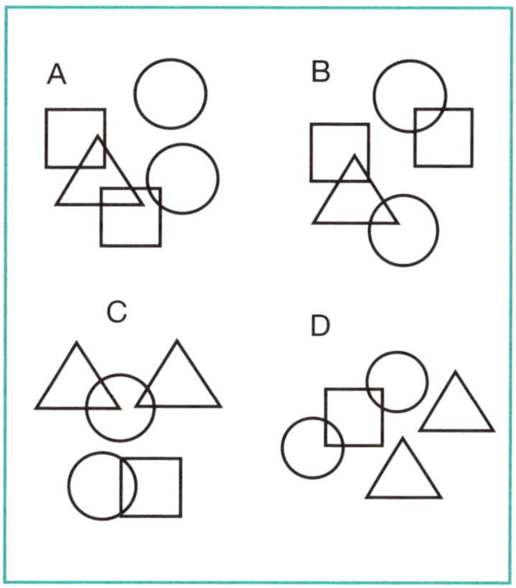

Übung 58 (***)
Welcher Buchstabe folgt?

A D I P ?

Übung 59 (***)
Welche zwei Worte passen nicht dazu?

MAIS	**REIS**
KÄNGURUH	**SCHNABELTIER**
TABAK	**KARTOFFEL**
KOALA	**IGUANA**

Übung 60 (***)
Welche Symbolgruppe passt nicht zu den anderen?

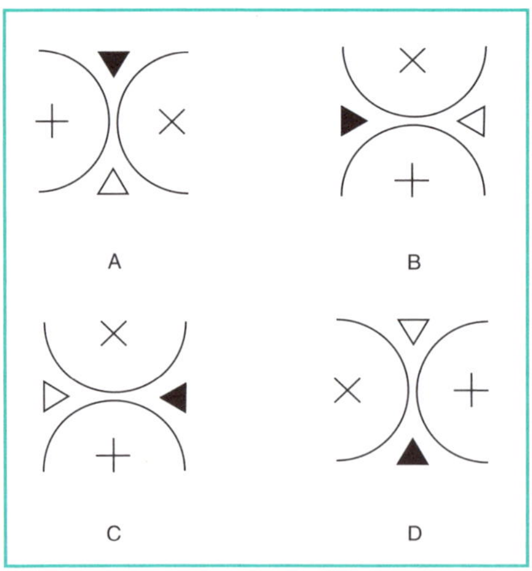

Übung 61 (***)
Welches der unteren Worte passt zu den oberen?

BARREN	**AU**
PUNZE	**NATIONALBANK**

Katzengold
Stein der Weisen
Buntstift

Übung 62 (***)
Welche Symbolgruppe gehört nicht zu den anderen?

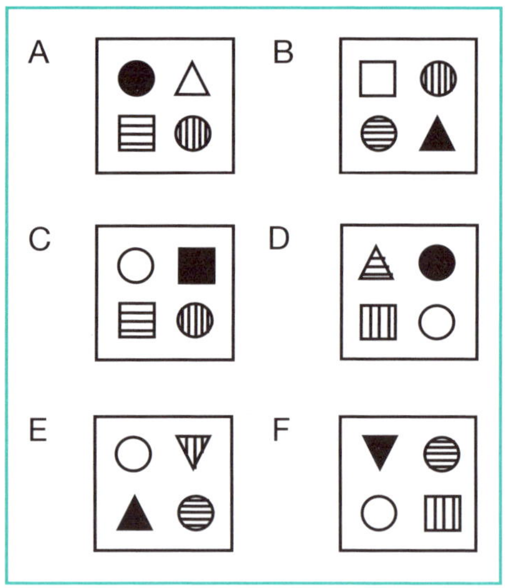

Intelligenz – Zahlengebundenes Denken

Will man seinen Kopf möglichst umfassend fit machen oder halten, kommt man an mathematischen Aufgaben nicht vorbei. Bereits im Bereich der Logik-Aufgaben wurde unser mathematisches Denken mehr als einmal gefordert. Und auch in anderen Bereichen dieses Buches taucht Rechnen, Zählen oder Mathematik im weiteren Sinne immer wieder auf.

„Ich war immer schlecht in Mathe!" ist ein oft gehörter Schreckensruf, wenn jemand sich unvermittelt vor einer rechnerischen Aufgabe wiederfindet. Und nicht zuletzt deswegen, weil viele Leute noch die quälende Erinnerung an peinigende Mathematikstunden vor Augen haben, sind Berufe wie Buchhalter oder Lohnverrechner nicht gerade angesehen.

In Wirklichkeit ist das anders: Fast alles, das wir tun und denken, kann auch mathematisch gesehen und ausgedrückt werden. Unser ganz alltägliches Leben wird durch Statistiken wiedergegeben, die Gesetze unserer Welt (Physik, Chemie ...) verwenden ebenso die Mathematik als Sprache wie die Forscher unseres Denkens: Auch die Logik der Philosophen wird oft in mathematischen Formeln ausgedrückt.

Umgekehrt benutzen auch wir täglich das Rechnen, ob wir es merken oder nicht. Sei es im Supermarkt, beim Kochen, beim planen unserer Zeit – ja sogar beim Einparken!

Daher keine Scheu vor den „abstrakten" Aufgaben dieses Kapitels! Denn Mathematik kann auch als Spiel betrachtet werden! Wenn man sich ein wenig mit den Geheimnissen der Zahlen auseinander setzt, dann verfällt man recht rasch ihrem Zauber. Das Denken in mathematischen Kategorien erweitert unser Bewusstsein und verbessert alle logischen Fähigkeiten – und vergrößert somit das Potenzial unseres Gehirns.

Allerdings kann die Freude am Spiel der Zahlen nicht verordnet werden. So mancher kann eben wirklich nichts mit Formeln und Brüchen, Winkeln und geschnittenen Ebenen anfangen. Für all jene gibt es hier eine gute und eine schlechte Nachricht. Die gute zuerst: Bei den folgenden Übungen geht es nur selten um tiefgründige mathematische Fähigkeiten und Kopfrechenakrobatik; eher geht es – eigentlich wenig überraschend – um das Entdecken von logischen Problemen und deren Lösung. Die schlechte Nachricht: Ganz kommt man um's Rechnen leider nicht herum. Allerdings werden selten mehr als die vier Grundrechenarten benötigt, erstaunlich oft sogar nur das Addieren und Multiplizieren. Manchmal geht's aber auch nur um das äußere Erscheinungsbild der Zahlen! Nehmen Sie sich also zuerst genügend Zeit, um herauszufinden, was eigentlich gefragt ist. Genieren Sie sich dann nicht, auch für einfache Additionen Papier und Bleistift zu verwenden. Auch ein Taschenrechner ist bei vielen Aufgaben ein sinnvolles Hilfsmittel und keine Schande. Denn das Trainieren von Kopfrechnen ist etwas anderes als das Trainieren von zahlengebundenem Denken. Und Kopfrechnen trainieren Sie am besten im Supermarkt! Aber auch das Neuordnen der Aufgabe auf einem eigenen Blatt Papier kann neue Erkenntnisse bringen.

Folgende Arten von Aufgaben gibt es:

Zahlenreihen

Die häufigste Aufgabenart. Tatsächlich verbirgt sich auch in den anderen Aufgaben meist nichts anderes als solche Reihen. Das Prinzip ist immer gleich: Eine Reihe von Zahlen soll fortgesetzt werden. Versuchen Sie es immer zuerst mit gleichen wachsenden oder abnehmenden Abständen (1, 2, 3, 4, ... = immer plus 1), dann mit rhythmisch größer oder kleiner werdenden Abständen (1, 3, 6, 10, ... = plus 2, plus 3). Nutzt das nichts, teilen Sie die Reihe in mehrere sich abwechselnde Reihen auf (1, 10, 2, 9, 3, 8 = plus 1, minus 1, plus 1) – fast immer liegt die Lösung in einer dieser Arten von Aufgabenstellung oder einer Kombination daraus.

Zahlenkombinationen

In welcher Form sie auch erscheinen, „Brüche", Triplets, Sterne, Kreise, Quadrate, ... es handelt sich in fast jedem Fall wieder um eine oder mehrere Zahlenreihen. Suchen Sie die optische Verbindung – gerade, zickzack, Drehungen im Uhrzeigersinn – und lösen Sie diese Reihen wie oben beschrieben. Achtung: „Brüche" haben so gut wie niemals wirklich etwas mit Bruchrechnungen zu tun!

Textaufgaben

Ein Tipp: Besonders schwere oder nach höherer Mathematik klingende Aufgaben beinhalten meist einen logischen Abkürzer, der Ihnen langes Rechnen erspart! Überlegen Sie immer, ob man von einem normal begabten oder gebildeten Menschen erwarten kann, dass er diese Aufgabe knackt. Bevor Sie in Logarithmen verfallen, suchen Sie nach der Hintertür! Wenn Sie sich die geschilderte Situation schwer vorstellen können, zeichnen Sie diese auf.

Klammern

Hier werden meist sowohl logisches Denken als auch mathematische Fähigkeiten benötigt. In der klassischen Klammeraufgabe finden sich in der ersten Zeile zwei Zahlen in deren Mitte eine dritte in Klammer steht. Darunter dasselbe, nur dass die Klammer leer ist. Ihre Aufgabe besteht nun darin, den Zusammenhang der drei oberen Zahlen zu erkennen und unten zu ergänzen. Meist ist die Klammerzahl in irgendeiner Weise das Produkt der beiden äußeren: Addieren Sie die Zahlen, subtrahieren Sie sie, führen Sie mehrere Rechenoperationen hintereinander aus – schätzen Sie dabei aber stets ab, ob daraus auch nur vermutlich die dritte Zahl entstehen kann. Klappt's trotzdem nicht, lassen Sie diese aufwändigen Aufgaben erst mal aus und führen sie durch, wenn Ihre „mathematischen Muskeln" schon besser trainiert sind.

Übung 1 (*)

Welche Zahl ist die nächste in der Reihe?

7 11 15 19 23 ?

Übung 2 (*)

Welche Zahl gehört nicht dazu?

2 88
36 8 28
7 76

Übung 3 (*)

Welche Zahlenkombination folgt?

$$\frac{3}{112} \quad \frac{5}{56} \quad \frac{7}{28} \quad \frac{9}{14} \quad \frac{?}{?}$$

Übung 4 (*)

Welche Zahl ist die nächste in der Reihe?

25 19 14 10 7 5 ?

Übung 5 (*)

Welche Zahl gehört in die Klammer?

16 (8) 24
14 (?) 21

■ Übung 6 (*)
Welche Zahl fehlt?

7	9
10|1	12|?

■ Übung 7 (*)
Welche Zahl passt nicht dazu?

21 23 7 99 12 67 87

■ Übung 8 (*)
Welche Zahl folgt?

11 14 21 24 31 34 ?

■ Übung 9 (*)
Welche Zahl fehlt?

1	2	3
3	2	1
2	3	?

■ Übung 10 (*)
Welche Zahl fehlt?

3 12 48 ? 768

■ Übung 11 (*)
Welche Zahl passt nicht dazu?

71 87 7
70 77
707 108 187

■ Übung 12 (*)
Welche Zahl fehlt in der Klammer?

15	(20)	60
12	(?)	48

■ Übung 13 (*)
Welche Zahl folgt?

92 44 20 8 ?

■ Übung 14 (*)
Textaufgabe – Beantworten Sie die Frage.

Lukas ist heute 10 Jahre jünger als Lea. In einem Jahr ist Lea dreimal so alt wie Lukas. Wie alt sind Lukas und Lea heute?

■ Übung 15 (*)
Welche beiden Zahlen fehlen?

224 ? 56 28 14 ?

■ Übung 16 (**)
Welche sind die nächsten zwei folgenden Zahlen?

4 12 10 30 ? ?

Übung 17 (**)

Welche Zahl gehört dazu?

3		27		15
	12		18	
6		21		9

Übung 18 (**)

Welche Zahlen fehlen?

$\frac{5}{84}$ $\frac{22}{57}$ $\frac{?}{?}$ $\frac{56}{3}$

Übung 19 (**)

Welche sind die nächsten zwei folgenden Zahlen?

2 4 12 24 ? ?

Übung 20 (**)

Welche Zahl gehört noch dazu?

1		17		19
	13		11	
5		2		3

Übung 21 (**)

Beantworten Sie die folgende Frage ohne schriftliche Hilfsmittel.

Wie oft kommt die Ziffer 2 in den Zahlen von 1 bis 27 vor?

Übung 22 (**)

Welche Zahlen fehlen?

$\frac{80}{-34}$ $\frac{57}{-13}$ $\frac{?}{?}$ $\frac{11}{29}$

Übung 23 (**)

Welche Zahl schließt das Quadrat ab?

2	3	10
7	1	16
3	5	?

Übung 24 (**)

Welche Zahl passt dazu?

69 184 46 138 161 115

A: 27 B: 91 C: 92 D: 123

Übung 25 (**)

Beantworten Sie die folgende Frage ohne schriftliche Hilfsmittel

Wie oft kommt die Ziffer 4 in den Zahlen von 42 bis 75 vor?

Übung 26 (**)

Welche Zahl passt dazu?

5103 63 15309 189 1701 567 7

A: 21 B: 99 C: 227 D: 1190

Übung 27 (**)

Welche Zahl schließt das Quadrat ab?

4	5	40
3	7	42
5	3	?

Übung 28 (**)

Welche Zahlen fehlen?

21 26 ? 18 9 14 ? 12 6

Übung 29 (**)

Welche Zahlen müssen folgen?

$$\frac{7}{3} \quad \frac{2}{5} \quad \frac{9}{0} \quad \frac{4}{2} \quad \frac{11}{-3} \quad \frac{?}{?}$$

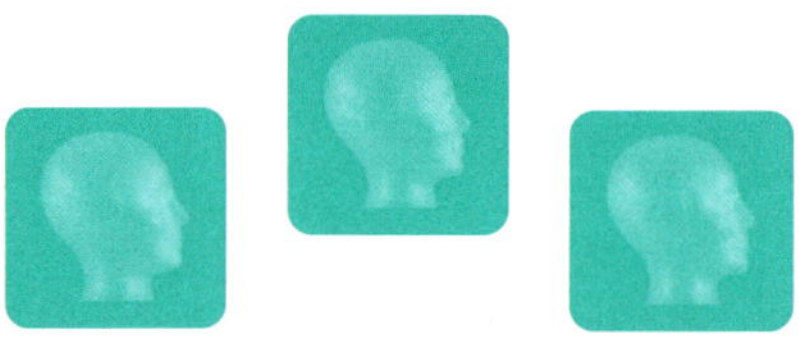

Übung 30 (**)

Welche Zahlen fehlen?

8 ? 10 7 14 11 ? 19 38

Übung 31 (**)

Welche Zahl passt nicht dazu?

104	554	23
77	41	284
347	217	14

Übung 32 (**)

Welche Zahl gehört in die Klammer?

3487	(2345)	1142
6734	(?)	3192

Übung 33 (**)

Textaufgabe – Lesen Sie die Geschichte und beantworten Sie die Frage.

> Joe hat einen Ferienjob als Erbsenzähler. Er muss dabei einen Haufen Erbsen in ein Gefäß hinein zählen. Dafür erhält er als Lohn ein Zehntel der gezählten Erbsen. Wie viele Erbsen muss er hinein zählen, damit sich schließlich 81 darin befinden – und wie viele hat er dabei verdient?

Übung 34 (**)

Welche Zahlen müssen folgen?

$$\frac{1}{20} \quad \frac{16}{11} \quad \frac{8}{13} \quad \frac{23}{4} \quad \frac{15}{6} \quad \frac{?}{?}$$

Übung 35 (**)

Welches Zahlenpaar passt nicht dazu?

12:23	23:12	18:34
06:17	27:91	
20:03	13:33	03:57

Übung 36 (**)
Welche Zahl fehlt?

3	5	9
10	12	16
30	36	?

A: 38 B: 13 C: 48

Übung 37 (**)
Welche Zahl gehört in die Klammer?

3256	(6543)	3287
3570	(?)	3184

Übung 38 (**)
Welche zwei Zahlen müssen folgen?

81 9 64 8 49 7 ? ?

Übung 39 (**)
Welche Zahlen fehlen?

$\frac{2}{35|36}$ $\frac{?}{?|?}$ $\frac{8}{21|14}$ $\frac{16}{14|3}$

Übung 40 (**)
Welche Zahl fehlt?

11	15	9
33	45	27
38	50	?

A: 71 B: 32 C: 43

Übung 41 (**)
Welche Zahl fehlt?

3	1
2+4	5+?
9	1

Übung 42 (**)
Welche Zahl fehlt?

? 25 4 20 –1 –5 –26

Übung 43 (**)
Welche Zahlen fehlen?

$\frac{7}{6|33}$ $\frac{20}{12|21}$ $\frac{?}{?|10}$ $\frac{46}{48|?}$

Übung 44 (**)
Welche Zahl fehlt?

13 6 18 ? 33 26 78

Übung 45 (**)
Welche Zahlen folgen?

$\frac{1}{32}$ $\frac{16}{2}$ $\frac{4}{8}$ $\frac{4}{8}$ $\frac{16}{2}$ $\frac{?}{?}$

A: $\frac{32}{1}$ B: $\frac{1}{32}$ C: $\frac{12}{8}$

Übung 46 (**)

Welche Zahl fehlt?

4	5
3+6	7+?
8	10

Übung 47 (**)

Textaufgaben – Lesen Sie die Aufgaben und beantworten Sie die Frage.

Drei Kinder spielen am Wasser Steine hineinwerfen. Insgesamt haben sie am Anfang 15 Steine. Jasmina wirft doppelt so viele hinein, wie Max und Max viermal so viele wie Rubin. Wie viele Steine bleiben am Ende noch übrig?

Übung 48 (***)

Welche Zahl folgt?

-2 12 1 3 9 3 8 6 9 13 3 ?

A: 0 B: -2 C: 27

Übung 49 (***)

Welche Zahlen erhält man, wenn man die fehlenden vier Ziffern ergänzt?

13	16	19	22
??	17	5	2?
43	?3	9	28
40	37	34	31

Übung 50 (***)

Welche Zahl passt nicht dazu?

	16		18	1	
6		10		2	4
	15		12	0	

Übung 51 (***)

Welche Zahl folgt?

-1 12 17 2 5 12 -4 -2 7 8 -9 ?

A: 7 B: 2 C: -3

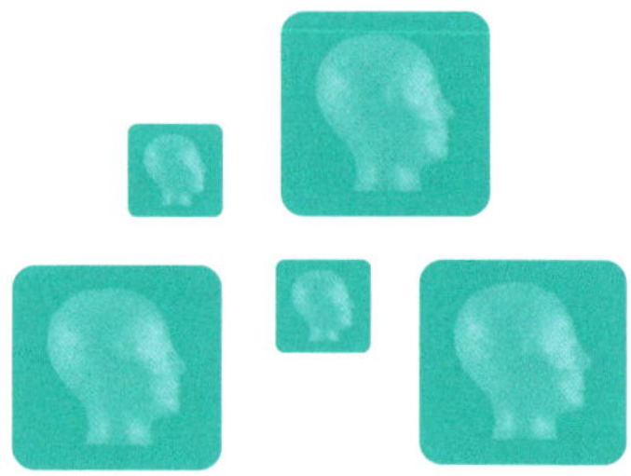

Übung 52 (***)

Welche Zahl muss vor dem Komma stehen?

?,141592653

Übung 53 (***)

Welche Zahl könnte man beiden Zahlenkreisen zuordnen?

1
3 19 – ? – 26 39
5 2 17

65 91
78 52

Übung 54 (***)

Welche Zahlen erhält man, wenn man die fehlenden vier Ziffern ergänzt?

16	?0	56	52
?0	30	?7	48
24	2?	24	44
28	32	36	40

Übung 55 (***)

Welche Zahl gehört in die Klammer?

567	(195)	957
124	(?)	765

A: 320,5 B: 111 C: 543

Übung 56 (***)

Welche Zahlen fehlen?

E	I	N	S
26	23	5	9
V	I	E	R
?	?	?	?

Übung 57 (***)

Welche Zahl könnte man beiden Zahlenkreisen zuordnen?

4 13 1 9

94 – ? – 49

31 25

58 22 16 36

Übung 58 (***)

Welche Zahlen fehlen?

1		12	16	8		1
	2		5	20		1
	G	A	M	M		A
	?	?	?	?		?

Übung 59 (***)

Welche Zahl gehört in die Klammer?

823	(174,25)	126
723	(?)	236

A: 121,75 B: 123,45 C: 234,50

Übung 60 (***)

Welche Zahl fehlt?

12 15 24 51 ?

Übung 61 (***)

Welche Zahl fehlt?

<u>3</u>	<u>9</u>	<u>8</u>
<u>3</u>	<u>15</u>	<u>?</u>
3	5	6

A: 26 B: 15 C: 16

Übung 62 (***)

Welche Zahl gehört in die Klammer?

345	**(158)**	**287**
987	**(?)**	**321**

A: 294 B: 327 C: 283

Übung 63 (***)

Welche Zahl fehlt?

<u>20</u>	**<u>24</u>**	**<u>?</u>**
<u>8</u>	**<u>5</u>**	**<u>13</u>**
2	**7**	**7**

A: 40 B: 22 C: 12

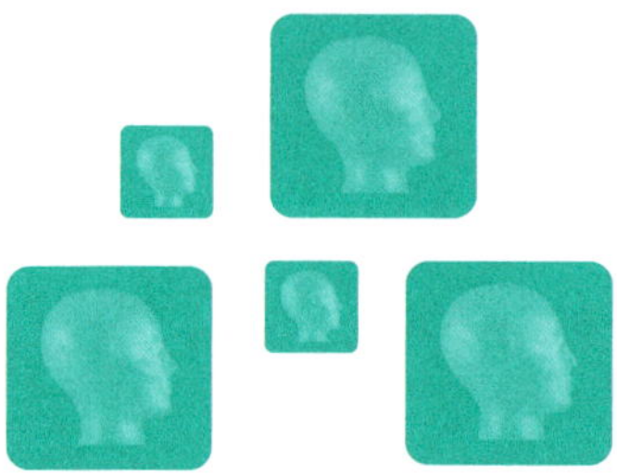

Übung 64 (***)

Welche Zahlenkombination passt dazu?

$\frac{7}{189}$ $\frac{5}{135}$ $\frac{12}{324}$ $\frac{9}{243}$ $\frac{8}{216}$

A: $\frac{6}{123}$ B: $\frac{10}{270}$ C: $\frac{11}{345}$

Übung 65 (***)

Textaufgabe – Lesen die Aufgabe durch und beantworten Sie dann die Frage.

> Zehn Schulfreundinnen treffen sich zu einem Klassentreffen. Beim Abschied gibt jede jeder anderen ein Küsschen auf beide Wangen. Wie viele Küsschen macht das insgesamt?

Übung 66 (***)

Welche Zahl gehört in die Klammer?

12	**(924)**	**11**
10	**(?)**	**13**

A: 234 B: 933 C: 910

Übung 67 (***)

Welche Zahlenkombination passt dazu?

$\frac{102}{6}$ $\frac{289}{17}$ $\frac{323}{19}$ $\frac{204}{12}$ $\frac{170}{10}$

A: $\frac{234}{13}$ B: $\frac{306}{18}$ C: $\frac{345}{17{,}5}$

Übung 68 (***)

Welche Zahl fehlt?

3 4 7 16 43 ?

Intelligenz – Sprachgebundenes Denken

Philosophisch und auch psychologisch gesehen, kann man mit Fug und Recht behaupten, unser Leben bestehe ausschließlich aus Sprache. Tatsächlich geht das Erlernen der Sprache mit der Entwicklung all unserer kognitiven Fähigkeiten Hand in Hand. Wir erfassen und verstehen unsere Welt durch Sprache, und was wir nicht mit Worten beschreiben können, verliert sich leicht im schwer erfassbaren Bereich der Gefühle. Aber sogar diese kann man meist durch Sprache (Poesie!) oder auch durch mit sprachlichen Metaphern beschreibbare Kunstwerke oder Musikstücke zumindest ansatzweise darstellen.

Manche Forscher gehen so weit zu behaupten, dass für uns überhaupt nur existiert, was wir mit Sprache beschreiben können ... Aber Philosophie hin, Psychologie her – Sprache ist ein unverzichtbarer Teil unseres Alltags, egal ob wir mit jemandem reden, Radio hören, fernsehen, Zeitung lesen oder selbst schreiben.

Für diesen alltäglichen Gebrauch ist unser Gehirn gut eingerichtet und eingespielt. Wollen wir unser Potenzial aber erhöhen, gilt es, auch den Sprachsektor unseres Hirns zu trainieren. Und das geht am besten mit Aufgaben, die diesen Sektor auf eine Weise anregen, wie es unser alltäglicher Gebrauch der Sprache selten oder nie tut.

Natürlich mischen sich die Anforderungen bei solchen Sprachaufgaben besonders häufig: Logik ist oft vonnöten, fast immer ist auch Allgemeinwissen gefragt, Sprachgefühl wird eingefordert, oft auch wieder die Fähigkeit, mathematisch mit dem Alphabet zu spielen ... Dennoch haben viele Leute an den Sprachaufgaben besonders viel Spaß. Denn gerade in diesem Bereich erhalten sich viele die spielerische Freude, die jedes Kind am Beginn des Erlernens der sprachlichen Kompetenz hat und die es durch Reime, Wortspiele und Verballhornungen ausdrückt. Zahlreiche Rätselhefte, Kreuzworträtsel in Zeitungen und Aufgaben in beliebten Fernsehshows sind nur einige der „beredten" Zeugen für dieses Phänomen.

Doch Achtung – auch wenn es nur positiv ist, wenn Sie an diese Aufgaben besonders locker und spielerisch herangehen, versuchen Sie doch, die gestellten Probleme ernsthaft zu bearbeiten und zu beantworten. Nur so können Sie Ihren „Sprach-Muskel" optimal trainieren und Ihr geistiges Potenzial erhöhen. Um das möglichst zu gewährleisten, wurde im Sprachbereich dieses Buches auf eine besonders große Vielfalt – wieder mit langsamer Steigerung des Schwierigkeitsgrades – geachtet.

Folgende Aufgaben werden behandelt:

Wortmix

Eine besonders häufige Aufgabenform. Oft hilft es, genau zu lesen, was eigentlich gesucht wird: Sind die gemixten Buchstaben etwa Hunderassen, ist es günstig, sich während des Tüftelns an den vermischten Buchstaben einige Hundearten, die man kennt, innerlich vorzusagen – die Identifikation der Worte fällt dann viel leichter. Ist das gesuchte nicht dazu passende Wort gefunden (ein Fisch unter Hunden), sollte man dennoch aus Trainingsgründen möglichst alle Worte „entschütteln".

Sprichworte/Redensarten

Ein häufiger Stolperstein bei TV-Quiz-Sendungen, aber nicht unwichtig für die Erweiterung der sprachlichen Kompetenz. Hier ist eine gute Gelegenheit, auf Ihr Gefühl zu vertrauen – oft beinhalten Sprichworte nämlich alte Grammatik und Rechtschreibung, die heute nicht mehr ganz korrekt wären. „Richtiges Deutsch" muss deswegen nicht unbedingt die richtige Antwort sein!

Klammeraufgaben

Versuchen Sie zuerst herauszufinden, ob es bei der Aufgabe je um *Synonyme* oder *Buchstabenbastelei* geht! Das ist meistens (nicht immer!) aus der Form der Aufgabe zu ersehen. Geht es um Synonyme, also Worte, die ähnliche oder identische

TIPP

Die Testaufgaben sind in verschiedene Schwierigkeitsgrade unterteilt. Es empfiehlt sich wiederum, jeden der Schwierigkeitsbereiche einzeln anzugehen und dazwischen die Lösungen genau zu studieren. Denn auch hier geht es oft mehr darum herauszufinden, wie die Aufgabe aufgebaut ist, als die richtige Lösung zu erraten. Der Vergleich mit den Lösungen und das Nachvollziehen garantiert den besten Trainingserfolg! Und es bereitet Sie optimal auf die nächsten Aufgaben vor.

Lernen Sie Fremdsprachen

Neben dem beruflich oder privat nützlichen Erwerb neuer Sprachkenntnisse trainieren Sie damit nebenbei auch Ihr Sprachzentrum, was zu einer verbesserten Funktion auch im Alltag mit Ihrer Muttersprache führt. Jede gepaukte Vokabel aktiviert somit Ihren „Sprach-Muskel" und ist nicht vergebens, selbst wenn Sie es nie zu einer meisterhaften Beherrschung der Fremdsprache Ihrer Wahl schaffen.

Bedeutungen haben, beginnen Sie frei zu assoziieren: Wird ein Synonym für „Behausung" gesucht, rattern Sie möglichst viele Wohnmöglichkeiten, die Ihnen einfallen, geistig durch, auch scheinbar absurde! (Zelt – Iglu – Hochhaus – Bienenstock ...), das „kurbelt" Ihr Gehirn für weitere Assoziationen an! Geht es um Buchstabenmathematik, hilft das Durchgehen oder Aufschreiben des Alphabets.

Verhältnisaufgaben

Hier ist Fantasie gefordert! Was hat ein Löwenzahnsamen mit einem Düsenjet zu tun? Nun, beide fliegen! Gurken und Frösche sind beide grün, ein Messer und Feuer dienen beide der Nahrungszubereitung, usw. Die Ähnlichkeit kann auf ganz verschiedenen Gebieten liegen – analysieren Sie die vorgegebenen Antworten in Ruhe, um abzuschätzen, auf welchen Gebieten.

Textaufgaben

Hier geht es wieder darum, eine bestimmte Form der Übereinstimmung zu finden. Zwar kann es sich dabei, wie bei den Klammeraufgaben, um inhaltliche oder qualitative Zusammenhänge handeln, die „Buchstaben-Mathe" dominiert aber. Suchen Sie also besonders nach Übereinstimmungen in Anfang- und Endbuchstaben, Vokalen und Anzahl der Buchstaben bei den auffälligen Worten der Sätze. Dabei hilft wieder ein geschriebenes Alphabet, das einem die Zuordnung erleichtert.

■ Übung 1 (*)

Welche gemixte Sportart passt nicht dazu?

IMMENSCHW	FASSBULL
ERWASSSKI	NISTEN
FAHRENSKI	FAHRRADEN
OLGF	

Übung 2 (*)
Ergänzen Sie diese Redewendung:

Das macht das ...

A: ... Kraut auch nicht sauer.
B: ... Kraut auch nicht fett.
C: ... Klavier auch nicht rund.
D: ... Kraut auch nicht besser.

Übung 3 (*)
Zu welcher Kategorie gehört das folgende vermischte Wort nicht?

HEINR

A: Fluss B: Wasserstraße
C: Stausee

Übung 4 (*)
Welches neue Wort ergibt mit dem linken als Anfang sowie dem rechten als Ende je ein sinnvolles Wort (Hilfestellung „Kleidungsstück")

HAUS- (?) -BAND

Übung 5 (*)
Welches gemixte Papierprodukt gehört nicht dazu?

EIZTNUG **UCHB**
NOURJAL **ICMOC**
OTNIZLBOCK **AGMAZIN**

Übung 6 (*)
Welches Wort gehört in die Klammer?

(Ein Wassertier) + D = Naturgebiet

Übung 7 (*)
Welche Buchstaben fehlen, damit sich mit den linken Buchstaben vorangestellt jeweils sinnvolle Worte ergeben?

KN –
H –
B – (..L)
ST –
W –
F –

Übung 8 (*)
Ergänzen Sie diese Resewendung:

Spare in der Zeit, dann hast du ...

A: ... nichts zu tun.
B: ... keinen Spaß.
C: ... immer Geld.
D: ... in der Not.

Übung 9 (*)
Welche der gemixten Früchte wächst nicht in Deutschland?

LEPFÄ	**IRBENN**
IRSICHEPF	**RAUBENT**
IRSCHENK	**ANGENRO**

Übung 10 (*)
Zu welcher Kategorie gehört das folgende vermischte Wort nicht?

GRUHMAB

A: Staat B: Stadt
C: Bundesland

Übung 11 (*)
Welche Buchstaben fehlen, damit sich mit den linken Buchstaben vorangestellt jeweils sinnvolle Worte ergeben?

K –
SUS –
W – (...E)
P –
T –

Übung 12 (*)
Welches Wort ergibt mit dem linken als Anfang sowie dem rechten als Ende je ein sinnvolles Wort?

Schild- (?) -Meister

Übung 13 (*)
Welches gemixte Wort hat nichts mit Computern zu tun?

RECKDUR	**TAZKE**
CRESANN	**TATURSAT**
MIRSCHDILB	**TAULERSPRECH**
SAUM	

Übung 14 (*)
Welches Wort fehlt in der Klammer?

Manager	**(Gerhard)**	**Harddrive**
Zeichenblatt	**(?)**	**Goldkette**

Übung 15 (*)
Welches Wort gehört in die Klammer?

M + (Vorname) =
Wahlspruch, Leitsatz

Übung 16 (*)
Ergänzen Sie dieses Sprichwort:

Der Apfel fällt ...

A: ... nicht weit von der Birne.
B: ... jedem auf den Kopf.
C: ... nicht weit vom Stamm.
D: ... nicht weit vom Ast.

Übung 17 (*)

Welches Wort fehlt in der Klammer?

Marschland	**(Markus)**	**Kusine**
Barbara	**(?)**	**Bargeld**

Übung 18 (*)

Welche Buchstaben fehlen in der Klammer, damit sich kombiniert mit den linken Buchstaben je sinnvolle Worte ergeben?

W –
SP –
D – (…N)
R –
BR –
T –

Übung 19 (*)

Eine Verhältnisaufgabe

BIENE verhält sich zu HONIG wie …

A: … ZEIGER zu UHR
B: … KUH zu MILCH
C: … TANNE zu TANNENZAPFEN
D: … AUTO zu MOTOR

Übung 20 (**)

Welche gemixte Abkürzung ist kein Fernsehsender?

ATS1	**NCN**
RDA	**TLR**
VVAI	**DRM**
FRO	**ATS3**
GAE	**RGS**

Übung 21 (**)

Welches Wort gehört in die Klammer?

(Tier) + ERT = Zahl

Übung 22 (**)

Wie heißt es richtig?

Das Pferd am Schwanz …

A: … packen.
B: … streicheln.
C: … striegeln.
D: … aufzäumen.

Übung 23 (**)

Welches Wort gehört in die Klammer?

Asterix	**(Leber)**	**Obelix**
Matte	**(?)**	**Star**

Übung 24 (**)

Welche Buchstaben fehlen in der Klammer, damit sich kombiniert mit den linken Buchstaben je sinnvolle Worte ergeben?

R –
N –
FR – (…N)
S –
TR –
W –

Übung 25 (**)

Wie heißt es richtig?

Aus dem Leim …

A: … greifen.
B: … gehen.
C: … fallen.
D: … streichen.

Übung 26 (**)

Welches gemixte Wort ist kein Behang für den Weihnachtsbaum?

RNEST	TALTAME
GNIDEBWÄCK	NELKGU
NNEDLA	PSRNESTECKUR
ZNREEK	

Übung 27 (**)

Welches Wort gehört in die Klammer?

kompakt	**(Mona)**	**lange**
Stock	**(?)**	**Foto**

Übung 28 (**)

Welche vier Buchstaben müssen eingesetzt werden, damit sich kombiniert mit den vorderen und hinteren je ein sinnvolles Wort ergibt?

SA-(?)-EL

Übung 29 (**)

Diese Freunde haben einen Club der Blumenliebhaber. Wer darf beitreten?

Birgit liebt Tulpen. Heiner liebt Rosen. Maria liebt Astern

A: Ida liebt Lilien.
B: Anne liebt Gerbera.
C: Hans liebt Sonnenblumen.
D: Konrad liebt Nelken.

Übung 30 (**)

Welche drei Buchstaben müssen eingesetzt werden, damit sich kombiniert mit den vorderen und hinteren je ein sinnvolles Wort ergibt?

RUN- (?) -LE

Übung 31 (**)

Zu welcher Kategorie gehört das folgende gemixte Wort?

SSSURHCI

A: weiblicher Vorname
B: geografischer Begriff
C: Sprache

Übung 32 (**)

Eine Verhältnisaufgabe

ROSE verhält sich zu DORNEN wie ...

A: ... LIPPE zu OHR
B: ... ERDE zu MOND
C: ... FUSS zu ZEHE
D: ... COMPUTER zu TELEFON

Übung 33 (**)

Welches Wort gehört in die Klammer?

PF + (Speer) =
nicht tierisches Lebewesen

Übung 34 (**)

Welche drei Buchstaben müssen eingesetzt werden, damit sich kombiniert mit den vorderen und hinteren je ein sinnvolles Wort ergibt?

MO-(?)-OGRAF

Übung 35 (**)

Zu welcher Kategorie gehört das folgende gemixte Wort?

CCTEKSHI

A: Blumen B: Möbel C: Fahrzeug

Übung 36 (**)

Folgende Personen besitzen je andere Autos. Wer der unteren gehört dazu?

Kurt fährt Suzuki. Mario fährt BMW. Edith fährt Mercedes.

A: Toni fährt Toyota.
B: Emil fährt Porsche.
C: Otto fährt Volvo.
D: Agnes fährt Audi.

Übung 37 (**)

Welches Wort fehlt in der Klammer?

glatt	**(rau)**	**mild**
sanft	**(?)**	**gekocht**

Übung 38 (**)

Zu welcher Kategorie gehört das folgende gemixte Wort?

ALPTELTASCHL

A: Nahrungsmittel B: Tonträger
C: Bürogerät

Übung 39 (**)
Welches Wort fehlt in der Klammer?

ungezähmt	**(wild)**	**Hirsch**
sexy	**(?)**	**gewürzt**

Übung 40 (**)
Eine Verhältnisaufgabe

HUT steht im selben Verhältnis zu KOPF, wie TOPF zu ...

A: ... Geld
B: ... Magen
C: ... Suppe
D: ... Deckel
E: ... Mittag

Übung 41 (**)
Welches gemixte Wort ist kein Berg?

VEEERST	**AFYAUJIM**
RHOMAERNTT	**SZEZPITUG**
WACSARZHWLD	**NMTO LNABC**

Übung 42 (**)
Ergänzen Sie die Redewendung:

Pünktlichkeit ...

A: ... ist die Höflichkeit der Römer.
B: ... ist der Reichtum der Könige.
C: ... ist aller Laster Anfang.
D: ... ist die Höflichkeit der Könige.

Übung 43 (**)
Welches Wort gehört in die Klammer?

(französischer Vorname) + S = Kleidungsstück

Übung 44 (**)
Ergänzen Sie folgende Redewendung:

Mit ... fängt man ...

A: Speck/Ratten
B: Käse/Mäuse
C: Speck/Mäuse
D: Käse/Ratten

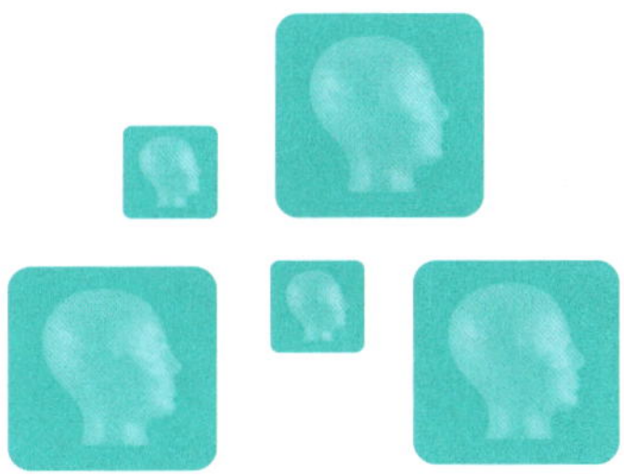

Übung 45 (**)
Welches gemixte Wort ist kein Schuh?

ALNADES	**RGSCBEHUH**
KISMOSAN	**TOFPLANFE**
SSIKCUHH	**EFESILT**
BUNCHAHSD	

Übung 46 (**)
Eine Verhältnisaufgabe

BABY steht im selben Verhältnis zu FÖTUS, wie AKADEMIKER zu ...

A: ... Universität
B: ... Pensionist
C: ... Abitur
D: ... Professor
E: ... Student
F: ... Direktor

Übung 47 (**)
Welche Worte gehören in die Klammer?

(Meerespflanze) +
(Wasservogel) =
mathematischer Begriff

Übung 48 (***)
Welches Wort, welche Wortgruppe gehört nicht dazu?

UUIJSL AÄRSC
IIAMCLH OOACSHWGTRB
HEUMTL OKLH
AOEOLPNN OAAEPBNRT
IADRRHC IONXN
AAIRM EEIASTRH
AAEEDLNRX RDE OERGSS

Übung 49 (***)
Welche drei Buchstaben fehlen in der Klammer, um mit den Buchstaben davor und danach je ein sinnvolles Wort zu ergeben?

HOMO- (?) -ETIK

Übung 50 (***)
Zu welcher Kategorie gehört dieses gemixte Wort?

AAKKSIWA

A: russischer Fluss
B: Stadt in China
C: japanische Firma
D: physikalische Größe

Übung 51 (***)
Eine Verhältnisaufgabe

PRIESTER verhält sich zu LAIE wie ...

A: ... BISCHOF zu PAPST
B: ... LUTHER zu TAUFE
C: ... HOSTIE zu OBLATE
D: ... KIRCHE zu BASILIKA

■ Übung 52 (***)

Welches Wort gehört in die Klammer?

Vogelreise	**(Lufthauch)**	**Lokomotive**
Journal	**(?)**	**Illustrierte**

■ Übung 53 (***)

Welches Wort gehört in die Klammer?

(lateinische Vorsilbe) + ST = Ausruf

■ Übung 54 (***)

Zu welcher Kategorie gehört folgendes gemixte Wort?

PYHHREILOGE

A: Grabstätte
B: Wissenschaftler
C: Krankheit
D: Schriftzeichen

■ Übung 55 (***)

Wer gehört dazu?

Tom hat einen Mops. Nena hat Katzen. Anne vergöttert Hamster. Gert reitet ein Pferd.

A: Barbara züchtet Salamander.
B: Heinz liebt Fische.
C: Hedy hat zwei Schlangen.
D: Udo hat einen Hund.

■ Übung 56 (***)

Zu welcher Kategorie gehört dieses gemixte Wort?

IIHOTREAKBLB

A: Tier
B: Beruf
C: Körperteil
D: Chemisches Element

■ Übung 57 (***)

Welches Wort mit vier Buchstaben fehlt in der Klammer, um mit den Buchstaben davor und danach je wieder ein sinnvolles Wort zu ergeben?

Mus- (?) -ente

■ Übung 58 (***)

Ergänzen Sie das fehlende Wort in der Klammer.

Angler	**(Fischer)**	**Kabarettist**
Idiot	**(?)**	**Schauspieler**

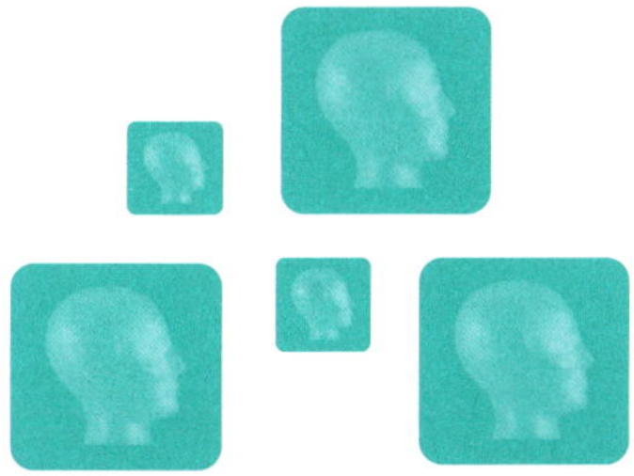

Übung 59 (***)

Welche folgende Stadt ist keine Hauptstadt eines österreichischen Bundeslandes?

AZBSLRGU	**NILZ**
RZAG	**BERGZEN**
TS. ÖLPTEN	**WNEI**
SIETENSATD	**ALGENKRUFT**
LVALCHI	**SINNKURBC**

Übung 60 (***)

Welches aus vier Buchstaben bestehende Wort gehört in die Klammer, damit sich mit den linken und rechten Buchstaben zusammen je wieder ein sinnvolles Wort ergibt?

AN- (?) -KRAFT

Übung 61 (***)

Eine Verhältnisaufgabe

Ein BRANDZEICHEN verhält sich zu einer TÄTOWIERUNG wie ...

A: BAROCK zu ROKOKO
B: LASER zu PAPIER
C: CD zu TONTAFEL
D: SCHALLPLATTE zu MUSIKKASSETTE

Übung 62 (***)

Welche drei Buchstaben fehlen in der Klammer, um mit den Buchstaben davor und danach je ein sinnvolles Wort zu ergeben?

SI- (?) -RECHT

Übung 63 (***)

Zu welcher Kategorie gehört dieses gemixte Wort?

PTEIERHONY

A: Krankheit
B: Berg in Griechenland
C: Indianischer Gott
D: Kosename

Übung 64 (***)

Eine Verhältnisaufgabe

Ein TRANSVESTIT verhält sich zu GESCHLECHT wie...

A: FUSSNAGEL zu MANN
B: AUTO zu FAHRSPUR
C: BERG zu WÜSTE
D: ZUG zu FLUGZEUG

Übung 65 (***)

Wie heißt die Redewendung wirklich?

A: Das also ist des Pudels Keim.
B: Das also ist des Rudels Keim.
C: Das also ist des Pudels Kern.
D: Das also ist des Pudels Herz.

Intelligenz – Räumliches Denken

Auch räumliches Denken ist für jeden von uns im täglichen Leben nötig. Egal, ob es darum geht, Lebensmittel in den Kühlschrank einzuräumen, den kürzesten Weg in einem Gebäude zu finden, einen Möbelkauf zu planen oder beim Sport – ständig wird unser Gehirn mit Aufgaben aus dem dreidimensionalen Bereich konfrontiert.

Trainieren können Sie diesen Teil Ihres Gehirns etwa durch 3D-Puzzlespiele – egal ob aus Holz oder am Computer – oder auch durch klassische Aufgaben zur räumlichen Intelligenz, wie in diesem Buch. Ihre Denkleistung in diesem Bereich wird auch und gerade durch diese abstrakten Aufgaben trainiert. Sie werden Ihr Potenzial erhöhen und das Ergebnis bald merken – spätestens beim nächsten Einräumen des Kühlschranks!

Die Aufgaben im Bereich des räumlichen Denkens sind im Grunde aber natürlich ebenfalls Logik-Aufgaben – nur eben in einem anderen Gehirnbereich. Wie gesagt, diese Leistung ist alltäglich, etwas ungewohnt ist hier nur die Abstraktion dieser Fähigkeit, die Reduktion auf geometrische Formen, versehen mit willkürlichen Zeichen. Hier geht es vor allem darum, die Scheu oder Abneigung vor scheinbar Schwerem, Neuem, Unbekanntem abzubauen, bevor man sich an die Lösung macht. Denn positive Neugier, die Freude an Neuem, ist einer der wichtigsten Schlüssel zur erfolgreichen Nutzung Ihres geistigen Potenzials!

Haben Sie diese „Angst-Schwelle" einmal überwunden, sollten Sie vor allem wieder mit Logik an die Sache herangehen, um etwa herauszufinden, wie sich ein Würfel nun zwischen Schritt 1 und 2 bewegt hat – und was das für die nächsten Schritte bedeutet.

Es gibt Aufgaben aus zwei Bereichen – der räumlichen Vorstellung und der räumlichen Zuordnung. In den drei verschiedenen Schwierigkeitsgraden wechseln sie sich jeweils blockweise ab, um ein möglichst optimales Trainingsergebnis zu erzielen.

Räumliche Vorstellung

Bei den folgenden Übungen geht es im Wesentlichen darum, sich (meist) dreidimensionale Figuren und Vorgänge im Kopf vorzustellen. Ist der jeweilige Gegenstand in seiner Form einmal erfasst, muss man ihn im Geist drehen und bewegen, um die jeweilige Aufgabe zu lösen. Dabei geht es weniger um geometrische Kenntnisse, als um den Einsatz von Vorstellungskraft.

Auch bei den Legeaufgaben kommt es mehr darauf an, die Figur in ihrer Gesamtheit zu erfassen und daraus die nötigen Schlüsse zu ziehen, als darum, durch Probieren eine Lösung mehr oder weniger zufällig zu finden.

Sollte Ihnen die Arbeit mit Würfeln und anderen geometrischen Objekten ganz unvertraut sein, nehmen Sie doch einmal einen normalen Spielwürfel zur Hand und betrachten Sie ihn genau. Drehen Sie ihn entlang verschiedener Achsen. Fügen Sie auch mehrere Würfel auf verschiedene Arten aneinander, um zu sehen, wie viele Flächen und Kanten dann noch zu sehen sind. Auf diese Weise machen Sie sich mit räumlichen Formen vertraut.

Bei den Legeaufgaben sollten Sie zuerst versuchen, die Lösung im Kopf zu finden. Konzentrieren Sie sich auf größere und kleinere Einheiten, auf Formen innerhalb von Formen. Bemühen Sie sich, flexibel in Ihrer Vorstellungskraft zu sein. Sollte es Ihnen dennoch nicht gelingen, die Aufgabe im Kopf zu lösen, verwenden Sie echte Streichhölzer oder Skizzen zum Vorstellen, bevor Sie die Lösung nachschlagen.

Räumliche Zuordnung

Diese Aufgaben sind im wesentlichen Netzplanaufgaben. Dabei geht es darum, eine dreidimensionale geometrische Figur an ihren Kanten auseinander zu schneiden, beziehungsweise zusammenzukleben. Bemühen Sie sich, durch geistige Vorstellung die zweidimensionalen Flächen in Ihrem Kopf „aufzustellen" und danach die fertigen Figuren räumlich zu sehen oder sogar zu drehen. Es ist gar nicht so schwer – und auch hier macht Übung den Meister.

Ein Tipp (der eigentlich für beide Bereiche gilt): Haben Sie tatsächlich große Schwierigkeiten, sich Dinge räumlich vorzustellen, zerlegen Sie den Gegenstand! Denn auch mit einer zweidimensionalen Logik lassen sich die Aufgaben oft leicht lösen: Wenn etwa ein Buchstabe auf einer Würfelfläche mit seiner Unterseite zu dem auf der nächsten Seite weist, so muss das immer so bleiben, egal wie der Würfel im Raum gedreht wird! D.h. steht ein A im Netzplan aufrecht neben einem B, kann die Spitze des A auch auf der Würfeloberfläche nie auf das B weisen! Durch dieses Umdenken lassen sich auch Netzplanaufgaben lösen, ohne die Figur in 3D zu sehen. Alternativ oder ergänzend kann man vor oder nach dem Lesen der Lösung die Aufgabe auch praktisch ausprobieren: Bekleben Sie einen Würfel mit Papier und notieren Sie die Symbole auf seinen Seiten. Durch Drehen und Wenden können Sie nun das Verhalten des Objektes im Raum leichter nachvollziehen und Ihren „3D-Muskel" trainieren.

Übung 1 (*)

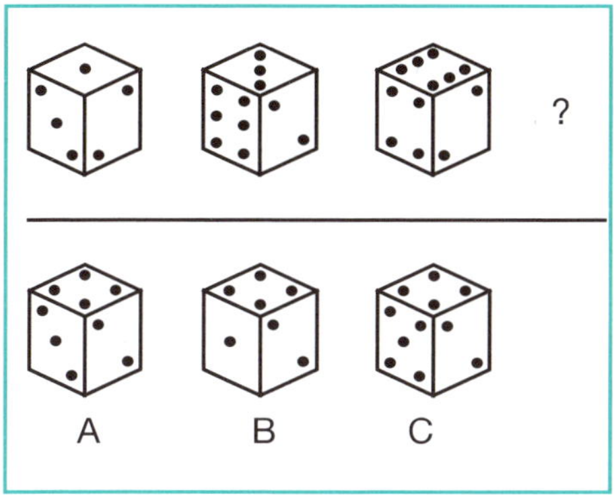

Welcher Würfel folgt? Wie viele Punkte hat ein Spielwürfel insgesamt?

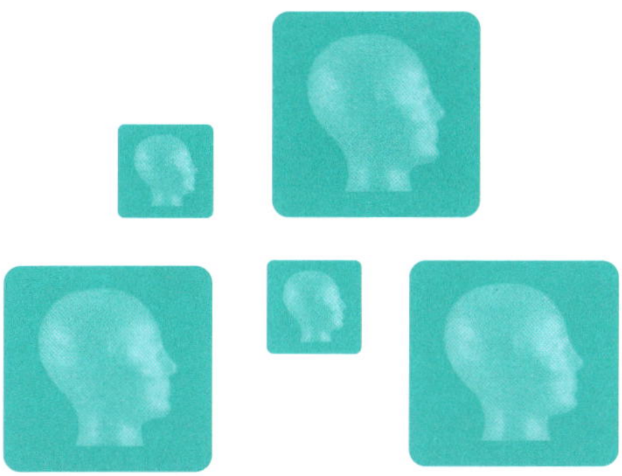

Übung 2 (*)

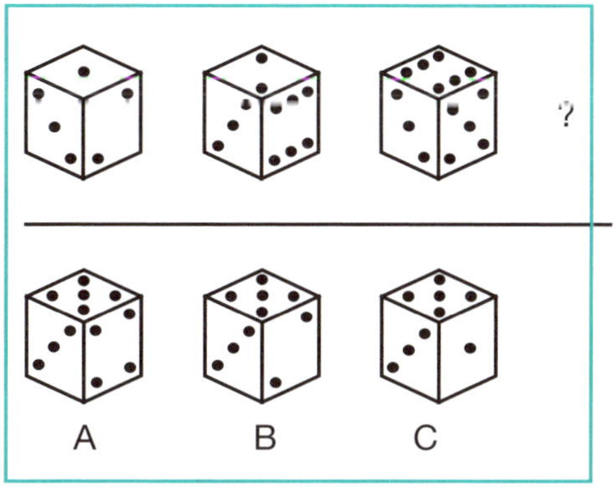

Welcher Würfel folgt?

Übung 3 (*)

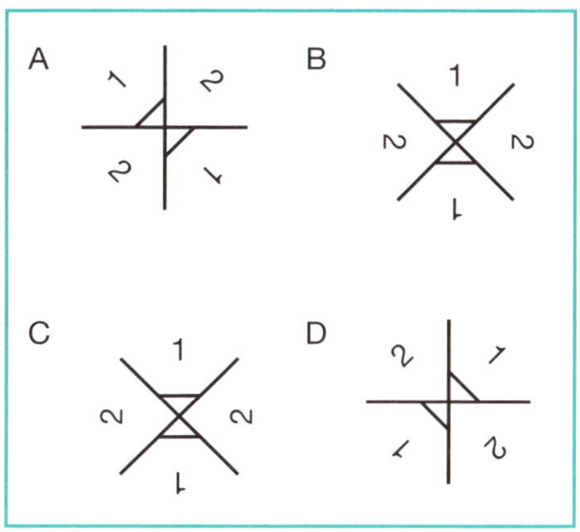

Welche Figur passt nicht dazu?

Übung 4 (*)

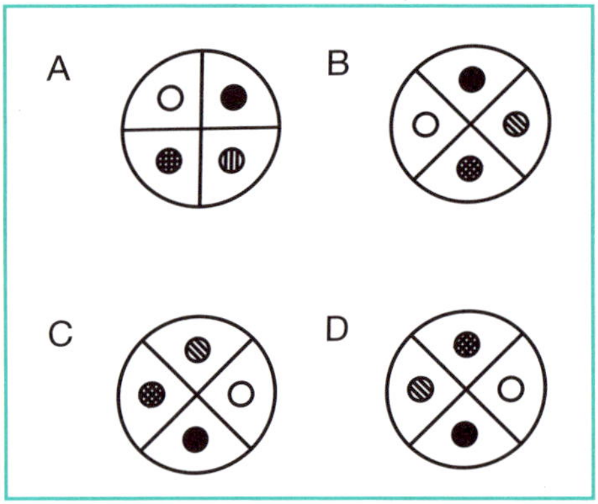

Welche Figur passt nicht dazu?

Übung 5 (*)

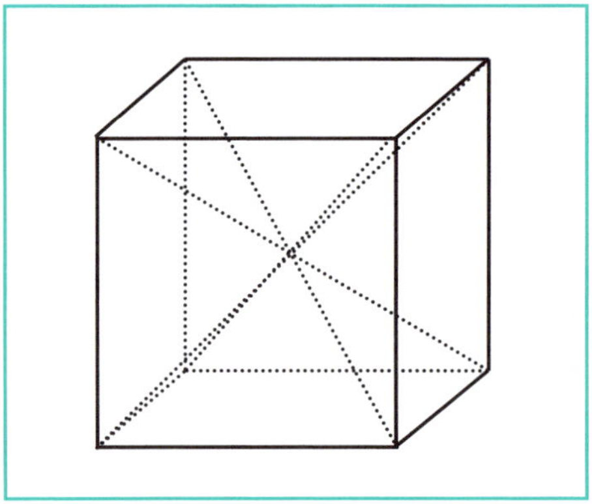

Stellen Sie sich einen großen durchsichtigen Würfel vor, dessen Ecken durch Linien diagonal miteinander verbunden sind (siehe Skizze). Beantworten Sie dann, ohne weiter auf die Skizze zu sehen, die folgenden Fragen:

a) Wie viele Pyramiden ergeben die Diagonallinien, d.h. wie viele Pyramiden sind im Würfel?

b) Wie viele Kanten und Eckpunkte hat eine Pyramide?

c) Wie viele Linien, also halbe Diagonallinien, führen vom Zentrum, dem Schnittpunkt der Diagonallinien, insgesamt zu den Eckpunkten des Würfels?

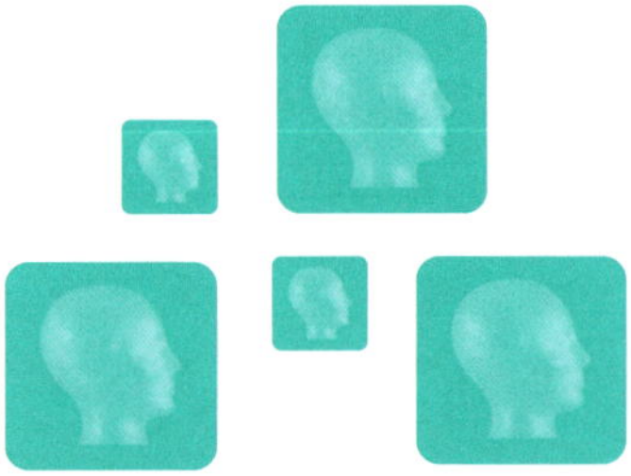

Übung 6 (*)

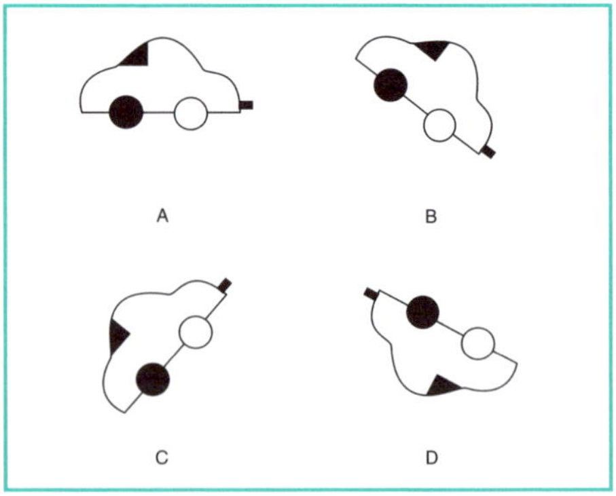

Welches Auto passt nicht dazu?

Übung 7 (*)

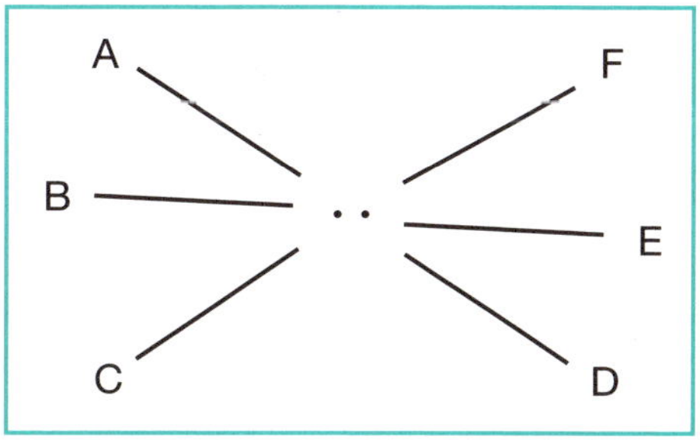

Nur eine der sechs Linien geht durch einen der beiden Punkte. Versuchen Sie ohne Lineal oder ähnlichem, nur mit dem bloßen Auge herauszufinden, welche.

Übung 8 (*)

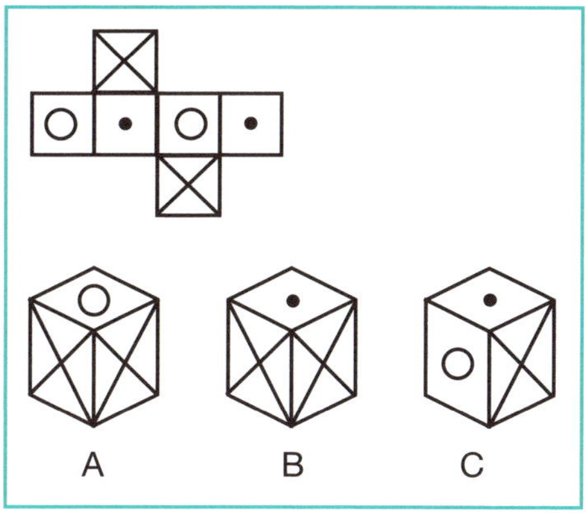

Welcher Würfel entspricht dem Netzplan?

Übung 9 (*)

Welcher Würfel entspricht dem Netzplan?

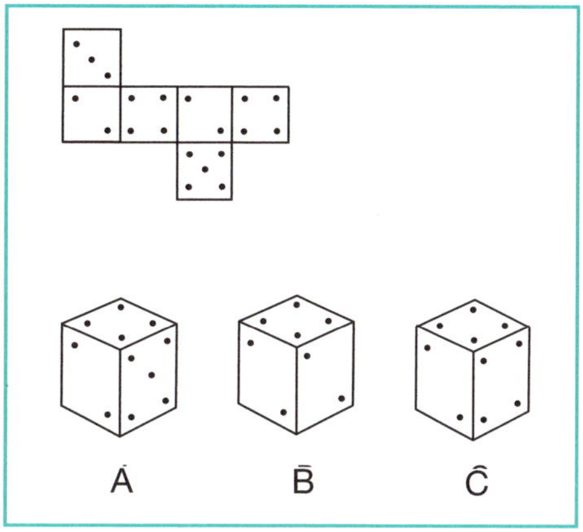

Übung 10 (*)

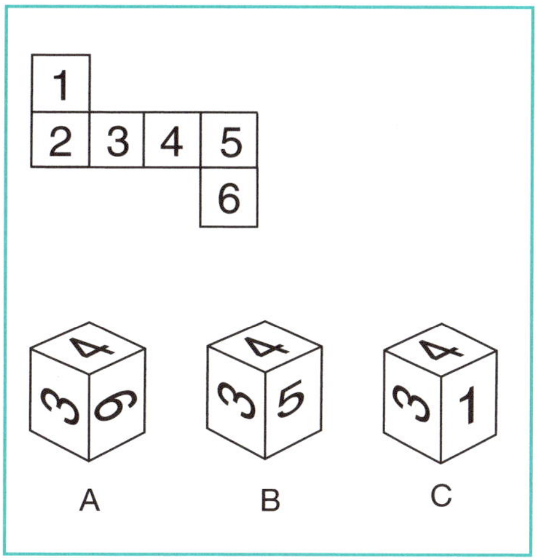

Welcher Würfel entspricht dem Netzplan?

Übung 11 (*)

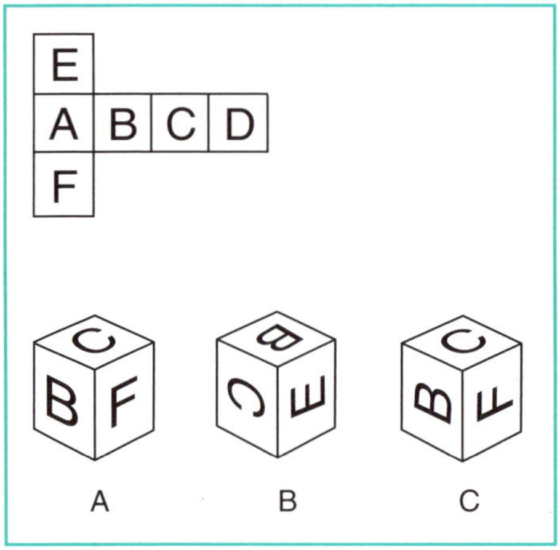

Welcher Würfel entspricht dem Netzplan?

Übung 12 (*)

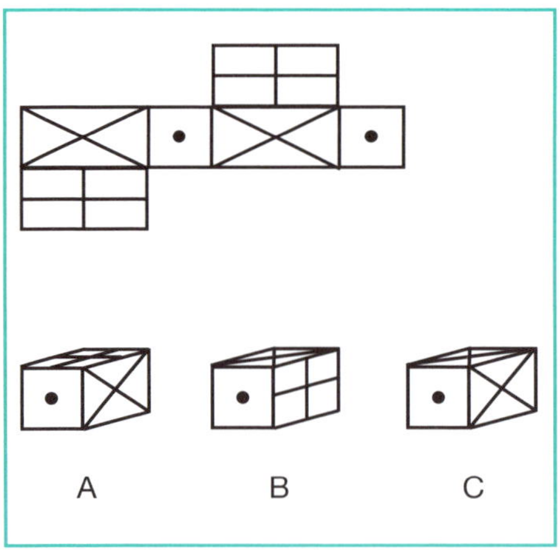

Welcher Quader entspricht nicht dem Netzplan?

Übung 13 (*)

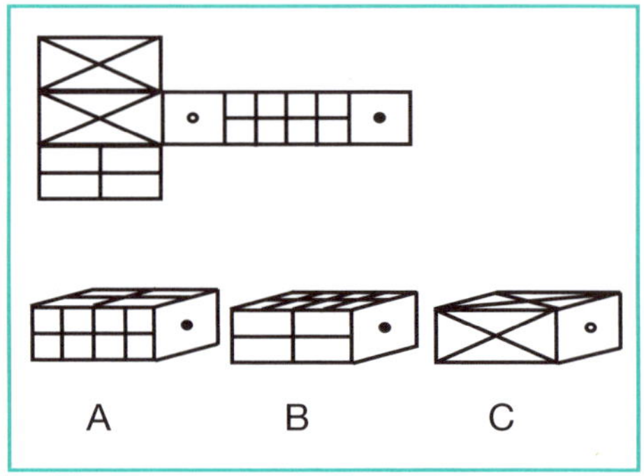

Welcher Quader entspricht nicht dem Netzplan?

Übung 14 (*)

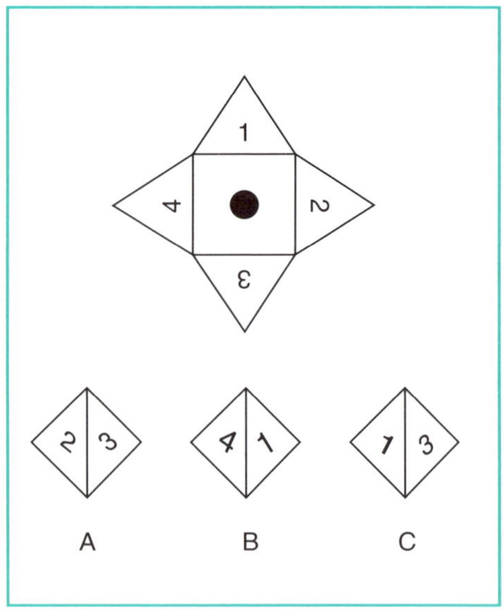

Welche Pyramide entspricht nicht dem Netzplan?

Übung 15 (*)

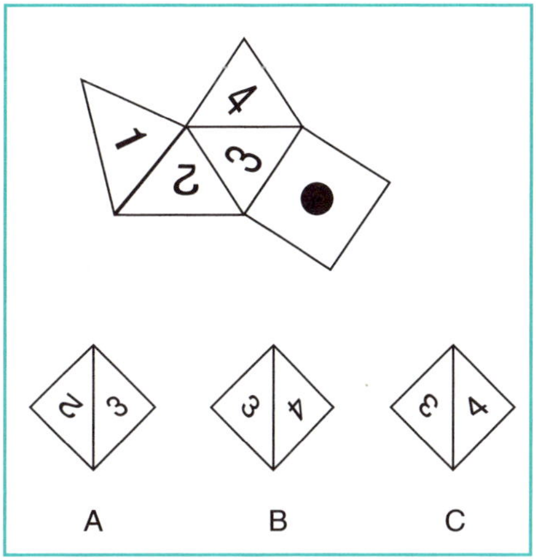

Welche Pyramide entspricht nicht dem Netzplan?

Übung 16 (**)

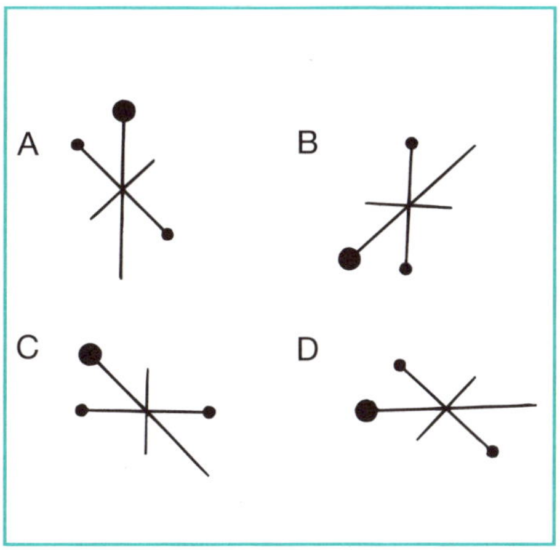

Welche Figur passt nicht zu den anderen?

Übung 17 (**)

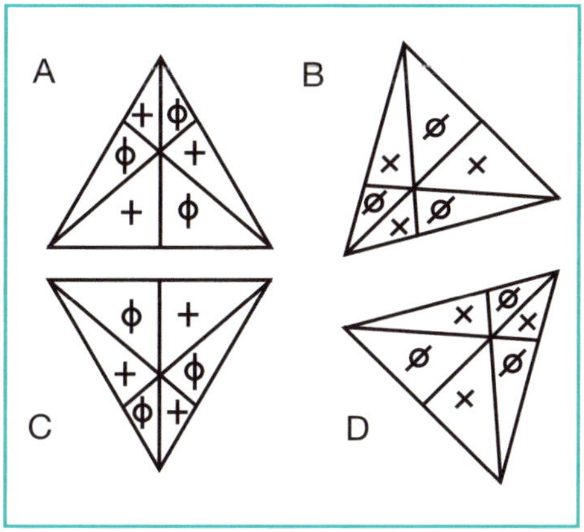

Welche Figur passt nicht zu den anderen?

Übung 18 (**)

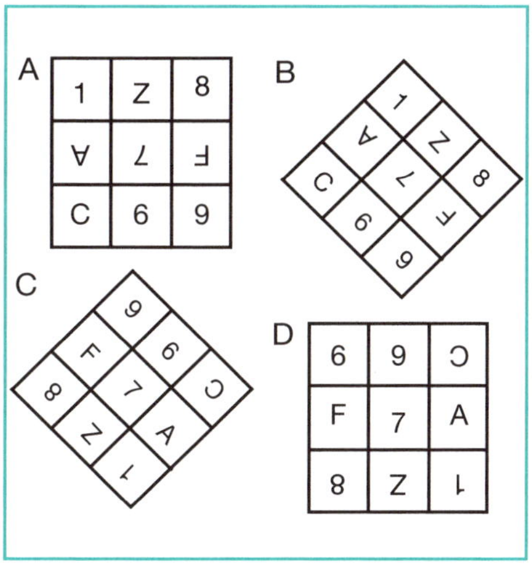

Welche Figur passt nicht zu den anderen?

Fang den Ball!

Wussten Sie, dass kaum etwas unser Gehirn so fordert, wie das Auffangen eines Balles? Man kann das am besten an Robotern sehen:
Trotz ungeheurer Fortschritte in diesem Bereich sind auch heute noch keine Maschinen fähig, den Anflug eines dreidimensionalen Objekts auf kurze Distanz zu erkennen, zu vermessen und die richtige mechanische Reaktion (das Fangen) damit zu koordinieren.

Übung 19 (**)

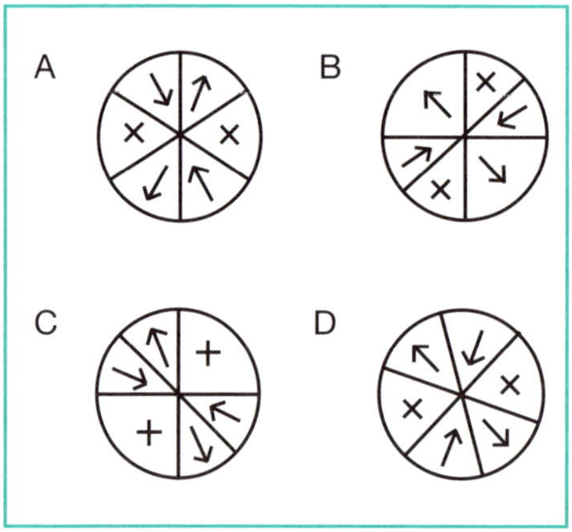

Welche Figur passt nicht zu den anderen?

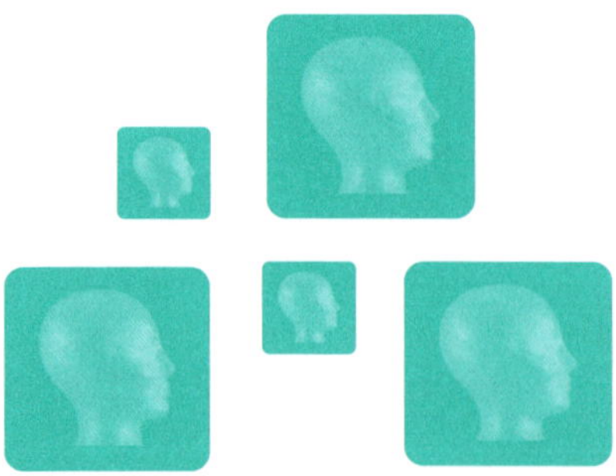

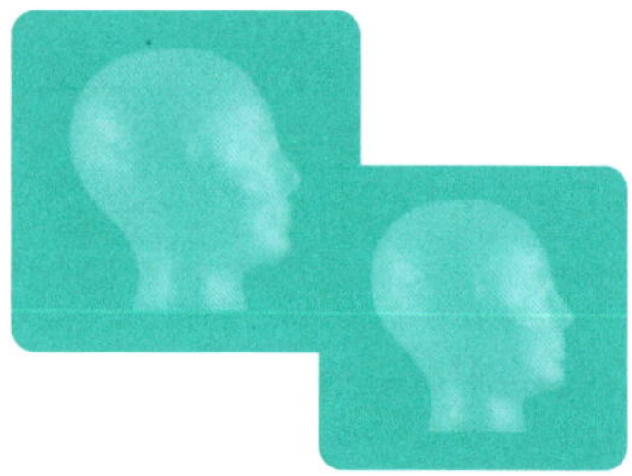

Übung 20 (**)

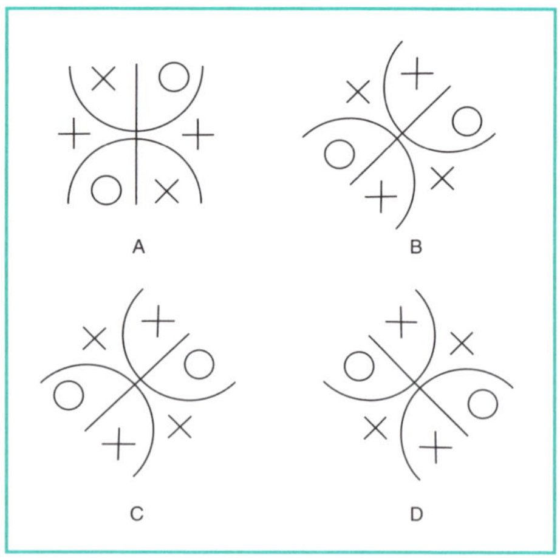

Welche Figur passt nicht zu den anderen?

■ Übung 21 (**)

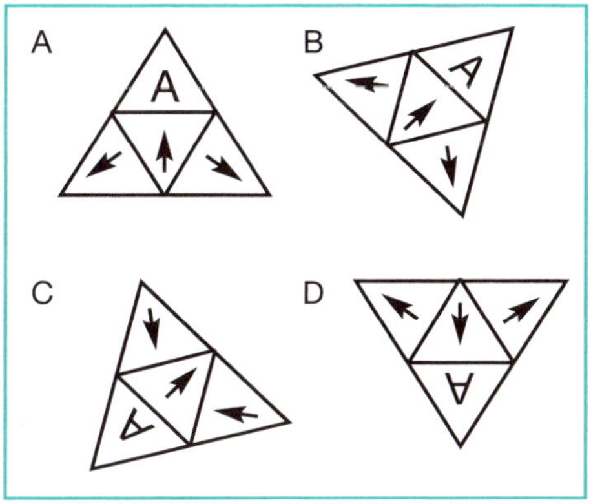

Welche Figur passt nicht zu den anderen?

■ Übung 22 (**)

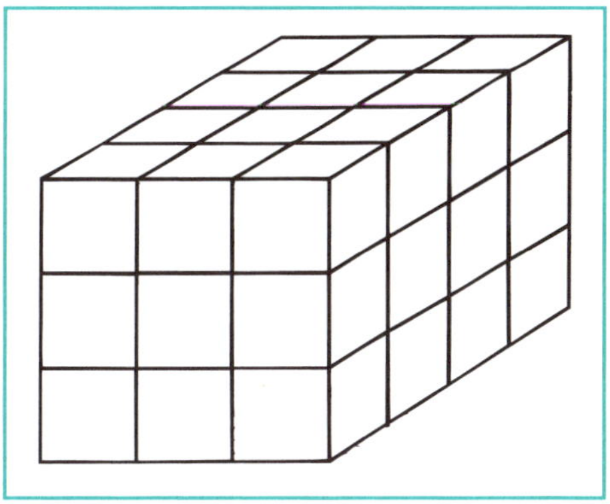

Stellen Sie sich einen Quader vor, der aus 36 gleichartigen kleinen Würfeln zusammengesetzt ist (siehe Skizze). Beantworten Sie nun, ohne weiter auf die Skizze zu sehen, die folgenden Fragen:

a) Aus wie vielen kleinen Quadratflächen besteht der Quader nach außen hin?

b) Kreuzen sich die Diagonalen des Quaders in einem rechten Winkel?

c) Wie viele Würfel haben gar keine Fläche nach außen?

d) Wie viele Ecken haben alle Würfel zusammen?

e) Wie viele (regelmäßige) Würfel, bestehend aus 4 kleinen Würfeln, lassen sich aus dem Block lösen (kein Umgruppieren der kleinen Würfel möglich!)?

f) Wenn man die nur innen gelegenen Würfel herausnimmt, wie viele Ecken hat dann der Hohlraum?

■ Übung 23 (**)

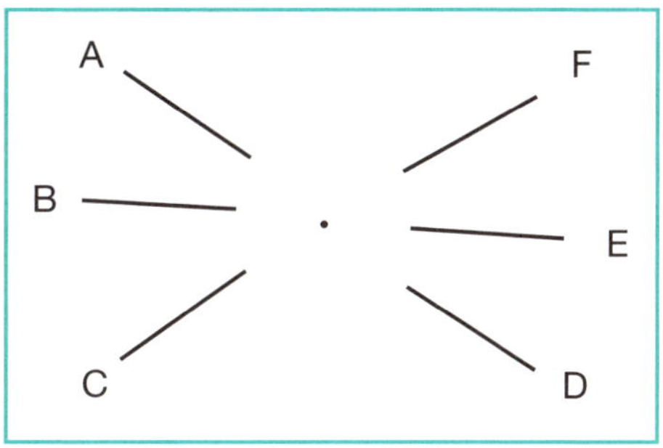

Nur eine der sechs Linien geht durch den Punkt in der Mitte. Versuchen Sie ohne Lineal oder ähnlichem, nur mit dem bloßen Auge herauszufinden, welche.

Übung 24 (**)

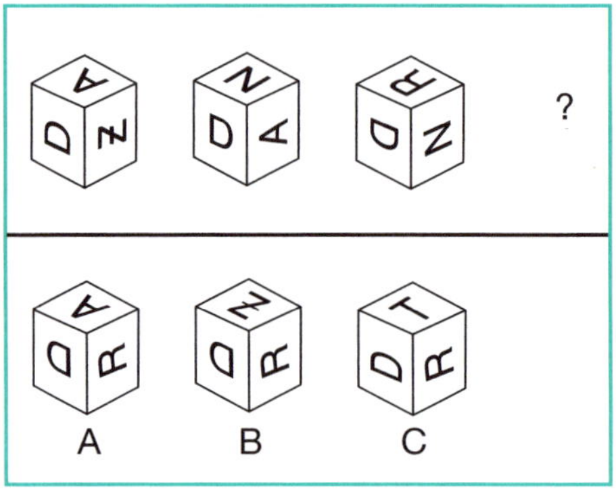

Welcher Würfel setzt die Reihe fort?

Übung 25 (**)

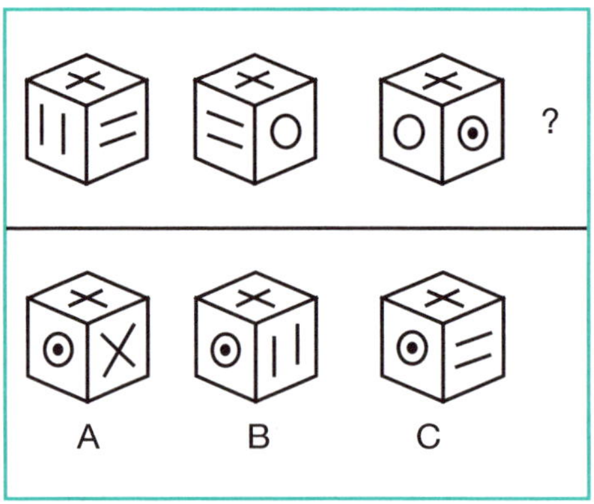

Welcher Würfel setzt die Reihe fort?

Übung 26 (**)

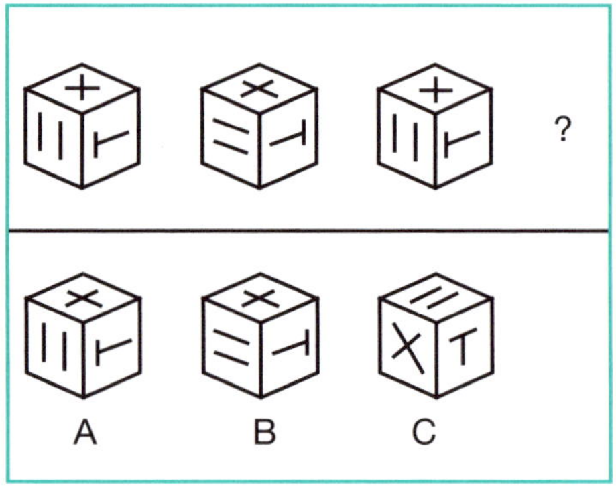

Welcher Würfel setzt die Reihe fort?

Übung 27 (**)

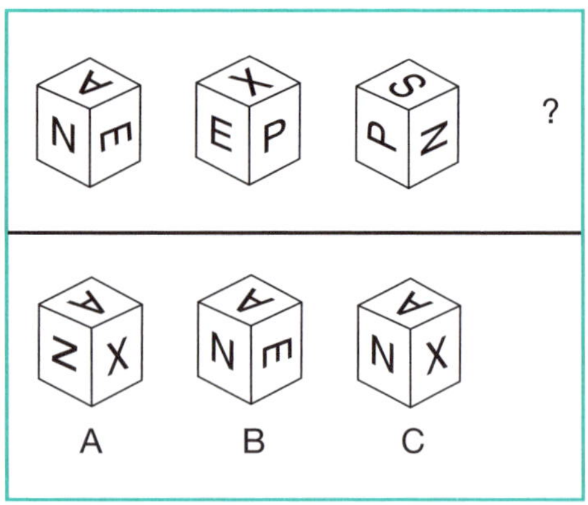

Welcher Würfel setzt die Reihe fort?

Übung 28 (**)

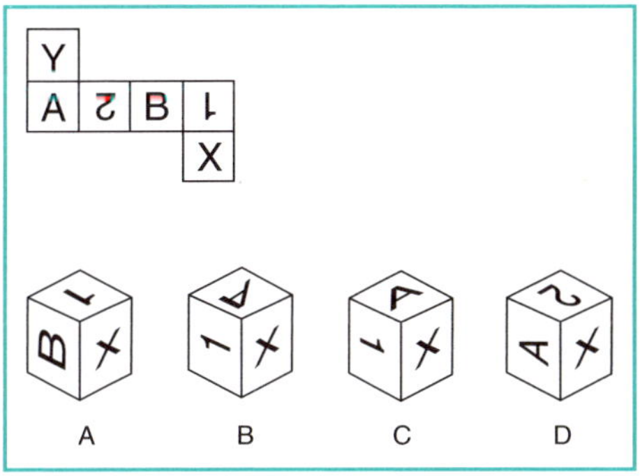

Welcher Würfel entspricht nicht dem Netzplan?

Übung 29 (**)

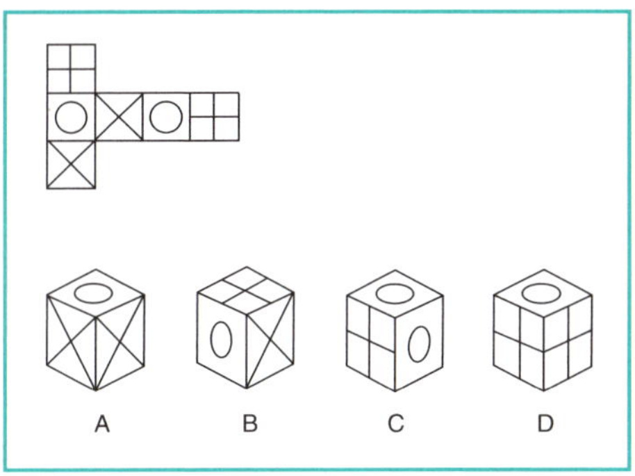

Welcher Würfel entspricht nicht dem Netzplan?

Übung 30 (**)

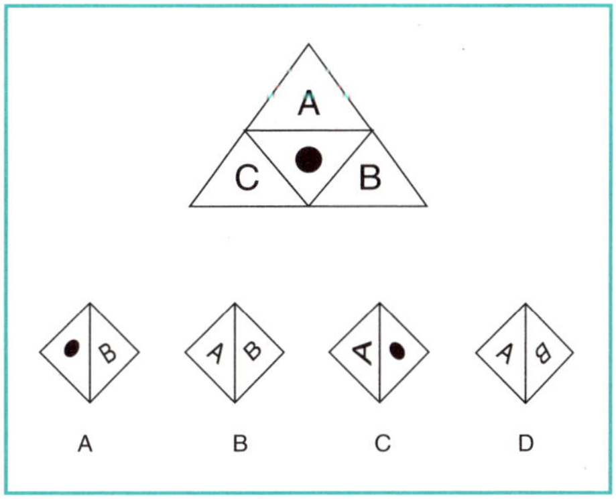

Welcher Tetraeder entspricht nicht dem Netzplan?

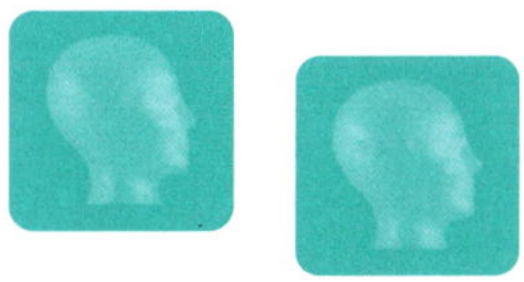

Übung 31 (**)

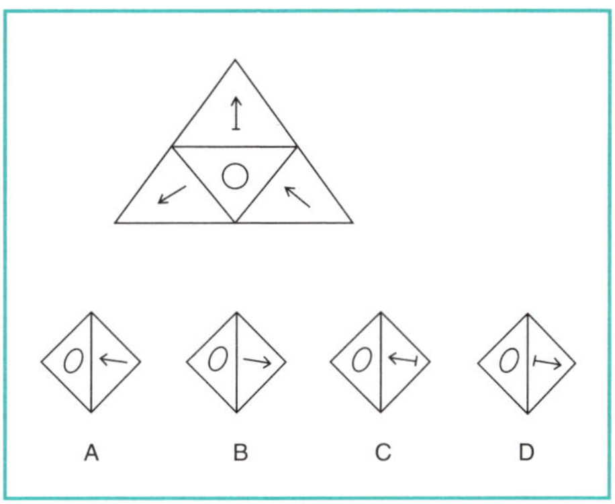

Welcher Tetraeder entspricht nicht dem Netzplan?

Übung 32 (**)

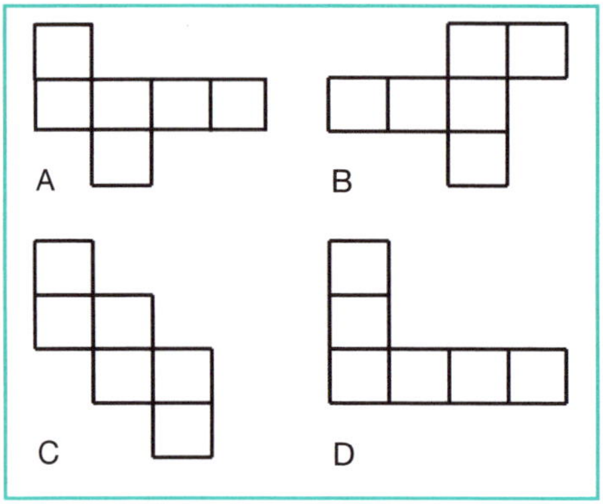

Welcher Netzplan kann kein Würfel werden?

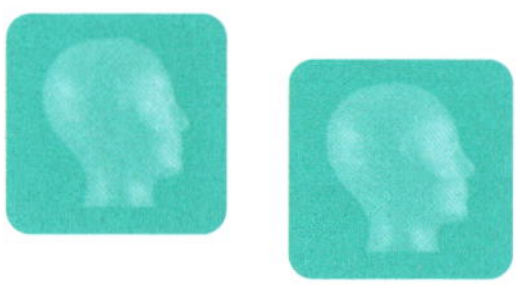

Übung 33 (**)

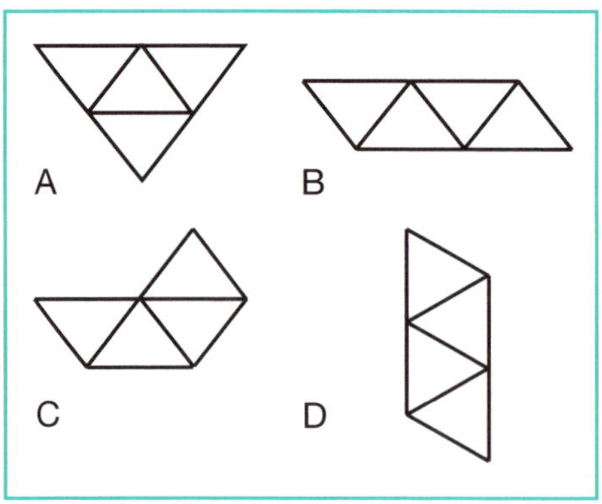

Welcher Netzplan kann kein Tetraeder werden?

Übung 34 (**)

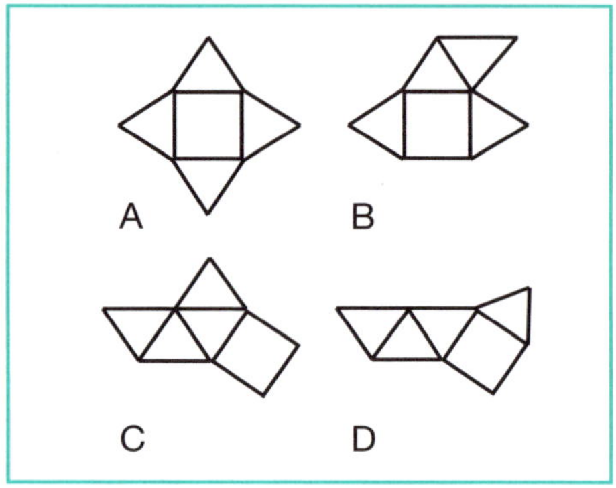

Welcher Netzplan kann keine Pyramide werden?

Übung 35 (**)

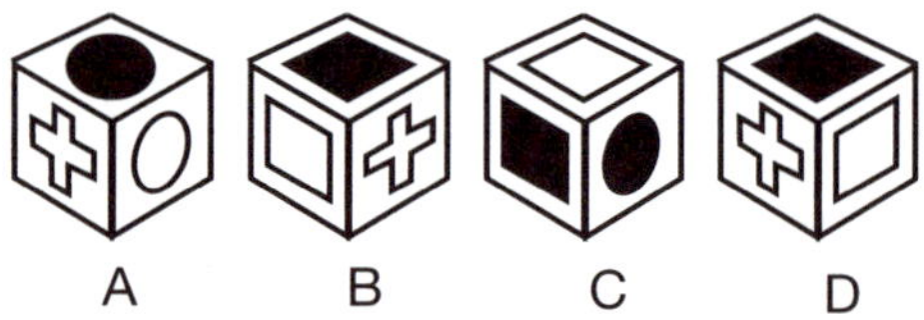

Welche Würfelabbildung stammt nicht von demselben Würfel wie die anderen drei?

Übung 36 (**)

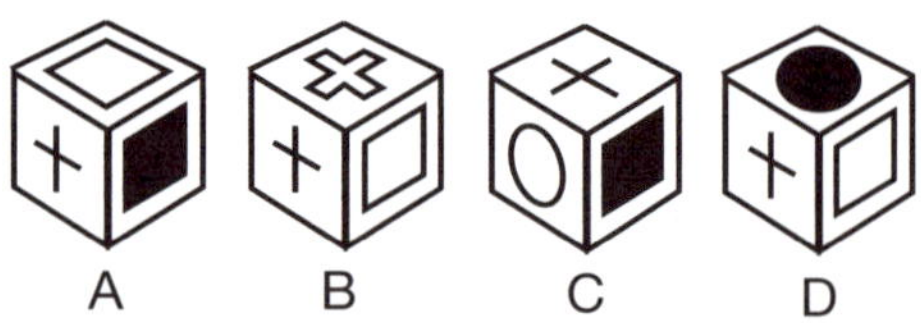

Welche Würfelabbildung stammt nicht von demselben Würfel wie die anderen drei?

Übung 37 (**)

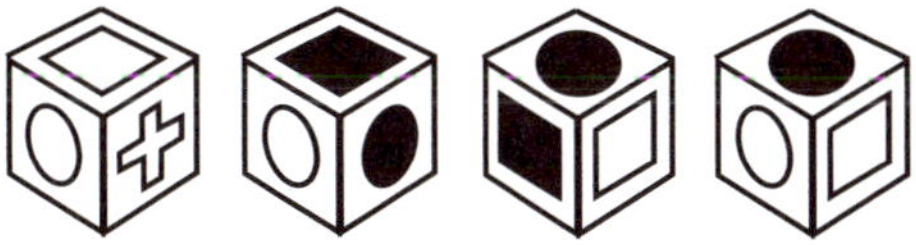

A B C D

Welche Würfelabbildung stammt nicht von demselben Würfel wie die anderen drei?

Übung 38 (**)

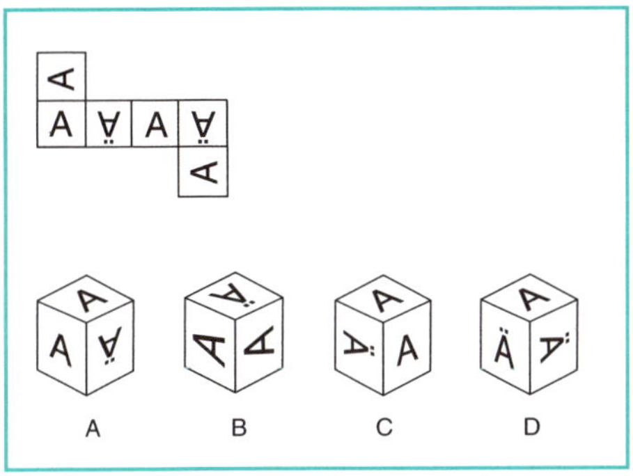

Welcher Würfel entspricht nicht dem Netzplan?

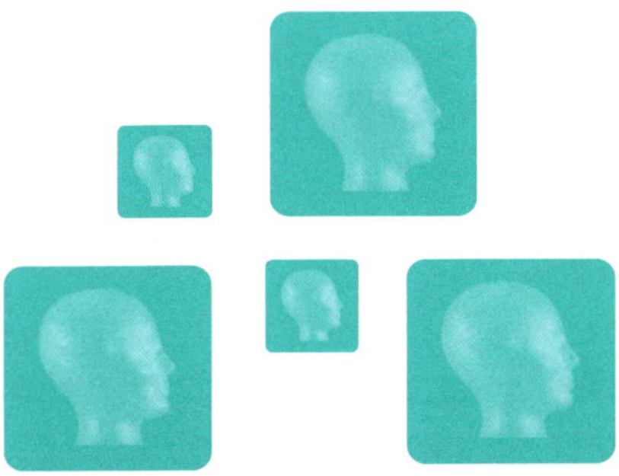

Übung 39 (**)

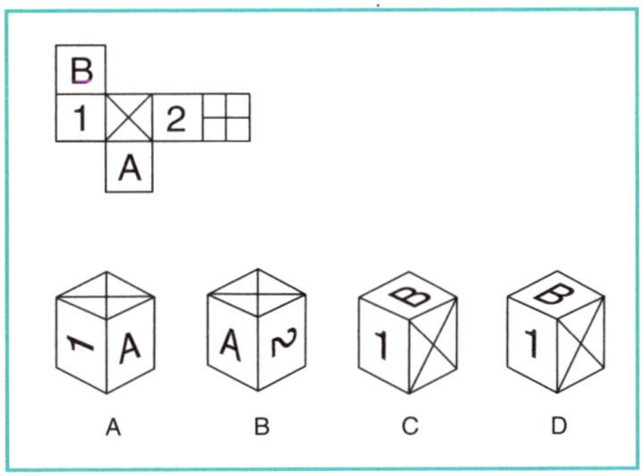

Welcher Würfel entspricht nicht dem Netzplan?

Übung 40 (**)

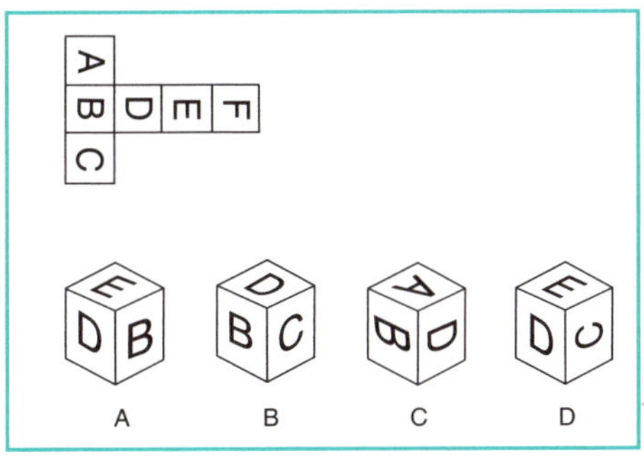

Welcher Würfel entspricht nicht dem Netzplan?

Übung 41 (**)

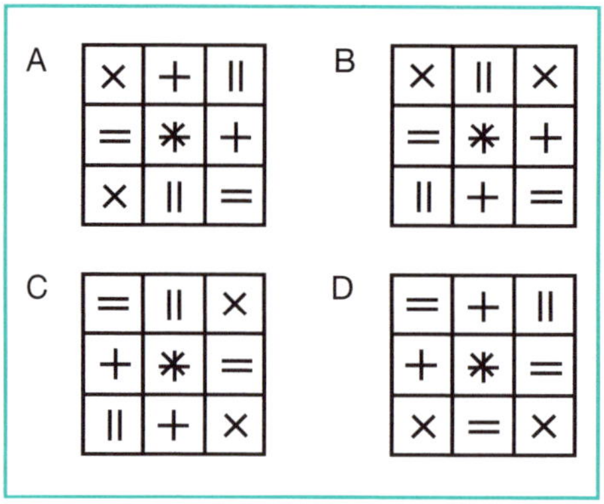

Welche Figur passt nicht dazu?

Übung 42 (**)

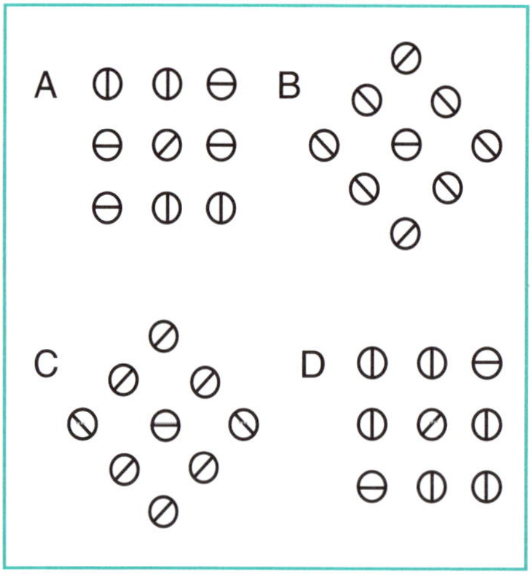

Welche Figur passt nicht dazu?

Übung 43 (***)

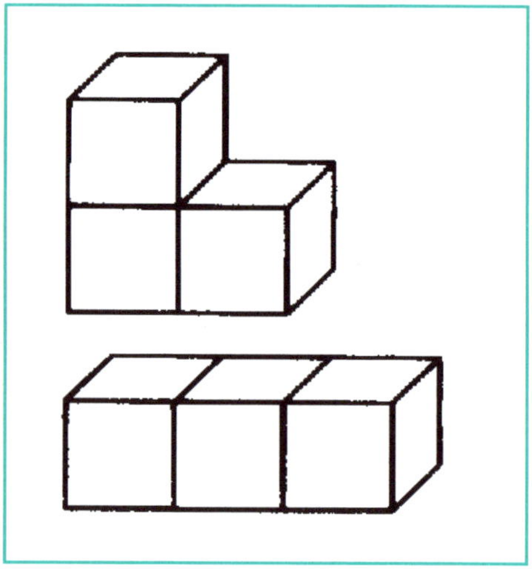

Auf zwei Weisen kann man drei Würfel so aneinander fügen, dass jeder mit mindestens einer ganzen Fläche eine Fläche eines anderen berührt (siehe Skizze). Auf wie viele Arten geht das bei vier Würfeln? Machen Sie sich dazu eigene Skizzen.

Übung 44 (***)

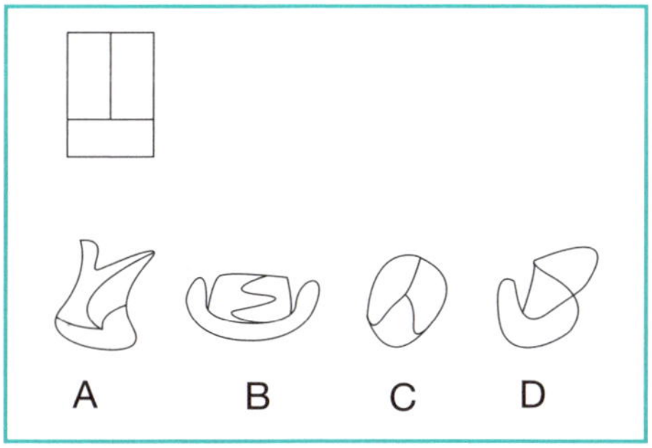

Wenn man die hier gezeigte Drahtfigur verformt – welche der unteren Figuren kann dann nicht entstehen? (Länge der Linien ist unerheblich)

Übung 45 (***)

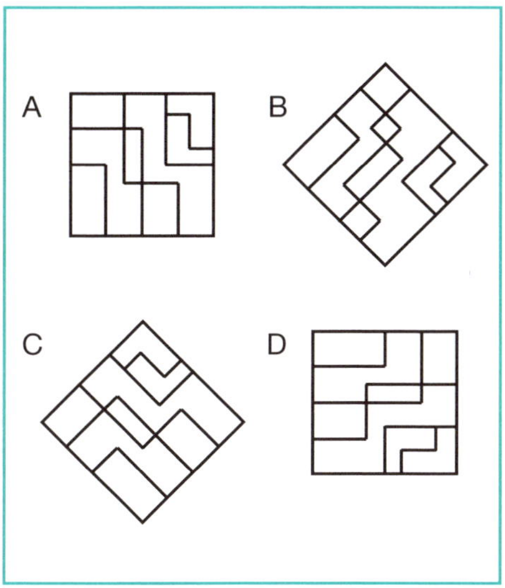

Welche Figur passt nicht dazu?

Übung 46 (***)

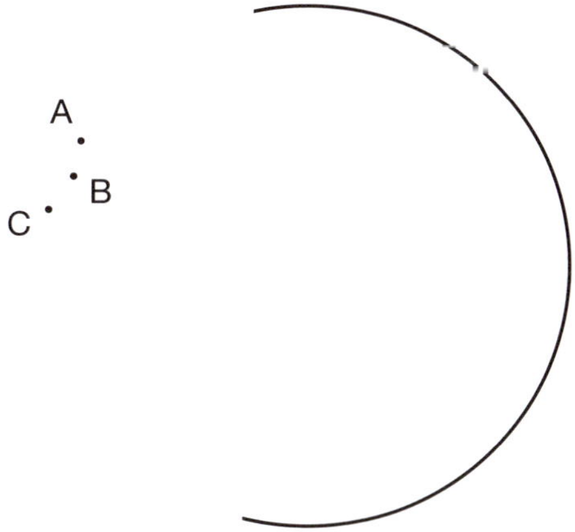

Die Linie des Kreises geht nur durch einen der drei Punkte. Versuchen Sie, nur mit dem bloßen Auge herauszufinden, durch welchen.

Übung 47 (***)

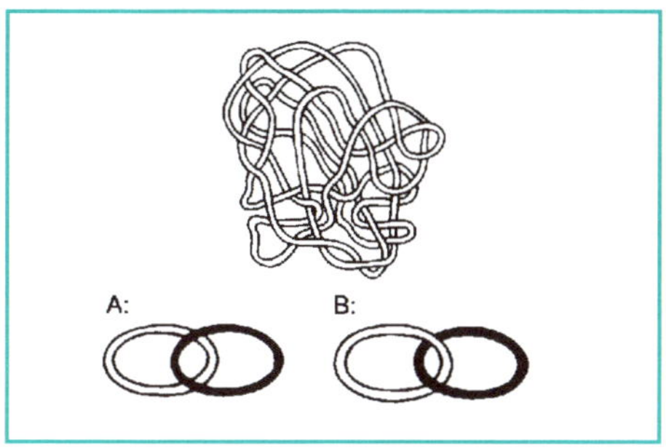

Die oben stehende Figur ist ein Stück Seil. Zieht man es auseinander, besteht es dann aus zwei unabhängigen Ringen (Skizze A) oder zwei verflochtenen (Skizze B)?

Übung 48 (***)

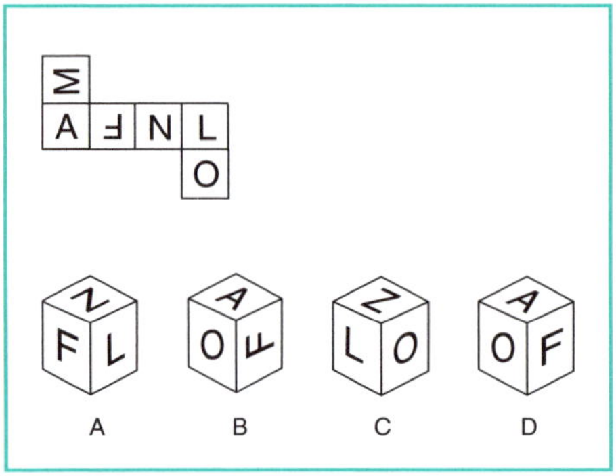

Welcher Würfel passt als einziger zum Netzplan?

Übung 49 (***)

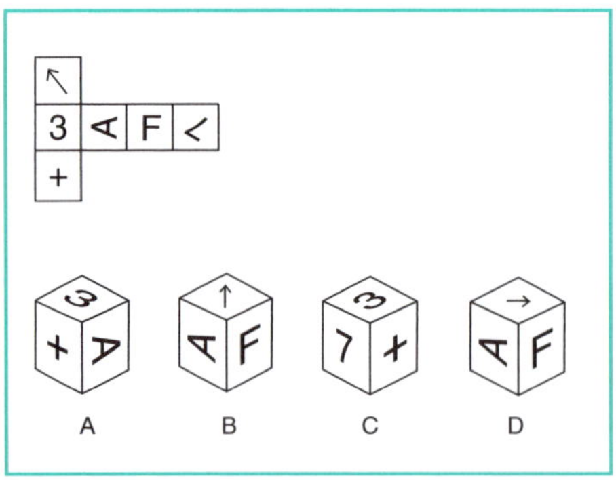

Welcher Würfel passt als einziger zum Netzplan?

Übung 50 (***)

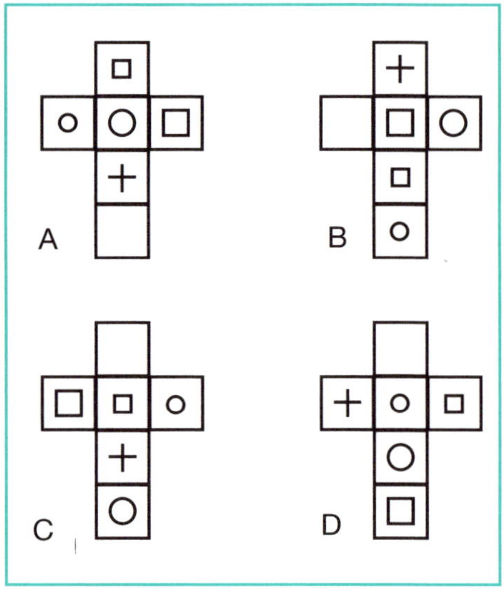

Welcher Netzplan ergibt nicht denselben Würfel wie die anderen drei?

Übung 51 (***)

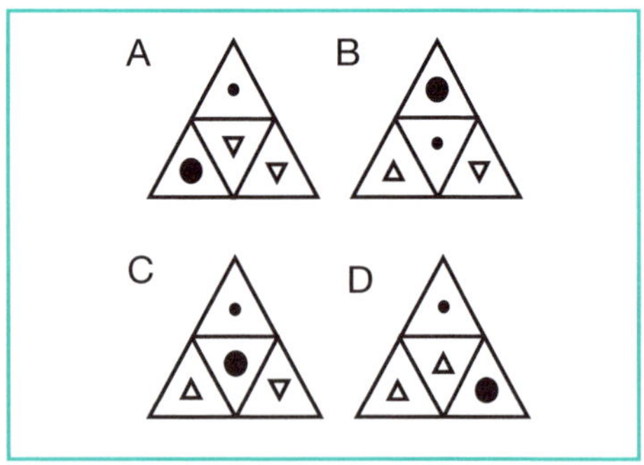

Welcher dieser Netzpläne ergibt nicht denselben Tetraeder wie die anderen drei?

Übung 52 (***)

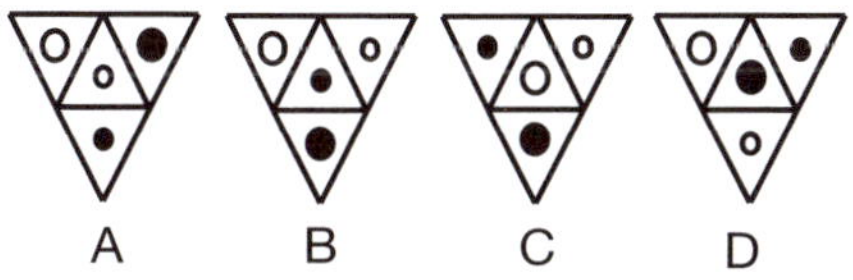

Welcher dieser Netzpläne ergibt nicht denselben Tetraeder wie die anderen drei?

Übung 53 (***)

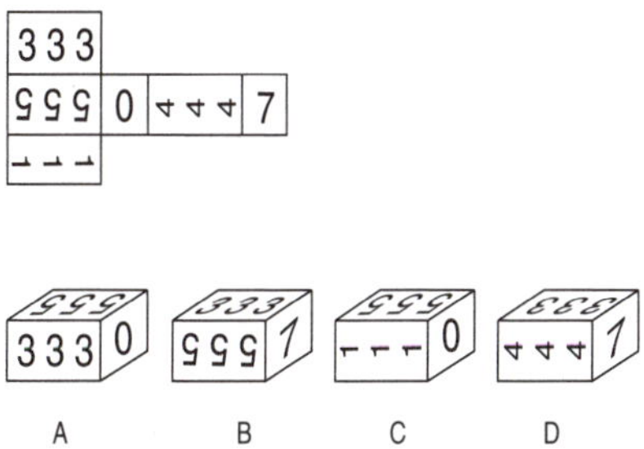

Welcher Quader passt zum Netzplan?

Übung 54 (***)

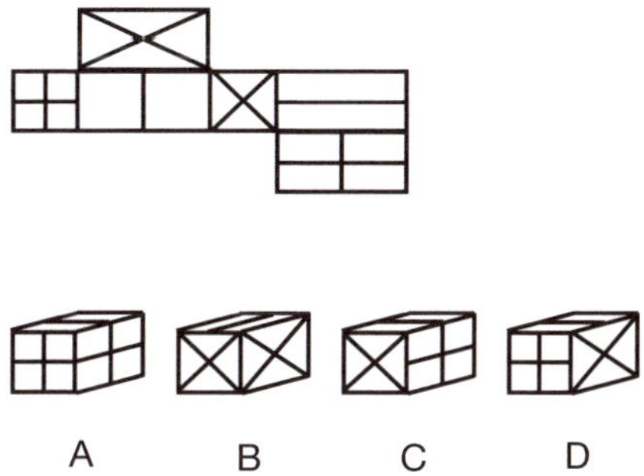

Welcher Quader passt zum Netzplan?

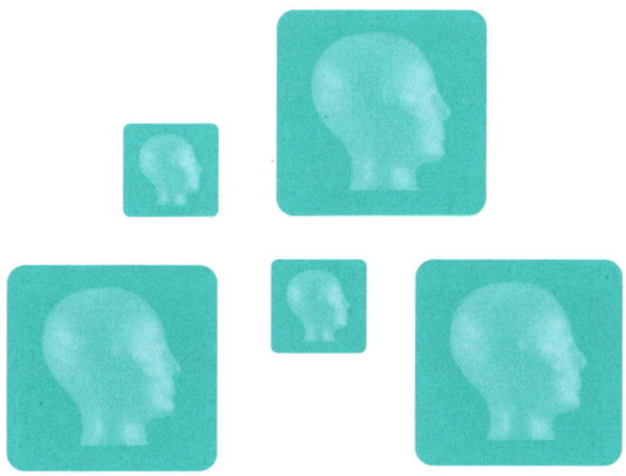

Ist räumliches Denken vererbbar?

Die Fähigkeit, räumlich zu denken, wird teilweise ererbt, teilweise – in recht frühem Kindesalter – erworben. So weiß man, dass Menschen, die vor ihrem 6. Lebensjahr nur im Flachland gelebt haben, größte Orientierungsschwierigkeiten in bergigen Regionen haben. Gleichermaßen verirren sich in Bergen aufgewachsene Menschen sehr leicht im flachen Land!

Gedächtnis

Gutes Gedächtnis? Kein Problem!

Wie viele Leute beschweren sich ständig über ihr Gedächtnis? Der eine meint, sich keine Namen merken zu können, der andere keine Nummern, sei es Telefon oder PIN-Code. Andere vermeinen Schwierigkeiten beim optischen Erkennen von Menschen, Automarken oder Gegenden zu haben.

Tatsächlich ist das aber alles eine Frage der Übung bzw. der Aktivierung verschiedener Gehirnareale! Unser Hirn ist eigentlich eine gigantische Merk-Maschine, die seit unserer Geburt, genau genommen sogar schon davor, kaum anderes zu tun hat, als Informationen zu sammeln, zu sortieren und abzuspeichern.

Es gibt Forschungsergebnisse, aus denen hervorgeht, dass kein Mensch je wirklich etwas vergisst – alles ist „irgendwo da drinnen". Um uns diese Informationen aber zugänglich zu machen, gilt es einfach die ablaufenden Prozesse zu üben, zu automatisieren und somit immer größere Kapazitäten unseres geistigen Potenzials zu entwickeln.

Grob gesprochen unterscheidet unser Hirn zwischen „zeitlich strukturiertem Gedächtnis" einerseits und unterschiedlichen Inhalten andererseits (Namen, Zahlen, etc.). In diesem Buch wollen wir nun all diese Bereiche separat trainieren – obwohl es in der Praxis natürlich immer zu Vermischungen und Überschneidungen zwischen den verschiedenen Bereichen kommt.

Darüber hinaus präsentieren wir in Übungsform einige der besten und – teilweise seit der Antike – bewährten Methoden, das Gedächtnis zu verbessern und sich gewisse Dinge (Zahlen, Listen, etc.) besser merken zu können.

TIPP!

Achten Sie darauf, wie leicht oder schwer Ihnen die Übungen in diesen drei Bereichen fallen – je nachdem können Sie Defizite erkennen und diese Übungen, oder andere ähnliche, immer wieder trainieren, um Ihre geistige Leistungsfähigkeit zu verbessern und zu erhöhen.

Die Bereiche sind:

Das zeitlich strukturierte Gedächtnis

- das Ultrakurzzeit-Gedächtnis
- das Kurzzeit-Gedächtnis
- das Langzeit-Gedächtnis

Das inhaltliche Gedächtnis

- das optische Gedächtnis
- das kontextuelle Gedächtnis (Zusammenhänge erkennen)
- das Namen-, Wort-, Formen-, Personen- und Situationen-Gedächtnis

Lernstrategien und -techniken

- Methoden und Übungen

Das zeitlich strukturierte Gedächtnis

Vielleicht kennen Sie ja folgende Situationen: Manchmal vergisst man Dinge, unmittelbar nachdem man sie – völlig bewusst – getan hat. Sie verlassen Ihre Wohnung und gehen ein paar Schritte – und plötzlich sind Sie völlig unsicher, ob Sie die Wohnung auch abgesperrt haben! Auch der nicht oder doch gefütterte Hund, der nicht oder doch abgedrehte Herd ist plötzlich nicht mehr präsent. Wenn Ihnen so etwas passiert, hat Ihnen Ihr Ultrakurzzeit-Gedächtnis einen Streich gespielt!

Ein anderes Beispiel: Sie hören im Gespräch mit Freunden den neues-

DER „HIRN-FILTER"

Der Ausspruch „Man kann sich ja schließlich nicht alles merken!" hat absolut seine Berechtigung. Ohne säuberndes Vergessen würden wir unentwegt voll gestopft mit nutzlosen Informationen über Dinge und Sachverhalte, die wir nicht (mehr) brauchen, fast betäubt durch die Gegend stolpern und den Kopf nicht frei für neue und notwendigere Informationen haben. Damit wir Unwichtiges vergessen, Wichtiges aber mehr oder weniger lange im Kopf behalten, hat unser Gedächtnis gleich mehrere Filter eingebaut. Der erste ist das Ultrakurzzeit-Gedächtnis. Hier bleiben Informationen für etwa 10 bis 15 Sekunden parat, danach verschwinden, ja, verlöschen sie wieder, um Platz für Neues zu schaffen. Tausende solche Informations-„Bits" nehmen wir in jeder Stunde auf, und nur ganz wenige schaffen es eine Ebene weiter.

CHEMISCH VS. ELEKTRISCH

Das Ultrakurzzeit-Gedächtnis kennzeichnet sich dadurch aus, dass es keine dauerhafte Veränderung im Gehirn vornimmt. Das bedeutet gehirnphysiologisch, dass diese Kurz-Informationen auf rein elektrischem Weg weiterverarbeitet werden. Eine dauerhaftere Erinnerung nimmt andererseits chemischen Einfluss auf unser Gehirn, d. h. die physische Erscheinungsform unseres Gehirns wird tatsächlich verändert.

ten Tratsch, den Sie später unbedingt einem anderen Freund erzählen möchten. Während das Gespräch weitergeht, denken Sie immer wieder daran, jedes Detail ist Ihnen klar und bewusst – aber eine Stunde später fällt Ihnen zu Ihrem großen Erschrecken auf, dass Sie keine Ahnung mehr haben, was da so interessant und wichtig war! Hier hat Ihr

ULTRAKURZ – WOZU?

Ein gutes Beispiel für die – notwendigen – Leistungen des Ultrakurzzeit-Gedächtnisses ist eine ganz normale Autofahrt: Sie lenken, schalten die Gänge, beschleunigen, bremsen, überholen vielleicht einen Radfahrer, beachten kurz die Verkehrsschilder, reagieren auf Ampeln oder das Verhalten der anderen Autofahrer, schauen sich nach einem Parkplatz um und so weiter. Nach Abschluss der Fahrt werden Sie sich an all das nicht mehr erinnern. Das heißt, Sie wissen sehr gut, dass Sie das alles – lenken, schalten, beschleunigen, bremsen, überholen usw. – gemacht haben, aber wann, was davon, in welcher Reihenfolge und wie oft, ist wie weggeblasen. Das ist auch gut so – während der Fahrt war all das überlebensnotwendig, jetzt nach der Fahrt sind diese Informationen nicht mehr wichtig.

Ebenso verhält es sich mit Info-Bits, die Sie während der Fahrt zusätzlich aufgenommen haben: Nachrichten im Radio, Werbebotschaften auf Plakaten oder Gespräche mit Ihrem Beifahrer. Nur wenn etwas davon für Sie von über den Moment hinausreichender Relevanz war, werden Sie sich auch nach der „magischen" Frist von maximal 20 Sekunden noch daran erinnern können.

Kurzzeit-Gedächtnis Sie im Stich gelassen und nach ca. 20 Minuten entschieden, dass diese Tratscherei vielleicht doch nicht so wichtig war, wie Sie eigentlich dachten.

Andererseits gibt es da Erfahrungen, Begebenheiten, Aussprüche von Bekannten, Roman-Inhalte, Erlebnisse mit Kindern und vieles, vieles mehr, an das Sie sich immer wieder erinnern, und was Sie auf Abruf jederzeit, in allen Details und „in Farbe" vor Augen haben. Dinge also, die Sie tatsächlich nie vergessen. Das sind die gemerkten Inhalte, die in Ihrem Gehirn einen dreistufigen Prozess überstanden haben und in Ihr Langzeit-Gedächtnis eingegangen sind, um dort, je nach passender Gelegenheit, sofort von Ihnen abgerufen zu werden.

Diese drei Stufen wollen wir uns nun näher ansehen.

Das Ultrakurzzeit-Gedächtnis

Ganz streng genommen ist das Ultrakurzzeit-Gedächtnis eine biologische und – teilweise – unbewusste Funktion, die sich recht schwer direkt trainieren lässt.

Tatsächlich überschneiden sich hier die Trainingsmöglichkeiten auch mit denen aus dem Bereich „optisches Gedächtnis" und dem Kapitel „Konzentration".

WUSSTEN SIE, DASS…

Gedächtnisschulung keine neue Erfindung ist? Seit mindestens 2400 Jahren wird die Kunst, das Gedächtnis zu trainieren, gepflegt. Aus dieser Zeit stammen zumindest Berichte wie der über den Griechen Simonides, der durch das Vortragen langer Lieder und Heldensagen zum Liebling der Könige avancierte. Noch exakter an der Schulung des Gedächtnisses wirkten griechische Gelehrte wie Pythagoras, Theodektes, Charmides und Metrodorus: Durch ihre Übungen zur Gedächtnisschulung – sie arbeiteten vorwiegend mit der Übertragung von Texten in gedachte Bilder – gelangen ihnen Ergebnisse wie das Auswendiglernen ganzer Bücher.

Nach der Antike gerieten diese und andere Techniken weit gehend in Vergessenheit. Erst Anfang des 20. Jahrhunderts wurden Gedächtnissteigerung und der Unterricht von Methoden wie der Mnemotechnik wieder modern, als den Menschen bewusst wurde, welch Potenzial in ihren Köpfen schlummert.

Allerdings gilt: Alles, was Ihr Gedächtnis trainiert, trainiert auch Ihr Ultrakurzzeit-Gedächtnis!
Daher im folgenden einige Konzentrations- und Merkübungen.

■ Übung 1

Blicken Sie nur ganz kurz (1–2 Sekunden) auf die folgenden Worte und schreiben Sie – ohne weiteres Hinsehen und nach Abdecken der Vorlage – sofort danach möglichst viele davon nieder!

Wurst Käse Brot
Milch Butter

■ Übung 2

Blicken Sie nur ganz kurz (1–2 Sekunden) auf die folgenden Worte und schreiben Sie sofort danach möglichst viele davon nieder.
Wiederholen Sie die Übung dann mit einer längeren Betrachtung (10 Sekunden).

blau grün violett
gelb rot
orange

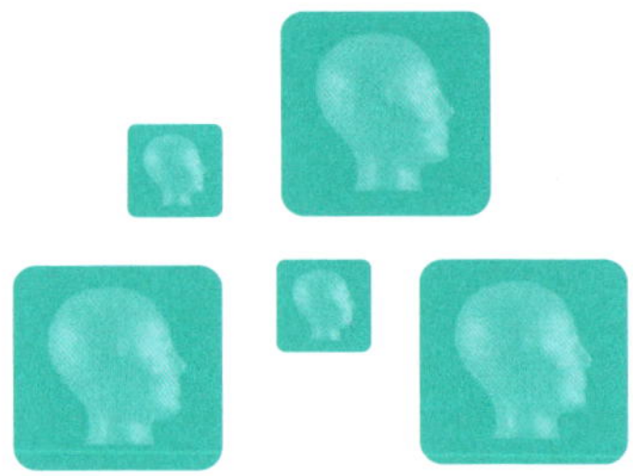

■ Übung 3

Blicken Sie nur ganz kurz (1–2 Sekunden) auf die folgenden Worte und schreiben Sie sofort danach möglichst viele davon nieder!
Wiederholen Sie die Übung dann mit einer längeren Betrachtung (10 Sekunden).

Lenkrad Reifen Motor
Fußmatte Schaltung
Tachometer Handbremse
Schwan

Übung 4

Lesen Sie den folgenden Text so schnell und fehlerfrei wie möglich laut vor:

**HEUTEWISSENWIRKAUMNO
CHETWASDAVONWASUNSERE
VORFAHRENEMPFANDENALSSIE
DIEWINTERMONATEINDUNKLEN
KALTENHALLENVERBRINGEN
MUSSTENDIEGROSSESEHN
SUCHTNACHDERSONNENACH
LICHTUNDWÄRMEDIEDIESEMEN
SCHENDAMALSHATTENLEBTA
BERNOCHINUNSEREMBRAUCH
TUMWEITERDASALTEUNDDAS
NEUEBRAUCHTUMZURWEIH
NACHTSZEITISTAUSDIESERSON
NENSEHNSUCHTENTSTANDEN**

Übung 5

Blicken Sie nur ganz kurz (1–2 Sekunden) auf die folgenden Worte und schreiben Sie sofort danach möglichst viele davon nieder!
Wiederholen Sie die Übung dann mit einer längeren Betrachtung (10 Sekunden).

**Bäcker Kellner Mondlandung
Chemiker Geologe
Sekretärin
Apotheker Kassier**

Übung 6

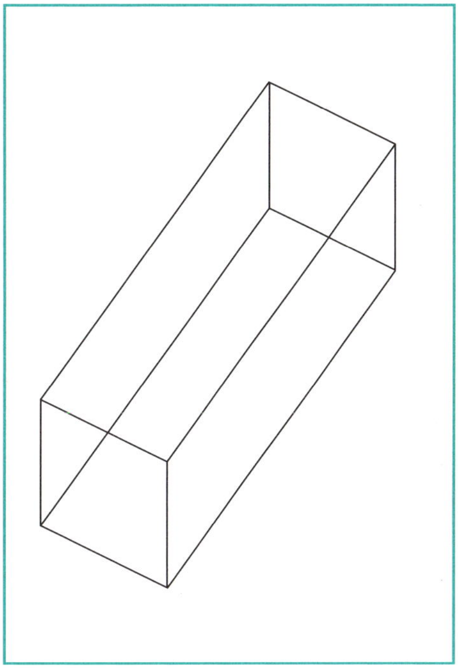

Richten Sie Ihre Aufmerksamkeit ausschließlich auf diesen Quader und versuchen Sie dabei, ihn mehrmals kippen zu lassen. D.h. versuchen Sie, die eine Längsseite abwechselnd als vordere und als hintere zu sehen.

Übung 7

Betrachten Sie die oberen sieben Zeichenkombinationen 30 Sekunden lang. Notieren Sie anschließend so viele davon, wie Sie sich merken konnten.

Übung 8

Prägen Sie sich die 15 folgenden Zeichen eine Minute lang ein. Notieren Sie anschließend so viele davon, wie Sie sich merken konnten.

§ $ % &

/) ? #

+ @ =

* { > |

Übung 9

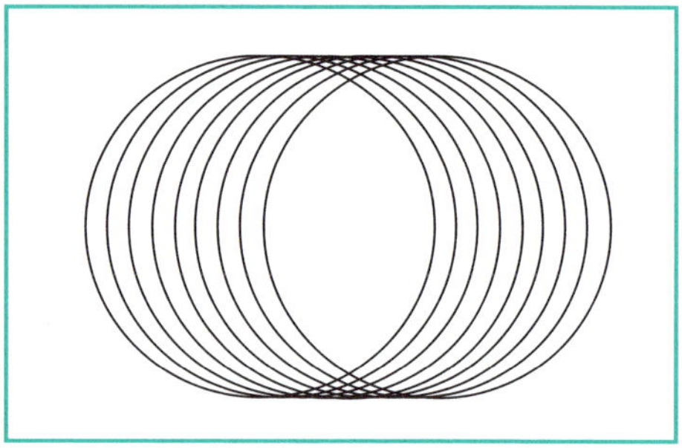

Richten Sie Ihre Aufmerksamkeit ausschließlich auf diese Spirale und versuchen Sie, dabei mehrmals die Perspektive (links offen, rechts offen) zu wechseln.

Übung 10

Betrachten Sie die folgenden 16 Zeichenkombinationen so lange Sie wollen. Wenn Sie sicher sind, sich möglichst alle gemerkt zu haben, notieren Sie diese. Es geht darum, sich – kurzzeitig – möglichst genau etwas einzuprägen. Wiederholen Sie die Übung nach ein paar Tagen wieder. Benutzen Sie dabei verschiedene Merktechniken.

AE $ € + -][9? b:

> > § # °* @ ® 2F

! ? c3 gh % & ;Z

Wie das (Kurzzeit-) Gedächtnis wirkt

Stellen Sie sich vor, Sie hören Radio: Nach den Nachrichten erfahren Sie etwas über das Wetter des nächsten Tages. Ist diese Information für Sie generell von Interesse (es soll ja auch Leute geben, denen das Wetter völlig egal ist!), dann „überleben" diese Infos den Filter Ihres Ultrakurzzeit-Gedächtnisses und bleiben die nächsten ca. 20 Minuten präsent. Auch wenn Sie nicht mehr konkret daran denken, könnten Sie die Wettervorhersage für den nächsten Tag noch automatisch „nachplappern", sollte Sie jemand darauf ansprechen. Ist das Wetter des nächsten Tages für Sie aber von besonderer Bedeutung, etwa weil Sie ein Grillfest planen oder Ski fahren gehen wollen, dann werden Sie diese Daten (Temperatur, Sonne, Regen, Schnee...) über die zweite „magische" Frist von 20 Minuten hinaus behalten und sich dauerhaft merken. Und zwar tatsächlich nicht nur bis zum nächsten Morgen, sondern noch einige Zeit darüber hinaus.

Das Kurzzeit-Gedächtnis

Grob sortiert – fein sortiert

Das Kurzzeit-Gedächtnis ist eigentlich der wesentliche Filter für Informationen aller Art. Während das Ultrakurzzeit-Gedächtnis den ganzen alltäglichen „Datenmüll" nach einem quasi automatischen Schema aussondert, steht dem Kurzzeit-Gedächtnis die wichtige Aufgabe zu, zu entscheiden, was auf Dauer von Wichtigkeit sein könnte und was nicht.

Im Kurzzeit-Gedächtnis speichern wir Informationen für ungefähr 20 Minuten. In dieser Zeit entscheidet sich, ob diese Dinge dauerhaft ins Gehirn „eingebrannt" oder doch wieder gelöscht werden.

INFORMATIONEN SPEICHERN – ABER WIE?

Der Trick, Informationen länger zu behalten, liegt vor allem in der Wiederholung! Wenn es Ihnen gelingt, Dinge immer wieder blitzlichtartig in Ihrem Gedächtnis zu fixieren, bleiben sie verlässlicher in Ihrem Kurzzeit-Gedächtnis präsent, was bei vielen Dingen hilfreich sein kann und einem das Leben oftmals erleichtert: etwa beim nachträglichen Aufschreiben der wichtigsten Punkte eines Meetings, dem behalten einer Telefonnummer, auch wenn sie das erste Mal besetzt war und vielem mehr.

„Gebrannte" Information

Der Vergleich mit dem Brennen von Informationen – etwa wie auf einer Daten-CD – ist für die Vorgänge beim Kurzzeit-Gedächtnis gar nicht so abwegig. Denn im Gegensatz zum Ultrakurzzeit-Gedächtnis verändern Informationen, die im Kurzzeit-Gedächtnis aufbewahrt werden, Ihr Gehirn bereits physisch, d. h. chemisch, um genau zu sein. Am besten lässt sich hier der Vergleich mit einer herkömmlichen Fotografie anstellen: Beim Fotografieren treffen Lichtstrahlen über ein Objektiv auf einen Film und lösen dort chemische Reaktionen aus. Allerdings muss dieser Negativfilm erst weitere chemische Prozesse durchlaufen und schließlich im Fixierbad fixiert werden, sonst wird der Film schwarz und die mit den Lichtstrahlen verbundenen Informationen sind auf Dauer verloren. Ähnlich bei unserem Gedächtnis: Die eintreffenden Reize werden über unsere Sinne an unser Gehirn weitergeleitet, wo sie mit einer kurzfristigen chemischen Veränderung „zwischengelagert" werden. Genauer gesagt, es hat ein chemischer Vorgang begonnen, der aber nur zu Ende geführt wird, wenn wir eine besondere Motivation, bzw. bestimmte Anknüpfungspunkte finden, die diese Information als erinnerungswürdig kennzeichnen.

■ Übung 11

Versuchen Sie, diesen Einkaufszettel über die kritischen 20 Sekunden hinaus in Ihr Kurzzeit-Gedächtnis zu übertragen.

Lesen Sie die Posten zweimal ruhig und konzentriert durch und versuchen Sie dabei, sich alles zu merken.

ein Dutzend Eier
2 kg Mehl
Spülmittel
Hundefutter
Marzipan
Alufolie
Ei-Aufstrich
1 kg Zwiebeln
250 g Margarine
1 Bund Schnittlauch

Decken Sie den Text nun ab und schreiben Sie in beliebiger Reihenfolge alles auf. Eine kleine Hilfe – es waren 10 Posten auf der Liste.

____

____

____

____

____

____

■ Übung 12

Lesen Sie die Posten zweimal ruhig und konzentriert durch und versuchen Sie dabei, sich alles zu merken. Sie räumen Ihre Garage aus und finden:

5-Mark-Stück
Dose Schmieröl
10 alte Zeitschriften
Schlitten
leere Bierkiste
Flasche Spiritus
Sonnenschirm
20 Rollen Küchentuch
2 seltsame runde Metallstücke
Luftmatratze
Werkzeugkiste
1 Packung Hustenbonbons
1 Packung Gras-Samen
Lucky-Luke-Album

Decken Sie den Text nun ab und schreiben Sie in beliebiger Reihenfolge alles auf – es waren diesmal 15 Posten.

____

____

____

____

____

____

____

____

Übung 13

Versuchen Sie in den folgenden Übungen, sich die dargestellten Dinge gut zu merken und in Ihr Kurzzeit-Gedächtnis zu übertragen. Lassen Sie sich dabei ruhig Zeit, allerdings sollten Sie versuchen, sich die Dinge in einer „Sitzung" zu merken.

Bei einem Spaziergang über eine Festwiese sehen Sie:

eine Schießbude mit Bällen
eine Familie mit Hund
leere Pappbecher am Boden
Flipperspielautomaten
ein Punker und seine Freundin

eine Achterbahn
eine Geisterbahn
ein Hamburger-Stand
ein Spiegelkabinett
Türkischer Honig

eine T-Shirt-Verkäuferin
eine Schießbude mit Gewehren
eine Luftburg
Ponyreiten
drei Betrunkene auf einer Bank

eine Schießbude mit Pfeil und Bogen
ein Kinderkarussell
ein Polizist
ein Eisverkäufer
eine Schießbude mit Ringen

Decken Sie den Text nun ab und schreiben Sie in beliebiger Reihenfolge alles auf – es waren diesmal 20 Begriffe.

____

____

____

____

____

____

____

____

____

____

____

____

____

____

Übung 14

Alex und Rosa erzählen von ihrer Reise durch Großbritannien:

a) Erst sind wir nach Wales
b) zwei Nächte waren wir in Cardiff
c) dann Richtung Norden nach Bangor
d) eine lange Zugfahrt nach Schottland
e) ein Tag in Edinburgh
f) dann ein Trip durch die Highlands
g) weiter Richtung Süden nach Liverpool
h) auf Beatles-Spurensuche
i) endlich weiter nach London
j) ein Tag historische Gebäude
k) Tower, Buckingham Palast, Big Ben, Westminster Abbey
l) dann ein Tag Shopping
m) besonders schöne Geschäfte gibt's in Covent Garden
n) schließlich noch ein Abstecher ans Meer bei Brighton
o) schließlich pleite nach Hause!

Schreiben Sie nun in der richtige Reihenfolge (möglichst genau!) auf, wie die Reise verlaufen ist:

■ Übung 15

Obwohl noch in der Schule, hat Ihre Tochter einen vollen Terminplan. Versuchen Sie, ihn sich zu merken.

7 Uhr: **zur Schule mit dem Bus**
8 Uhr: **Geschichte**
9 Uhr: **Chemie**
10 Uhr: **Deutsch entfällt – Schularbeiten abschreiben von Sabine**
11 Uhr: **Mathematik**
12 Uhr: **Turnen**
13 Uhr: **Biologie**
14 Uhr: **Heim zu Fuß über die Brücke**
15 Uhr: **mit Sabine telefonieren**
16 Uhr: **Aerobic**
17 Uhr: **mit Sabine telefonieren und Schularbeiten**
18 Uhr: **Internet**
19 Uhr: **Abendessen mit allen**
20 Uhr: **fernsehen und Magazine lesen**
21 Uhr: **zu Bett gehen**
22 Uhr: **heimlich leise weiter fernsehen**

Schreiben Sie nun den Tagesablauf aus dem Gedächtnis auf:

7 Uhr: ______________________

____

8 Uhr: ______________________

____

9 Uhr: ______________________

____

10 Uhr: ______________________

____

11 Uhr: ______________________

____

12 Uhr: ______________________

____

13 Uhr: ______________________

____

14 Uhr: ______________________

____

15 Uhr: ______________________

____

16 Uhr: ______________________

____

17 Uhr: ____________________

____

18 Uhr: ____________________

____

19 Uhr: ____________________

____

20 Uhr: ____________________

____

21 Uhr: ____________________

____

22 Uhr: ____________________

____

■ Übung 16

Versuchen Sie, sich die lateinischen Bezeichnungen der 12 Sternzeichen zu merken.

Leo – Löwe
Scorpio – Skorpion
Aquarius – Wassermann
Sagittarius – Schütze
Gemini – Zwillinge
Capricornus – Steinbock
Taurus – Stier
Virgo – Jungfrau
Pisces – Fische
Aries – Widder
Libra – Waage
Cancer – Krebs

Wie lauten die lateinischen Bezeichnungen dieser Sternzeichen:

Stier ____________________

Löwe ____________________

Skorpion ____________________

Wassermann ____________________

Schütze ____________________

Jungfrau ____________________

Fische ____________________

Widder ____________________

Waage ____________________

Krebs ____________________

Zwillinge ____________________

Steinbock ____________________

Übung 17

Merken Sie sich, wann die folgenden Winde und Sturmarten regelmäßig auftreten:

Suchowei	Sommer
Samum	Sommer
Willy-Willy	November bis März
Southerly Bursters	September bis Februar
Bora	Winter
Föhn	ganzjährig
Norther	Winter
Tornado	März bis Oktober
Buran	Winter
Monsun	ganzjährig
Pampero	November bis Februar
Hurrikan	August bis Oktober
Harmattan	Winter
Schirokko	Frühjahr, Herbst
Blizzard	Winter
Taifun	Juli bis November

Fügen Sie nun die korrekten Zeiträume des Jahres zu den verschiedenen Windarten hinzu:

Blizzard ____________________

Bora ____________________

Buran ____________________

Föhn ____________________

Harmattan ____________________

Hurrikan ____________________

Monsun ____________________

Norther ____________________

Pampero ____________________

Samum ____________________

Schirokko ____________________

Southerly Bursters ____________________

Suchowei ______________________

Taifun ______________________

Tornado ______________________

Willy-Willy ______________________

Übung 18

Die wichtigsten Superheldencomics werden entweder von den amerikanischen Verlagen „Marvel" oder aber „DC" herausgegeben. Prägen Sie sich ein, welcher Held oder welche Heldengruppe zu welchem Verlag gehört. Ein paar zusätzliche Superhelden anderer Verlage sind aber auch dabei!

Die Fantastischen Vier	**Marvel**
Superman	**DC**
X-Men	**Marvel**
Die Rächer	**Marvel**
Hellboy	**Dark Horse**
Grüne Leuchte	**DC**
Wondergirl	**DC**
Die Spinne (Spider-Man)	**Marvel**

Batman	**DC**
Captain Marvel	**DC**
Thor	**Marvel**
Silver Surfer	**Marvel**
Die Gerechtigkeitsliga	**DC**
Spawn	**Image**
Der Eiserne	**Marvel**
Catwoman	**DC**
Plastic Man	**DC**
Legion der Superhelden	**DC**
Hulk	**Marvel**
Daredevil	**Marvel**

Zu welchem US-Verlag gehören folgende Superhelden und Superhelden-Truppen?

X-Men ______________________

Wondergirl ______________________

Thor ______________________

Superman ________________

Spawn ________________

Silver Surfer ________________

Plastic Man ________________

Legion der Superhelden ________________

Hulk ________________

Hellboy ________________

Grüne Leuchte ________________

Die Spinne (Spider-Man) ________________

Die Rächer ________________

Die Gerechtigkeitsliga ________________

Die Fantastischen Vier ________________

Der Eiserne ________________

Daredevil ________________

Catwoman ________________

Captain Marvel ________________

Batman ________________

Übung 19

Im Folgenden finden Sie mehrere Namen, die je einen Baum, eine Blume oder einen Busch benennen. Merken Sie sich die Namen gut – und auch, zu welchem Bereich sie gehören:

Baum:

Erle – Fichte – Nussbaum – Omorikafichte – Redwood – Ulme – Vermintahorn – Yucca – Zypresse

Blume:

Iris – Jasmin – Kaiserkrone – Lilie – Sonnenblume – Tulpe – Wilde Tulpe

Busch:

Akebia – Berberitze – Calycanthus – Dichterlorbeer – Hibiskus – Ginster – Mondsame – Porzellanwein

Kreuzen Sie nun bei jedem Buchstaben des Alphabets an, ob der gemerkte Begriff, der mit diesem Buchstaben beginnt, einen Baum, eine Blume oder einen Busch repräsentiert! Jeder Anfangsbuchstabe kommt nur einmal vor – und Vorsicht: „q" und „x" fehlen! Als kleine Hilfe: Es sind 9 Bäume, 7 Blumen und 8 Büsche:

A:	☐ Baum	☐ Blume	☐ Busch
B:	☐ Baum	☐ Blume	☐ Busch
C:	☐ Baum	☐ Blume	☐ Busch
D:	☐ Baum	☐ Blume	☐ Busch
E:	☐ Baum	☐ Blume	☐ Busch
F:	☐ Baum	☐ Blume	☐ Busch
G:	☐ Baum	☐ Blume	☐ Busch
H:	☐ Baum	☐ Blume	☐ Busch
I:	☐ Baum	☐ Blume	☐ Busch
J:	☐ Baum	☐ Blume	☐ Busch
K:	☐ Baum	☐ Blume	☐ Busch
L:	☐ Baum	☐ Blume	☐ Busch
M:	☐ Baum	☐ Blume	☐ Busch
N:	☐ Baum	☐ Blume	☐ Busch
O:	☐ Baum	☐ Blume	☐ Busch
P:	☐ Baum	☐ Blume	☐ Busch
R:	☐ Baum	☐ Blume	☐ Busch
S:	☐ Baum	☐ Blume	☐ Busch
T:	☐ Baum	☐ Blume	☐ Busch
U:	☐ Baum	☐ Blume	☐ Busch
V:	☐ Baum	☐ Blume	☐ Busch
W:	☐ Baum	☐ Blume	☐ Busch
Y:	☐ Baum	☐ Blume	☐ Busch
Z:	☐ Baum	☐ Blume	☐ Busch

■ Übung 20

Im Folgenden finden Sie eine Liste aller Bundesstaaten der USA. Versuchen Sie, sich alle (es sind 50) gut zu merken!

Alabama	**Alaska**
Arizona	**Arkansas**
California	**Colorado**
Connecticut	**Delaware**
Florida	**Georgia**
Hawaii	**Idaho**
Illinois	**Indiana**
Iowa	**Kansas**
Kentucky	**Louisiana**
Maine	**Maryland**
Massachusetts	**Michigan**
Minnesota	**Mississippi**
Missouri	**Montana**
Nebraska	**Nevada**
New Hampshire	**New Jersey**
New Mexico	**New York**
North Carolina	**North Dakota**
Ohio	**Oklahoma**
Oregon	**Pennsylvania**
Rhode Island	**South Carolina**
South Dakota	**Tennessee**
Texas	**Utah**
Vermont	**Virginia**
Washington	**West Virginia**
Wisconsin	**Wyoming**

Schreiben Sie nun alle Bundesstaaten zu ihrem jeweiligen Anfangsbuchstaben dazu – als Hilfe geben wir an, wie viele es pro Buchstabe sind:

A (4): ______________________________

____

____

____

C (3): ______________________
____
____

D (1): ______________________

F (1): ______________________

G (1): ______________________

H (1): ______________________

I (4): ______________________
____
____
____

K (2): ______________________
____

L (1): ______________________

M (8): ______________________
____
____
____

N (8): ______________________
____
____
____

O (3): ______________________
____
____

P (1): ______________________

R (1): ______________________

S (2): ______________________
____

T (2): ______________________
____

U (1): ______________________

V (2) ______________________
____

W (2) ______________________
____

Das Langzeit-gedächtnis

Eingebrannt für immer?

Seinem Namen entsprechend handelt es sich beim Langzeit-Gedächtnis um ein Reservoir an Informationen, Daten und Fakten, die Ihnen für einen sehr langen Zeitraum zur Verfügung stehen. Für einen sehr langen Zeitraum – aber nicht automatisch für immer! Denn auch das Langzeit-Gedächtnis ist ein – letzter – Filter Ihres Gedächtnisses. Allerdings gehen Informationen, die einmal im Langzeit-Gedächtnis abgespeichert wurden, nicht mehr verloren. Sie sind als dauerhafte chemische Veränderung in Ihr Gehirn „eingebrannt". Dennoch kann man auch einmal im Langzeit-Gedächtnis eingespeicherte Informationen (scheinbar) vergessen. Genauer gesagt, vergisst man sie aber nicht, sie sind nur nicht mehr präsent und sinken ins Unterbewusstsein ab, aus dem sie erst mühsam wieder hervorgeholt werden müssen.

Wie das Langzeit-gedächtnis arbeitet

Das Kennzeichen Ihres ersten Autos werden Sie, so lange Sie dieses Auto besessen haben und noch eine Weile darüber hinaus, jederzeit parat und abrufbereit gehabt haben. Zehn Jahre nach dem Verkauf dieses Autos werden Sie das Kennzeichen vielleicht aktiv nicht mehr wissen – würden Sie aber ein altes Foto Ihres Autos sehen oder sonst irgendwie daran erinnert, würde diese „vergessene" Information wieder aus Ihrem Unterbewussten auftauchen und Sie wüssten, dass Sie das schon einmal gewusst haben! Sätze, die mit „Ja, genau, ich erinnere mich..." beginnen, sind typisch für ins Unterbewusste abgesunkene Informationen. Auch dieser Filter bewahrt Sie davor, zu viele Dinge für eine zu lange Zeit immer in Ihrem aktiven Bewusstsein präsent zu haben. Dennoch bleiben diese Daten, die für Sie irgendwann einmal von großer Wichtigkeit waren, erhalten und können durch Input von außen reaktiviert werden.

Das Langzeit-Gedächtnis zu trainieren heißt in erster Linie Dinge abrufen, die man schon einmal gewusst hat. Zusätzlich zu den folgenden Übungen, die diese oft lange zurückliegende Speicherung auf unterschiedliche Weise ansprechen, können Sie Ihr Langzeit-Gedächtnis auch mit den Übungen aus dem Abschnitt „Kurzzeit-Gedächtnis" trainieren: Versuchen Sie dazu, die dort abgedruckten Aufgaben so zu verin-

nerlichen, dass Sie diese auch nach dem Puffer von 20 Minuten Ihres Kurzzeit-Gedächtnisses noch im Kopf behalten. Überprüfen Sie etwa Ihr Erinnern an alle 50 US-Bundesstaaten nach einer Stunde, nach 2 Stunden, nach einem Tag, nach einer Woche. Sicher werden Sie dabei einiges vergessen. Lernen Sie die Texte daher erneut (vielleicht mit der einen oder anderen in diesem Kapitel beschriebenen Technik), so lange, bis Sie auch nach ein oder 2 Wochen zufrieden stellende Resultate erzielen!
Nun aber zur „Prüfung" Ihres Langzeit-Gedächtnisses.

■ Übung 21

Schreiben Sie mindestens 20 Worte auf, die mit „**Br**" beginnen:

1 ______________________

2 ______________________

3 ______________________

4 ______________________

5 ______________________

6 ______________________

7 ______________________

8 ______________________

9 ______________________

10 ______________________

11 ______________________

12 ______________________

13 ______________________

14 ______________________

15 ______________________

16 ______________________

17 ______________________

18 ______________________

19 ______________________

20 ______________________

Fallen Ihnen vielleicht sogar noch weitere Worte ein? Schreiben Sie diese auch noch auf:

____

____

____

■ Übung 22

Notieren Sie mindestens 20 Worte, die mit „**-at**" enden:

1 ______
2 ______
3 ______
4 ______
5 ______
6 ______
7 ______
8 ______
9 ______
10 ______
11 ______
12 ______
13 ______
14 ______
15 ______
16 ______
17 ______
18 ______
19 ______
20 ______

Natürlich gibt es viel mehr als 20 – wissen Sie noch ein paar?

Übung 23

Die Comic-Familie Duck hat viele Verwandte. Nennen Sie mindestens 10:

1 ______________________

2 ______________________

3 ______________________

4 ______________________

5 ______________________

6 ______________________

7 ______________________

8 ______________________

9 ______________________

10 ______________________

Übung 24

Wie hießen die letzten Präsidenten der USA mit Vor- und Nachnamen?

jetzt: ______________________

vorher: ______________________

zuvor: ______________________

und davor: ______________________

Wissen Sie den davor auch noch?

____

Übung 25

Wie heißen die 16 Bundesländer Deutschlands?

1 ______________________

2 ______________________

3 ______________________

4 ______________________

5 ______________________

6 ______________________

7 ______________________

8 ______________________

9 ______________________

10 ______________________

11 ______________________

12 ______________________

13 ______________________

14 ______________________

15 ______________________________

16 ______________________________

Übung 26

Die Schweiz hat 26 Kantone – von welchen haben Sie schon einmal gehört?

____

____

____

____

____

____

Übung 27

Nennen Sie mindestens 20 Küchengewürze:

1 ______________________________

2 ______________________________

3 ______________________________

4 ______________________________

5 ______________________________

6 ______________________________

7 ______________________________

8 ______________________________

9 ______________________________

10 ______________________________

11 ______________________________

12 ______________________________

13 ______________________________

14 ______________________________

15 ______________________________

16 ______________________________

17 ______________________________

18 ______________________________

19 ______________________________

20 ______________________________

Weitere:

____

____

____

____

Übung 28

Im katholischen Glauben gibt es sieben Heilige Sakramente. Welche sind das?

1 ______________________________

2 ______________________________

3 ______________________________

4 ______________________________

5 ______________________________

6 ______________________________

7 ______________________________

Übung 29

Zu Europa zählt man 44 Staaten vom Atlantik bis zum Ural, vom Polarkreis bis zum Mittelmeer. Kennen Sie alle? Und ihre Hauptstädte? Als Hilfe sehen Sie, wie viele Staaten jeweils mit welchem Buchstaben beginnen:

A

1 __________ Hauptstadt: __________

2 __________ Hauptstadt: __________

B

1 __________ Hauptstadt: __________

2 __________ Hauptstadt: __________

3 __________ Hauptstadt: __________

D

1 __________ Hauptstadt: __________

2 __________ Hauptstadt: __________

E

1 __________ Hauptstadt: __________

F

1 __________ Hauptstadt: __________

2 __________ Hauptstadt: __________

G

1 __________ Hauptstadt: __________

2 __________ Hauptstadt: __________

I

1 __________ Hauptstadt: __________

2 __________ Hauptstadt: __________

3 __________ Hauptstadt: __________

J

1 __________ Hauptstadt: __________

K

1 __________ Hauptstadt: __________

L

1 __________ Hauptstadt: __________

2 __________ Hauptstadt: __________

3 __________ Hauptstadt: __________

4 __________ Hauptstadt: __________

M

1 __________ Hauptstadt: __________

2 __________ Hauptstadt: __________

3 __________ Hauptstadt: __________

4 __________ Hauptstadt: __________

N

1 __________ Hauptstadt: __________

2 __________ Hauptstadt: __________

O (Ö)

1 __________ Hauptstadt: __________

P

1 __________ Hauptstadt: __________

2 __________ Hauptstadt: __________

R

1 __________ Hauptstadt: __________

2 __________ Hauptstadt: __________

S

1 __________ Hauptstadt: __________

2 __________ Hauptstadt: __________

3 __________ Hauptstadt: __________

4 __________ Hauptstadt: __________

5 __________ Hauptstadt: __________

6 __________ Hauptstadt: __________

T

1 __________ Hauptstadt: __________

2 __________ Hauptstadt: __________

U

1 __________Hauptstadt: __________

2 __________Hauptstadt: __________

V

1 __________Hauptstadt: __________

W

1 __________Hauptstadt: __________

Übung 30

Einige Jahreszahlen, privat wie historisch, hat man meistens im Kopf. Wie sieht es mit den folgenden aus:

a) Ende des Ersten Weltkriegs:

____

b) Die Olympischen Spiele in München:

____

c) Die Entdeckung Amerikas durch Kolumbus:

____

d) Tod von Johannes Paul II.:

____

e) Beginn der Französischen Revolution:

____

f) Erster Mensch auf dem Mond:

____

g) Die Gründung der USA:

____

h) Der Tod von Lady Di:

____

i) Atomunfall in Tschernobyl:

____

j) Die Watergate-Affäre:

____

k) Der Vertrag von Maastricht:

____

l) Die totale Sonnenfinsternis in Mitteleuropa:

____

m) Die Challenger-Katastrophe:

____

n) Die Expo in Hannover:

____

o) Terroranschlag auf das World Trade Center:

____

p) Die Wiedervereinigung der BRD:

____

INFORMATIONSFLUT

Die Flut an Informationen, die täglich auf uns einstürmt, ist gewaltig: Im Durchschnitt liest jeder von uns täglich 9520 Wörter, in Gesprächen hört man sogar durchschnittlich 13.500 Wörter. Den absoluten Spitzenrang nimmt aber Funk und Fernsehen ein: Weitere 14.850 Wörter gelangen so an und in Ihr Ohr! Insgesamt macht das 37.870 Wörter, die Ihr Gehirn auf Wichtigkeit untersuchen muss, um Kurzfristiges von dauerhaft Wichtigem zu unterscheiden. Die Mittel, die ihm dazu zur Verfügung stehen nennt man Ultrakurzzeit-Gedächtnis, Kurzzeit-Gedächtnis und Langzeit-Gedächtnis .

Das inhaltliche Gedächtnis

Tipps für die kontextuellen Übungen

Lesen Sie die Textaufgaben ruhig und entspannt durch, ohne sich von der Fülle der Informationen ablenken zu lassen. Zu den eingestreuten Wissensfragen nur so viel: Beantworten Sie zuerst (schriftlich!) die Fragen, die auf Ihre Merkfähigkeit abzielen, und überlegen Sie sich die Antworten zu den Wissensfragen erst, wenn alles Erinnerte aufgeschrieben ist. Umgekehrt wäre es bei weitem schwieriger! Wenn Sie zuerst beginnen, über logische Zusammenhänge oder Fragen des Allgemeinwissens nachzudenken, verblassen die bloßen Fakten in Ihrem Gedächtnis.

Einen Tipp gibt es dennoch zu den Textaufgaben: Versuchen Sie, sich beim Lesen (halblautes Lesen hilft vielen Menschen mehr als leises!) eine Art Bild von der Situation zu machen – auch wenn es sich um abstrakte oder Ihnen unbekannte Inhalte handelt: Sie kennen „Gallium" nicht? Stellen Sie sich einen kleinen Gallier vor – und sofort wird sich Ihnen das Wort besser einprägen und Sie können es leicht wieder abrufen!

Das optische Gedächtnis

Tipps für die optischen Übungen

Besteht der Trick beim Textlesen darin, sich ein Bild zu machen, so gilt für die optischen Aufgaben das genaue Gegenteil. Wie oben erwähnt, kann sich unser Gedächtnis abstrakte Gebilde, Zahlen oder Worte nur schwer merken. Das heißt, dass Sie gefordert sind, Sinn in das Sinnlose zu bringen! Zuerst einmal hilft es, Zahlen und Worte auszusprechen und Symbole laut zu benennen – dadurch wird neben der optischen Erinnerung auch die Erinnerung von Gehörtem aktiviert.

Einige Techniken, wie man sich Abstraktes leichter merkt, finden Sie später im Kapitel.

Versuchen Sie daher vielleicht, sich erst durch bloße Optik so viel wie möglich zu merken. Wiederholen Sie den Test dann aber einige Zeit später (eventuell mit doppelter oder ohne Zeitvorgabe) und benutzen Sie eine der beschriebenen Techniken. Natürlich können Sie diese auch im Alltag einsetzen. Denn gerade das Gedächtnis ist eine Funktion des Gehirns, die man wirklich gut trainieren kann!

Im Folgenden werden verschiedene Arten von Figuren, Worten oder Zahlen präsentiert. Die Aufgabe besteht jeweils darin, sich so viele wie möglich davon in der vorgegebenen Zeit zu merken. Schreiben Sie anschließend alle Objekte, an die Sie sich erinnern, auf den leeren Platz darunter. Legen Sie sich schon zuvor eine Uhr mit Sekundenangabe und einen Bleistift zurecht.

Die Aufgaben werden in aufsteigender Reihenfolge schwieriger:
* = leicht, ** = mittel, *** = schwer

■ Übung 31 (*)

Betrachten Sie die unten stehenden acht Worte 30 Sekunden lang. Notieren Sie anschließend so viele davon, wie Sie sich merken konnten.

TÜR WOHNZIMMER TEPPICH
MILCH BAD
GURKEN MÜSLI FERNSEHER

____

____

____

____

■ Übung 32 (*)

Betrachten Sie die folgenden acht Buchstabenkombinationen 30 Sekunden lang. Notieren Sie anschließend so viele davon, wie Sie sich merken konnten.

HJ
IZ LK
FD BN KL
YA ÖP

■ Übung 33 (*)

Betrachten Sie die unten stehenden acht Zahlen 30 Sekunden lang. Notieren Sie anschließend so viele davon, wie Sie sich merken konnten.

58	**36**	**9**
	81	**65**
1	**60**	**75**

■ Übung 34 (*)

Betrachten Sie die folgenden acht Worte 45 Sekunden lang. Notieren Sie anschließend so viele davon, wie Sie sich merken konnten.

KUCHENTELLER STEAKMESSER
GABEL SUPPENTELLER
TISCHTUCH FLEISCHMESSER
TEELÖFFEL WEINGLAS

■ Übung 35 (*)

Betrachten Sie die folgenden 15 Buchstaben und Zahlen eine Minute lang. Notieren Sie anschließend so viele davon, wie Sie sich merken konnten.

L	**E**	**U**			
H	**F**	**I**	**S**		**M**
3	**4**			**8**	
Z	**5**	**Q**			
	2				

■ Übung 36 (*)

Betrachten Sie die folgenden 15 Buchstabenkombinationen eine Minute lang. Notieren Sie anschließend so viele davon, wie Sie sich merken konnten.

KN	RE	HZ	XS	BG	LP
WK	OS	ZB	WD	JU	
AS	RF	HN	TV		

■ Übung 37 (*)

Betrachten Sie die folgenden 15 Zahlenkombinationen eine Minute lang. Notieren Sie anschließend so viele davon, wie Sie sich merken konnten.

23			
40	67		54
39			17
28	18	33	86
46		07	
23		10	37

■ Übung 38 (***)

Betrachten Sie die folgenden neun Zahlen 45 Sekunden lang. Notieren Sie anschließend so viele davon, wie Sie sich merken konnten.

564	987	123
204	587	380
693	014	825

■ Übung 39 (***)

Betrachten Sie die folgenden zehn Buchstabenkombinationen eine Minute lang. Notieren Sie so viele davon, wie Sie sich merken konnten.

KER				
WER		KUH	RDE	
HZB				
SWA		QON		
VCB	SWE			ÄÖP

■ Übung 40 (***)

Betrachten Sie die folgenden zwölf Worte 15 Sekunden lang. Notieren Sie anschließend so viele davon, wie Sie sich merken konnten.

BACKCOVER LAYOUT
BUCHRÜCKEN
IMPRESSUM
SOFTCOVER
DURCHBLÄTTERN
HARDCOVER
ISBN
SCHUTZUMSCHLAG
UNTERTITEL
SEITENZAHLEN
FERNBEDIENUNG

Das kontextuelle Gedächtnis

Lesen Sie langsam und aufmerksam (aber immer nur einmal!) die folgenden Geschichten und beantworten Sie im Anschluss schriftlich die Fragen.

Im Lösungsteil finden Sie jeweils die richtigen Antworten, teils um das Vergleichen Ihrer Antworten zu erleichtern, teils, weil in manchen Geschichten auch kleine Logikschlüsse und Wissensfragen eingebaut wurden. Am besten, Sie legen sich, bevor Sie beginnen, schon Papier und Bleistift zurecht, lesen die Geschichte ruhig und entspannt durch und decken vor dem Lesen der Fragen den Text ab.

Wiederholen Sie die Aufgaben einige Zeit später und lesen dabei die Geschichte so oft Sie wollen! Dazu können Sie auch die später im Text beschriebenen Merktechniken benutzen.

■ Übung 41 (*)

Manfred und sein braunhaariger Sohn Kai besuchen den Zoo. Zuerst will Kai zu den Giraffen. Aber auch die Elefanten und Riesenschildkröten haben es ihm angetan. Nur vor den Löwen fürchtet sich der Kleine ein wenig. Doch als die beiden Ausflügler nach der Robbenfütterung Marie, die rothaarige Schulfreundin von Kai, beim Tigergehege treffen, ist die gute Laune bald wieder hergestellt!

1. Wie heißt der Vater?

2. Wie heißen die Kinder und welche Haarfarbe haben sie?

3. Welche Tiere haben Vater und Sohn besucht?

4. Welche davon sind keine Säugetiere?

■ Übung 42 (*)

Gerda geht sonst immer um spätestens sechs Uhr in den Supermarkt einkaufen, aber heute ist es 18.30 Uhr, als sie durch die Tür kommt. Glücklicherweise gibt es noch genug frischen Käse und Wurst für sie. Nur bei der Milch hat Gerda Pech: Anstatt der frischen, die sie wollte, kann sie bloß noch H-Milch ergattern. Apfelsaft, Konfitüre, Katzenfutter, Frühstücksflocken – bald ist der Einkaufswagen von Gerda angefüllt. Sie geht zur Kasse, zahlt mit Karte und merkt erst daheim, dass sie in ihrer Eile das Brot vergessen hat.

1. Was hat Gerda gekauft?

2. Was hat sie nicht bekommen bzw. vergessen?

3. Um wie viel später als sonst betritt Gerda den Supermarkt?

■ Übung 43 (*)

Günter und seine Freundin Sabine besuchen Samstagvormittag ein Möbelhaus. Günter gefällt das orangefarbene Sofa besonders, aber Sabine meint, es würde sich mit dem roten Regal im Wohnzimmer farblich beißen. Sabine hätte lieber den blauen Ohrensessel, aber der ist Günter zu teuer. Dann gehen sie zur Kinderabteilung und in den Bürobereich, wo Günter auf den Kauf eines schwarzen Drehsessels spekuliert. Nach einem Snack mit gekochtem Lachs und Apfelkuchen gehen die zwei noch in die Geschirrabteilung. Sabine kauft zwei rote Topflappen und drei braune Kochlöffel. Günter legt noch einen weinroten Kochtopf dazu.
Bei der Kasse treffen sie ihren Nachbarn Kurt, der außer einem blau-gemusterten Teppich auch noch zwei Topflappen, aber in gelb, gekauft hat.

1. Wie viele rote Dinge kommen in der Geschichte vor?

2. Was hat Sabine gegen das Sofa?

3. Wie heißt der Nachbar und was hat er gegessen?

4. Wie viele blaue Dinge kommen in der Geschichte vor?

Übung 44 (**)

Als Rotraut Jochen zum Essen einlud, dachte Jochen, er würde Rotrauts berühmten Lammbraten vorgesetzt bekommen. Denn als Mario mit Ludmilla zu Gast war, gab es eben jenen Lammbraten mit Frühlingskartoffeln. Doch es kam anders. Nicht nur waren auch Sabrina und Hannes eingeladen worden, wovon Jochen nichts wusste, nein, es gab auch noch Chili, eine Speise, die Rotraut zwar sehr schätzte, Jochen aber nicht. Selbst die Nussecken zum Schluss konnten ihn da kaum versöhnen.

1. Welche Personen werden in der Geschichte mit Namen erwähnt?

2. Welche Speisen werden in der Geschichte erwähnt?

Übung 45 (**)

In Woauchimmerland regiert seit 2002 eine rot-grüne Koalition. Die SPW stellt dabei die Mehrheit und auch die Bundeskanzlerin Irma Grün, sowie die Minister für Wirtschaft, für Finanzen und den Minister für Bienenzucht. Die Grünen stellen unter anderem den Außenminister, den Gesundheitsminister und den Minister für Urkundenkunde, Max Moritz. Die Opposition, allen voran Magda Rotlaub von der „Christlichen Union Woauchimmerlands", die von 1999 bis 2002 einer Regierungskoalition mit der FWP vorstand, kritisiert vor allem gern Rolf Müller, den Finanzminister. In der Hauptstadt Woauchimmer stellt die CUW den Bürgermeister Sebastian Gruber, der interessanterweise der Bruder des Außenministers Florian Gruber ist.

1. Wer war von 1999 bis 2002 Bundeskanzler?

2. Zu welcher Partei gehört Florian Gruber?

3. Wie heißt der Minister für Urkundenkunde mit Vornamen?

4. Wer ist Herr Müller?

5. Wie viele Personen werden in der Geschichte mit Namen erwähnt?

■ Übung 46 (**)

Buffy Summers ist Vampirjägerin. Sie lebt in Sunnydale, Kalifornien, wo sie zuerst die High School und anschließend das College besuchte. In der Nacht aber macht sie Jagd auf Vampire und andere Dämonen. Ironischerweise hatte sie dazwischen aber zwei Liebesbeziehungen mit Vampiren: eine mit dem irischen Vampir Angel, einem Vampir mit Seele, den sie aus ganzem Herzen liebte, und eine mehr körperliche mit Spike, der einen Chip im Kopf eingebaut hatte, der ihn daran hinderte, Menschen anzugreifen und zu beißen. Buffys beste Freunde von der High School sind Willow, eine Vorzugsschülerin, die auf Hexe trainiert, und Xander, der in der Schule kurz mit seiner Klassenkameradin, der Nervensäge Cordelia, zusammen war. Buffys Lehrer war lange Zeit der Brite Giles, der ihr mit der Zeit eine Art Vater wurde und – unter dem Einfluss von Magie – auch eine kurze sexuelle Beziehung zu Buffys Mutter, Joyce Summers, hatte.
An „Arbeit" mangelt es Buffy nicht: Ihre Stadt ist auf einer Art Höllenschlund gebaut, der immer wieder Dämonen aller Art ausspeit und aus der ganzen Welt anzieht.

1. Wer war mit Buffy in der High School?

2. Wie heißen die beiden Vampire mit denen sie eine Beziehung hatte und welcher davon war eher eine Bettgeschichte?

3. Wie heißt der Ort, an dem das alles passiert?

4. Wie viele Personen stammen nicht aus den USA und wie heißen sie?

5. Wie viele Personen werden in der Geschichte mit Namen erwähnt?

Übung 47 (**)

Sauerstoff (O), Stickstoff (N) und Wasserstoff (H) sind chemische Elemente. Auch der Kohlenstoff (C) ist ein Element und sollte nicht mit Braun- oder Steinkohle verwechselt werden. Tatsächlich besteht der menschliche Körper zu einem Großteil aus eben diesen Elementen. Dazu kommen noch einige Metalle wie Eisen (Fe) oder Zink (Zn), die aber nur in Spuren vorhanden sind und deswegen auch Spurenelemente genannt werden. All diese Elemente sind aber nicht auf der Erde entstanden, sondern vor Millionen von Jahren in heute erloschenen Sonnen.

1. Welche chemischen Elemente kommen in der Geschichte vor?

2. Wie lauten die Symbole dieser Elemente?

3. Welche anderen Stoffe werden genannt und wieso zählt man sie nicht zu den chemischen Elementen?

Übung 48 (***)

Hans, Heinz und Franz sind seit Jahren Freunde aus der Gegend

um Ulm. Nacheinander heirateten sie Bärbel, Hanna und Gertrud. Mittlerweile hat sich auch schon Nachwuchs eingestellt, die Söhne Jakob, Manfred und Max, sowie die Töchter Gerda, Beate und Maria.

1. Welche Namen kommen in der Geschichte vor?

2. Welche davon sind deutschen (Germanischen) Ursprungs?

3. Welche davon sind biblischen (Hebräischen) Ursprungs?

4. Welchen Ursprung haben die anderen?

■ Übung 49 (***)

„Ein Abendessen ohne Rioja kann ich mir kaum vorstellen", sagte Juan träumerisch. „Ich weiß nicht, mir ist ein Pils lieber", brummte Norbert mit seinem wohltönenden Bass. „Oder Calpico!", rief Keiko fröhlich dazwischen, „für Alkohol ist nach dem Essen immer noch Zeit." „Grüner Veltliner, ich sage nur Grüner Veltliner!", schmunzelte Anja. „Kommt darauf an, was man dazu isst, meine Liebe ...", warf der spanische Student ein, „mir ist ja Pörkölt das liebste... echt gut gewürzt." „Und das von einem Spanier! Wie exotisch! Warum nicht gleich Raclette wie bei uns daheim?", gluckste Anja. „Und Nüsslisalat dazu ...", meinte Norbert überlegend, „oder natürlich Weißwürste." „Ihr Bayern!", entrüstete sich Keiko, „Sushi, Maki oder Sashimi, das ist feines Essen!" „Roher Fisch und Reis, nein danke! Ihr Japaner seid völlig einseitig." „Aber nein, wir essen auch gern Fleisch und Gemüse, Teriyaki zum Beispiel." „Oder Süßsaures Schweinefleisch?" „Sehr witzig, Norbert." Keiko war fast beleidigt.

1. Von wie vielen Speisen und welchen war die Rede?

___

___

2. Aus welchem Land kommt die Person, die Weißwein bevorzugt?

___

___

3. Was ist das Lieblingsgetränk des Spaniers?

___

___

4. Welches erwähnte Getränk ist nicht alkoholisch?

___

___

5. Wie viele Frauen sind anwesend?

___

___

6. Wieso ist Keiko fast beleidigt?

___

___

Übung 50 (***)

„Wissen Sie Professor Maxwell, ich ziehe Fasane – rein optisch – Perlhühnern jederzeit vor", warf Dr. Jones mit seinem Highland-Akzent ein. „Nun, zweifellos, da mögen Sie schon Recht haben, mein Lieber", entgegnete der Angesprochene, während er seine Zigarre abknipste, „Fasane sind zwar nicht ganz so bunt wie Papageien, aber Wachteln etwa schlagen sie in puncto Federkleid jederzeit. Während meiner Militärzeit unter General Wesley interessierte ich mich übrigens ebenfalls für Ornithologie.

Allerdings waren Pinguine mein Spezialgebiet, obwohl ich auch manchmal tagsüber wilde Kiwis beobachtete." „Interessant," ließ sich wieder der Doktor vernehmen, „und sind Ihnen da auch Schnabeltiere untergekommen?" „Natürlich nicht!", entgegnete der Professor entrüstet.

1. Von wie vielen und welchen Vogelarten war die Rede?

2. Aus welchem Teil Großbritanniens stammt Dr. Smith?

3. Wo war Jones in seiner Militärzeit stationiert?

4. Wie hieß der General?

5. Wer ist Raucher?

6. Wieso ist der Professor entrüstet?

Übungen zu weiteren Gedächtnisarten

Abgesehen von den genauer beschriebenen Gedächtnisarten und Techniken, gibt es noch eine ganze weitere Reihe von Bereichen, in denen man seine Merkfähigkeit trainieren kann. Im Folgenden wollen wir einige davon heraussuchen und üben. Es handelt sich dabei um das Namensgedächtnis, das Wortgedächtnis, das Formengedächtnis, das Personengedächtnis und das Situationsgedächtnis.

Zu jeder Art gibt es nur zwei Übungen, aber das sollte reichen, um Ihre jeweiligen Gehirnmuskeln mal wieder zu aktivieren und um eventuelle Defizite zu erkennen, die Sie dann gezielter, etwa mit anderen Büchern, zu genau diesem Thema trainieren können!

Namensgedächtnis

■ Übung 51

Testen Sie, wie gut Sie einige bekannte Namen bereits kennen bzw. sich gemerkt haben. Im Folgenden finden Sie je drei Schreibweisen von Namen bekannter Persönlichkeiten. Aber nur eine ist richtig – kreuzen Sie diese an:

a)
- ☐ Billy Wilder
- ☐ Billie Wilder
- ☐ Billy Wielder

b)
- ☐ Bernhard Gzymek
- ☐ Bernhard Grzymek
- ☐ Bernhard Grzimek

c)
- ☐ Herbert von Karajan
- ☐ Herbert von Karayan
- ☐ Herbert von Karaian

d)
- ☐ Ephraim Kishon
- ☐ Ephraim Kischon
- ☐ Ephraim Kichon

e)
- ☐ Tony Blair
- ☐ Toni Blair
- ☐ Tony Blayr

f)
- ☐ Reinhard Messner
- ☐ Reinhold Messner
- ☐ Reinhold Messmer

g)
- ☐ Woudy Allen
- ☐ Wooddy Ellen
- ☐ Woody Allen

h)
- ☐ Louis de Funèss
- ☐ Luis de Funès
- ☐ Louis de Funès

i)
- ☐ Simone de Bouvoir
- ☐ Simone den Beauvoire
- ☐ Simone de Beauvoir

j)
- ☐ Joseph Beuss
- ☐ Joseph Boiys
- ☐ Joseph Beuys

k)
- ☐ André Rieu
- ☐ Andreé Rieu
- ☐ André Rieux

l)
- ☐ Thomas Gottschalck
- ☐ Thomas Gottschalk
- ☐ Thomas Gotschalk

m)
- ☐ Frederico Fellini
- ☐ Federico Fellini
- ☐ Frederico Felini

Übung 52

Merken Sie sich folgende Namen und Eigenschaften nach zweimaligem Lesen:

a) Frau Maibach: Dauerwelle
b) Herr Sypal: Stadtbeamter
c) Dr. Gruber: Hornbrille
d) Sam: Freund von Agnes
e) Herr Supée: Fahrdienstleiter
f) Sonja: Gartenarchitektin
g) Frau Bachmayer: rauchige Stimme
h) Herr Siball: hebt nicht ab
i) Gabi: anmailen
j) Rudi: füttert die Fische

Schreiben Sie im Folgenden die richtigen Namen zu den jeweiligen Eigenschaften:

anmailen: ____________

Stadtbeamter: ____________

füttert die Fische: ____________

Dauerwelle: ____________

Hornbrille: ____________

Gartenarchitektin: ____________

rauchige Stimme: ____________

hebt nicht ab: ____________

Fahrdienstleiter: ____________

Freund von Agnes: ____________

Wortgedächtnis

■ Übung 53

Finden Sie für die folgenden Worte je 10 sinnverwandte Ausdrücke (Synonyme):

a) machen

1 ____________

2 ____________

3 ____________

4 ____________

5 ____________

6 ____________

7 ____________

8 ____________

9 ____________

10 ____________

b) weg

1 ____________

2 ____________

3 ____________

4 ______________________

5 ______________________

6 ______________________

7 ______________________

8 ______________________

9 ______________________

10 ______________________

c) frei

1 ______________________

2 ______________________

3 ______________________

4 ______________________

5 ______________________

6 ______________________

7 ______________________

8 ______________________

9 ______________________

10 ______________________

d) gut

1 ______________________

2 ______________________

3 ______________________

4 ______________________

5 ______________________

6 ______________________

7 ______________________

8 ______________________

9 ______________________

10 ______________________

e) schön

1 ______________________

2 ______________________

3 ______________________

4 ______________________

5 ______________________

6 ______________________

7 ______________________________

8 ______________________________

9 ______________________________

10 ______________________________

f) schlecht

1 ______________________________

2 ______________________________

3 ______________________________

4 ______________________________

5 ______________________________

6 ______________________________

7 ______________________________

8 ______________________________

9 ______________________________

10 ______________________________

Übung 54

Versuchen Sie, sich folgende vier Wortreihen mit je fünf Begriffen zu merken. Es geht nicht darum, sich alle auswendig zu merken, sondern nur darum, welche Begriffe zu welchen gehören!

a) **Buch – Afrika – Helmut – Moped – Gipfelkreuz**
b) **Große Zehe – Troja – Heilbutt – Märchen – Sand**
c) **Wüste Gobi – Tiefseetaucher – Mondkrater – Kindergarten – Ulme**
d) **Antilope – Buchenholz – Briefbeschwerer – Küchenfenster – Ulm**

Decken Sie den oberen Bereich ab und fügen Sie jetzt die Worte wieder zu den richtigen Ketten zusammen: Afrika – Antilope – Briefbeschwerer – Buch – Buchenholz – Gipfelkreuz – Große Zehe – Heilbutt – Helmut – Kindergarten – Küchenfenster – Märchen – Mondkrater – Moped – Sand – Tiefseetaucher – Troja – Ulm – Ulme – Wüste Gobi

a) ______________________________

____

____

b) ______________________________

____

____

c) ______________________________

____

____

d) ______________________________

____

____

Formengedächtnis

■ Übung 55

Merken Sie sich folgende Formen, ihre Umrisse und ihre Position zueinander ganz genau und decken Sie die Vorlage dann ab.

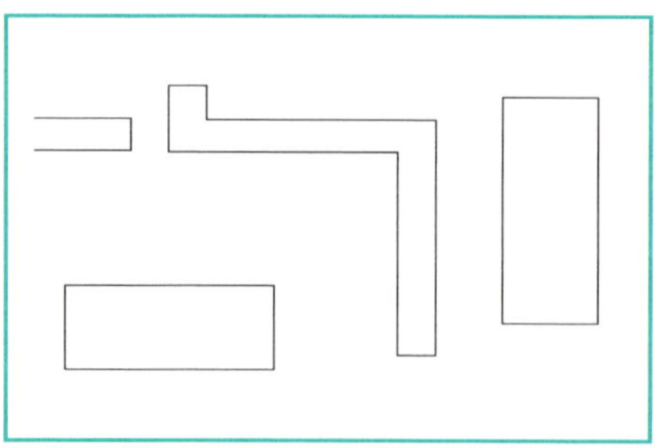

Tragen Sie nun, ohne noch einmal hinzusehen, die Formen auf folgender Rasterfläche ein:

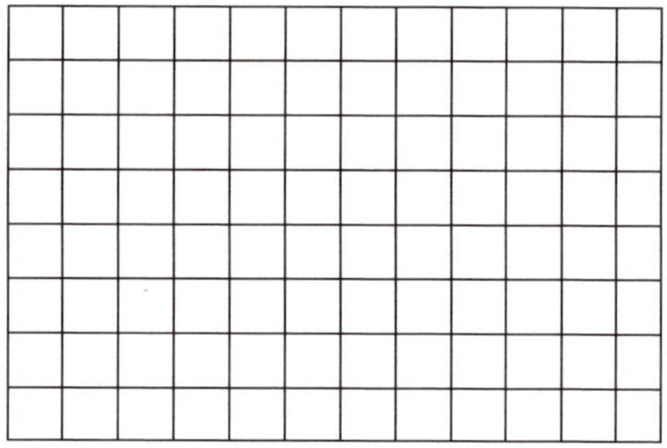

■ Übung 56

Welche dieser Formen entspricht am ehesten den Umrissen Südamerikas?

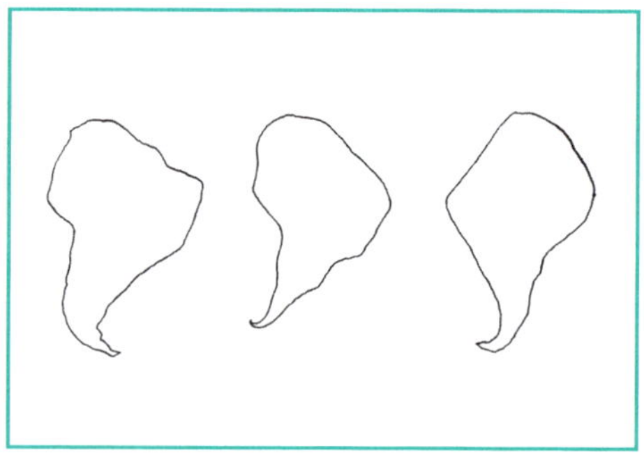

Personengedächtnis

■ Übung 57

Prägen Sie sich die Eigenschaften der folgenden Personen gut ein:

- **Ihr Onkel bevorzugt große Flachbildfernseher.**

- **Beim Militär schnarchte Ihr Zimmergenosse jede Nacht.**
- **Ihr allererster Arbeitgeber spekulierte viel an der Börse.**
- **Die Mutter Ihrer Freundin war Psychotherapeutin.**
- **Ihr Urgroßvater musste im Krieg nach England emigrieren.**
- **Der Koch Ihres Lieblingslokals hat einen schwarzen Bullterrier.**
- **Ihre Großtante lebte früher in Italien.**
- **Ihre Oma machte immer den besten Apfelstrudel.**
- **Ihre Erdkundelehrerin hasste Fliegen.**
- **Ihr Deutschlehrer stammt aus Dresden.**
- **Ihre beste Kindergartenfreundin hatte Schuppenflechte.**
- **In der Buchhandlung grüßt der Chef Sie immer mit einem Handkuss.**
- **Die Frau des Pastors züchtet Bienen.**
- **Angeblich hat ein Stadtrat eine Affäre mit zwei Schwestern.**
- **2001 lernten Sie beim Surfen einen Mann kennen, der zwei Dutzend Piercings hatte.**

Nun beantworten Sie folgende Fragen:

Wen lernten Sie 2001 beim Surfen kennen?

____

Wer bevorzugt große Flachbildfernseher?

____

Wer grüßt Sie immer mit einem Handkuss?

____

Wer hasste Fliegen?

____

Wer hat angeblich eine Affäre mit zwei Schwestern?

____

Wer hat einen schwarzen Bullterrier?

____

Wer hatte Schuppenflechte?

____

Wer lebte früher in Italien?

____

Wer machte immer den besten Apfelstrudel?

____

Wer musste im Krieg nach England emigrieren?

____

Wer spekulierte viel an der Börse?

____

Wer stammt aus Dresden?

____

Wer schnarchte jede Nacht?

____

Wer war Psychotherapeutin?

____

Wer züchtet Bienen?

____

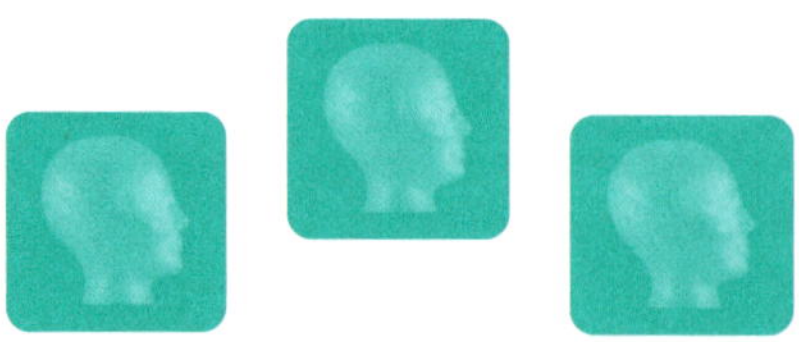

■ Übung 58

Im Folgenden stellen wir Ihnen einige Personen vor. Dazu merken wir an, wo (und teilweise wann) Sie diese Personen „kennen gelernt" haben. Merken Sie sich Gesicht und Art bzw. Ort des Treffens.

Gartenschau 

PEZ-Sammler-Treff 

Billardclub 

EDV-Techniker 

Griechenland 1998 

Restaurant „La Gondola" 

Judo-Training 

Elektriker 

Weihnachten 1998 

Ordination Dr. Manfredi 

Chefsekretär Fa. NZU 

Alpenrundflug 

Griechenland 1994 

Busfahrt nach Genf 

Verkäuferin bei „Garten & Co." 

Tennisclub 

Zivildienst 

Beantworten Sie nun die Frage, welche Person wohin gehört:

1.
☐ a) Griechenland 1994
☐ b) Zivildienst
☐ c) Billardclub

2.
☐ a) Verkäuferin bei „Garten & Co."
☐ b) Judo-Training
☐ c) Weihnachten 1998

3.
☐ a) PEZ-Sammler-Treff
☐ b) Tennisclub
☐ c) Griechenland 1994

4.
☐ a) Chefsekretär Fa. NZU
☐ b) Ordination Dr. Manfredi
☐ c) Busfahrt nach Genf

5.
☐ a) Griechenland 1998
☐ b) Judo-Training
☐ c) Weihnachten 1998

6.
☐ a) Elektriker
☐ b) Judo-Training
☐ c) Billiardclub

7.
☐ a) Restaurant „La Gondola"
☐ b) Griechenland 1998
☐ c) EDV-Techniker

8.
☐ a) Billardclub
☐ b) Busfahrt nach Genf
☐ c) Zivildienst

9.
☐ a) Judo-Training
☐ b) PEZ-Sammler-Treff
☐ c) Gartenschau

10.
☐ a) PEZ-Sammler-Treff
☐ b) Elektriker
☐ c) Tennisclub

11.
☐ a) Griechenland 1998
☐ b) Busfahrt nach Genf
☐ c) EDV-Techniker

12.
- ☐ a) Tennisclub
- ☐ b) Restaurant „La Gondola"
- ☐ c) Ordination Dr. Manfredi

13.
- ☐ a) Verkäuferin bei „Garten & Co."
- ☐ b) Griechenland 1994
- ☐ c) Elektriker

14.
- ☐ a) Ordination Dr. Manfredi
- ☐ b) Alpenrundflug
- ☐ c) Busfahrt nach Genf

15.
- ☐ a) Weihnachten 1998
- ☐ b) Alpenrundflug
- ☐ c) Chefsekretär Fa. NZU

16.
- ☐ a) Tennisclub
- ☐ b) Judo-Training
- ☐ c) Busfahrt nach Genf

17.
- ☐ a) Tennisclub
- ☐ b) Gartenschau
- ☐ c) Zivildienst

Situationsgedächtnis

■ Übung 59

Die folgende Übung besteht aus zwei Teilen – prägen Sie sich Ihre Fahrtroute durch Südamerika optisch gut ein und lesen Sie dann Ihren Reisebericht. Dabei können Sie auch gerne immer wieder auf den Plan schauen:

In Rio angekommen, werden Sie bereits auf dem Flugplatz um Ihren Koffer erleichtert. Zum Glück lernen Sie Joao kennen, der Ihnen Kleidung leiht. Per Autostopp geht es nach Bahia. Gefällt Ihnen nicht, also mit dem Taxi nach Recife. Da Sie von den Brüdern der hübschen Georgina gezwungen werden, sie zu heiraten, fliegen Sie fluchtartig nach Caracas. Das haben Sie sich ganz anders vorgestellt, also weiter per Postflugzeug nach Bogota. Hier kaufen Sie wunderhübsche Bergstiefel sowie einen Maulesel und ziehen zu Fuß nach Lima. Zu Ihrem Unglück treffen Sie dort auf den chinesischen Waschsalonbesitzer Wong, der Sie zwingt, acht Wochen ohne Bezahlung bei ihm zu arbeiten. Endlich können Sie nach Asuncion abfliegen, wo Sie schon sehnsüchtig von Hermano erwartet werden, für den Sie hundert

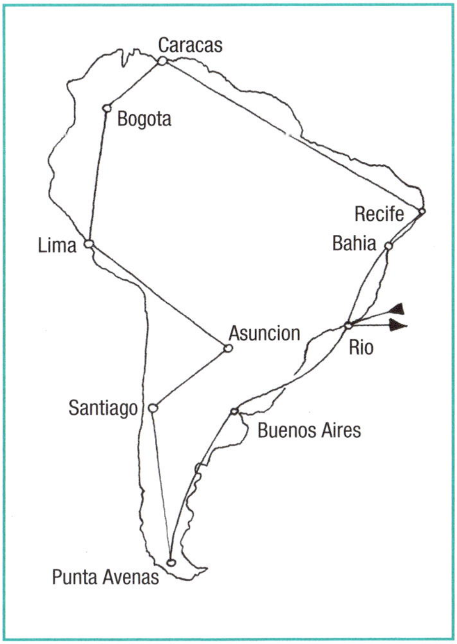

Siegelringe mitgebracht haben. Die Busfahrt nach Santiago bekommt Ihnen schlecht. So müssen Sie sich auf dem Bauernhof Ihres Onkels in der Nähe von Santiago erholen. Sie lernen den Schweizer Ludwig kennen und machen mit ihm im Jeep einen Badeausflug nach Punta Arenas. Dort streikt der Motor. Sie lassen den Jeep einfach stehen und setzen sich mit einem geliehenen Fahrrad nach Buenos Aires ab. Weil Sie während einer Theateraufführung nicht gelacht haben, müssen Sie eine Nacht im Gefängnis verbringen. Nun reicht es Ihnen aber gründlich. Sie beschließen, den Kontinent zu wechseln. Zuerst fahren Sie aber von Buenos Aires mit dem Schiff nach Rio, um die geliehenen Kleider zurückzugeben. Sie suchen Joao eine ganze Woche lang, bis Sie ihn endlich in einer Bar entdecken. Nachdem er Sie nicht mehr erkennen will, fangen Sie an, ihn zu beschimpfen und hauen ihm eine runter. Joao hat schließlich ein Herz, nimmt Ihnen die Kleider ab und setzt Sie in das Flugzeug nach Hause.

Beantworten Sie nun folgende Fragen:

1. Wo liegen die folgenden Städte auf der Karte Südamerikas: Asuncion, Bahia, Bogota, Buenos Aires, Caracas, Lima, Punta Arenas, Recife, Rio, Santiago?

2. In welcher Stadt haben Sie die Bergstiefel gekauft?
- ☐ a) Lima
- ☐ b) Caracas
- ☐ c) Bogota

3. Welche Busfahrt haben Sie überhaupt nicht vertragen?
- ☐ a) Rio – Bahia
- ☐ b) Asuncion – Santiago
- ☐ c) Bahia – Recife

4. Wo gingen Sie mit Ludwig baden?
- ☐ a) Santiago
- ☐ b) Punta Arenas
- ☐ c) Bogota

5. Welche Stadt haben Sie sich ganz anders vorgestellt?
- ☐ a) Caracas
- ☐ b) Rio
- ☐ c) Lima

6. Was haben Sie in Recife gemacht?
- ☐ a) eine Nacht im Gefängnis verbracht
- ☐ b) geheiratet
- ☐ c) gearbeitet

7. Wie haben Sie die Strecke Buenos Aires – Rio zurückgelegt?
- ☐ a) mit dem Postflugzeug
- ☐ b) mit dem Fahrrad
- ☐ c) mit dem Schiff

8. Wo waren Sie im Theater?
- ☐ a) Rio
- ☐ b) Buenos Aires
- ☐ c) Asuncion

9. Was ist in Santiago passiert?
- ☐ a) Ludwig kennen gelernt
- ☐ b) von Wong ertappt worden
- ☐ c) Maulesel gekauft

10. Wem hauen Sie eine herunter?
- ☐ a) Ludwig
- ☐ b) Hermano
- ☐ c) Joao

11. Wo haben Sie den Jeep stehen lassen?
- ☐ a) Santiago
- ☐ b) Punta Arenas
- ☐ c) Buenos Aires

Lernstrategien und -techniken

Methoden

Wer die eigene geistige Kompetenz erweitern will, wird um das Wörtchen „lernen" nicht herumkommen. Egal, ob Sie eine Fremdsprache erlernen oder einfach nur Ihr Gedächtnis verbessern wollen, um Ihr Gehirn zu aktivieren, Lernen ist immer vonnöten.

Da die meisten von uns mit Lernen aber vor allem mäßig begabte Lehrer verbinden, denen es eher um Durchpeitschen von Lehrstoff, Prüfungen und Noten ging, ist das Wort meist mehr als negativ besetzt. Dabei ist es eine überprüfte Tatsache, dass Lernen – wenn es freiwillig und aus Interesse geschieht – eine höchst angenehme und befriedigende Sache ist. Nicht umsonst bilden sich viele Leute bis ins hohe Alter weiter, nicht weil sie müssen – sondern weil es ihnen Spaß macht. Und dabei macht sowohl das Lernen selbst, richtig angegangen, Spaß als auch der Erfolg: Zu merken, dass man etwas (besser) kann, das man zuvor nicht oder nur mangelhaft konnte, ist eine zutiefst befriedigende Erfahrung.

Allerdings steht davor noch eine wenig bekannte Hürde: Auch Lernen will gelernt sein! Tatsächlich kommt es sehr darauf an, wie man an einen Lernstoff herangeht, wie man ihn strukturiert und gliedert, in welchen Etappen man ihn lernt etc. Je nach Methode kann man seine Effizienz in vorher nicht für möglich gehaltene Höhen steigern. Stures Auswendiglernen von Vokabeln etwa bringt sehr wenig und den Lerninhalt in den meisten Fällen gerade mal in den Speicher des Kurzzeitgedächtnisses. Wenn man Glück hat, reicht die Erinnerung dann gerade noch für den nächsten Test oder die nächste Prüfung, bald darauf ist aber alles verloren. Verfolgt man aber andere Strategien, etwa indem man die Inhalte oder den Klang der Vokabel bildlich mit etwas verbindet, sich „Eselsbrücken" baut, gelingt auch schon nach viel weniger Wiederholungen eine wesentlich höhere Rate an – dauerhaft! – gemerkten Vokabeln.

Einige Lerntechniken sind sehr alt, ihre Wurzeln reichen bis in die Antike. Andere Techniken verdanken wir den Erkenntnissen der modernen Psychologie. Allen ist aber gemein, dass derjenige, der sie kennt, beachtet und benutzt, einen eindeutigen Lernvorteil gegenüber anderen hat, die einfach so dahinlernen – egal mit wie viel Eifer und Einsatz!

Mnemotechniken

Eine der ältesten modernen Methoden, die eigentlich aus mehren Methoden besteht, nennt man Mnemotechnik. „Mneme" ist ein altgriechisches Wort und bedeutet eigentlich nichts anderes als Gedächtnis oder Erinnerung.

Wie funktioniert Mnemotechnik nun grundsätzlich? Das Prinzip ba-

Wie die Mnemotechnik funktioniert

Bei der Mnemotechnik spricht man auch von „Ankern“, die man im Gehirn anlegt, um gewisse Informationen an einem Platz zu fixieren. Zuerst schafft man eine Art Grundstruktur, in der dann diese Anker angebracht und später mit bestimmten, willkürlich gewählten Informationen verknüpft werden.

Auf diese Art kann man sich in kürzester Zeit Unmengen von Informationen und Daten merken, die dann auch in beliebiger Reihenfolge wiedergegeben werden können. Das System lässt sich auch erweitern und funktioniert deswegen so gut, weil es der natürlichen Ordnung im Gehirn entspricht. Erinnerungen werden nämlich ortsabhängig gespeichert und assoziativ abgerufen.

Angewandt werden solche Methoden seit der Antike (oder vielleicht sogar noch länger), da es aus Kosten- und Verfügbarkeitsgründen oft wichtig war, lange Texte oder sogar ganze Bücher auswendig zu lernen.

siert auf der Erkenntnis, dass Erinnerungen in uns oft durch andere Erinnerungen oder spontane Ereignisse „abgerufen" werden. Das heißt, alles, das wir wissen, und das uns als Menschen ausmacht, ist irgendwo im Gehirn gespeichert und wird von Fall zu Fall durch bestimmte Auslöser aktiviert. Wenn man etwa das Wort „hell" liest, fällt einem dabei zumeist automatisch auch das Wort „dunkel" ein – denn viele Dinge, wie Gegensatzpaare (heiß – kalt, grob – fein) oder fixe Assoziationen (Blatt – grün,

Wussten Sie schon, dass...

... auch berühmte Redner der Antike schon mit der Mnemotechnik und besonders der Loci-Methode arbeiteten? Um einen maximalen Effekt zu erzielen, deklamierten sie ihre Reden nämlich auswendig. Der berühmte römische Redner Cicero etwa berichtet in seinem Werk „De oratore“, dass er beim Lernen und Wiedergeben seiner langen Reden geistig die Umgebung des Forum Romanum abschritt. Erfinder dieser Methode war aber nicht Cicero selbst, sondern vermutlich der um 500 vor Christus lebende Griechische Poet und Redner Simonides von Keos.

Feuer – heiß) sind ganz fest in uns verankert. Man kann das eine praktisch nicht aktivieren, ohne auch das andere mitzudenken!

Diese grundsätzliche natürliche Fähigkeit des Gehirns kann man nun sehr gut dazu einsetzen, eigene Assoziationen zu schaffen und bewusst zu kontrollieren. Es geht darum, Informationen auf eine Weise aufzuarbeiten, die es uns leicht macht, die Informationen bei Bedarf jederzeit abzurufen. Dabei verknüpft man gedanklich zwei Dinge, die vorderhand nichts miteinander zu tun haben müssen, auf eine Weise, die dazu führt, dass die Erinnerung an das eine automatisch die Erinnerung an das andere hervorruft.

Hier nun einige der wichtigsten Techniken.

Die Loci-Technik

Die Loci-Technik wird manchmal auch Methode der Orte genannt, weil das lateinische Wort „locus" eben so viel bedeutet wie „Ort, Platz". Sie gilt als die älteste bekannte

Der sagenhafte Ursprung der Loci-Technik

Die Erfindung dieser Merktechnik wird historisch gerne mit einer schauerlichen Geschichte verbunden:
Der antike Dichter Simonidis von Keos hatte die Aufgabe, vor einer festlichen Tafel einen Lobgesang auf den damals berühmten Faustkämpfer Skopas vorzutragen. Allerdings mischte Simonides in seinen Gesang auch Lob auf die ebenfalls als Kämpfer berühmten Söhne des Zeus, Castor und Pollux. Skopas, der Auftraggeber des Lobliedes über sich selber, fühlte sich in seiner Ehre verletzt und wollte daraufhin nicht den gesamten vereinbarten Lohn zahlen. Der Legende nach zürnten ihm die Götter daraufhin und ließen den Palast, in dem das Festmahl abgehalten wurde, einstürzen. Alle Anwesenden kamen dabei ums Leben – außer dem Dichter Simonides selbst. Schlimmer noch: Alle waren von den herabstürzenden Trümmern so übel zugerichtet worden, dass man sie nicht mehr identifizieren konnte. Simonides aber, bekannt als Meister der Gedächtnisleistungen, hatte sich die Sitzordnung der Gäste so gut eingeprägt, dass er die Leichen nach dem Ort, an dem sie lagen, korrekt identifizieren konnte, damit jede ein angemessenes Begräbnis erhalten konnte.
Wahr oder verbrämte Wahrheit oder nur gut erfunden: So soll jedenfalls die Loci-Technik entstanden sein.

Merktechnik der Menschheit und wurde schon von griechischen und römischen Rednern verwendet. Sie ist ideal, um sich eine Reihe von Begriffen wie eben die wichtigsten Eckpunkte für lange Reden zu merken. Grundsätzlich funktioniert das so: Zuerst überlegt man sich einen Weg, den man gut kennt. Etwa der tägliche Weg zur Arbeit oder zur Schule oder ein Spaziergang, den man öfter unternimmt. Wichtig ist dabei, das an dieser Strecke besondere, markante Orte oder Punkte liegen. Man verbindet nun geistig die wichtigen zu lernenden Begriffe mit den markanten Punkten dieser Strecke. Wichtig ist, sich das nicht nur aufzuschreiben (etwa „Parkbank = Suppenhuhn kaufen"), sondern es sich eben bildlich mit dem inneren Auge vorzustellen. Denn nur so wird diese Information verankert, und man kann sie, wenn man den Weg im Geiste wieder geht, auch richtig verbinden und abrufen.

Der Mensch lernt immer dann am intensivsten und vor allem effektivsten, wenn alle Sinne an diesem Vorgang beteiligt sind. Dabei ist der Sehsinn des Menschen bekanntlich am weitaus stärksten ausgeprägt – ihm wird zur Verarbeitung der einströmenden Bilder auch besonders viel Leistung zur Verfügung gestellt. Mehr als für alle anderen.

Jeder durchschnittlich begabte Mensch kann mit einiger Übung diese Technik erlernen. Auch Anfängern gelingt es oft, sich nach einer kurzen Einführung innerhalb von fünf Minuten 40-stellige Zahlen zu merken!

Was die Loci-Technik kann

Die Loci-Technik macht sich die assoziativ-bildliche Art zu Nutze, mit

ALSO SPRACH CICERO ...

Der römische Philosoph und Redner Cicero, einer der berühmtesten Benutzer der Loci-Technik über diese Technik: „Wer das Gedächtnis zu trainieren sucht, muss deshalb bestimmte Plätze wählen und sich die Dinge, die er im Gedächtnis zu behalten wünscht, in seiner Fantasie vorstellen und auf bestimmte Plätze setzen. So wird die Reihenfolge dieser Plätze die Anordnung des Stoffes bewahren, das Bild der Dinge aber die Dinge selbst bezeichnen, und wir können die Plätze an Stelle der Wachstafel, die Bilder statt der Buchstaben benützen."

der unser Gehirn Informationen abspeichert. Besonders geeignet ist sie natürlich für lange Aufzählungen, wie eine endlose Reihe geschichtlicher Daten oder die Reihenfolge der chemischen Elemente. Gedächtnisakrobaten nutzen sie etwa, um sich damit lange Reihen willkürlicher Ziffern zu merken – der Weltrekord liegt bei 316 Ziffern in fünf Minuten!

Die Loci-Technik unter dem Scanner

Das Geheimnis liegt unter anderem in der effizienten Nutzung beider Gehirnhälften. Seit ein paar Jahren kann man die Vorgänge, die beim Lernen und Wiedergeben von Gelerntem ablaufen, auch sichtbar machen: etwa per Scan mit einer Positronen-Emissions-Tomografie (PET).

Daher weiß man, dass die Hirnrinde analytisch-logische Aufgaben übernimmt. Dagegen ist das so genannte limbische System für Kreativität, Gefühle und Fantasie zuständig. Wenn man nun mit der Loci-Methode Zahlen, Daten oder Fakten geistig mit Bildern verknüpft, sorgt man dafür, dass beide Hälften zusammenarbeiten. Dadurch erhöht sich die Leistung des Gedächtnisses enorm und man erinnert sich viel leichter an die gelernten Inhalte.

■ Übung 60

Stellen Sie sich einen kurzen, täglichen Weg, den Sie sehr gut kennen, genau vor. Etwa den Weg von Ihrem Haus zum nächsten öffentlichen Verkehrsmittel. Suchen Sie zehn markante Punkte, an denen Sie immer in derselben Reihenfolge vorbei kommen (z. B. grünes Tor, Hydrant, Blumengeschäft, Litfaßsäule, ...).
Wiederholen Sie diesen geistigen Weg ein paar Mal und heben Sie die zehn Punkte gedanklich und verbal (im Kopf oder tatsächlich aussprechen) dabei hervor. Wenn Sie das gut drauf haben, verbinden Sie die folgenden Worte oder Vorgänge fix mit diesen zehn Punkten:

1. **Hautcreme**
2. **Bundfalthosen**
3. **Muttertag**
4. **Ottfried Fischer**
5. **Gewürzgurken**
6. **Logarithmus**
7. **Erdbeben**
8. **Cousine Maria heiratet**
9. **Liechtenstein**
10. **Batterien für Fernbedienung**

Machen Sie im Folgenden den Spaziergang – geistig – so lange, bis Sie diese Begriffe fix mit den Orten verbunden haben und fehlerfrei wiedergeben können!

Übung 61

Wenn Sie sich die oben stehende Liste gut gemerkt haben – machen Sie den Spaziergang in umgekehrter Reihenfolge!

Übung 62

Stellen Sie folgende acht Begriffe im Uhrzeigersinn in die acht Himmelsrichtungen (Nord, Nordost, Ost, Südost, ...), d. h. am besten in die vier Ecken und an die vier Wände Ihres Wohnzimmers (oder Schlafzimmers, ...) – egal, ob Sie sich darin befinden oder ob Sie nur an das Zimmer denken. Wenn Sie nicht wissen, wo Norden ist, definieren Sie einfach eine Ecke oder Wand als Norden.

N - Nürnberger Bratwürste
NO - Mammut
O - Hamster
SO - Flachbildschirm
S - Kettenpanzer
SW - Hamster
W - Efeu
NW - Hamsterrad

Verbinden Sie diese Begriffe fix mit den Himmelsrichtungen/Raumbereichen, so lange, bis Sie bei einer realen oder eingebildeten Hinwendung zu einer beliebigen Ecke oder Wand sofort sagen können, welcher Begriff dort „steht".

Übung 63

Versuchen Sie – nach ein paar Tagen – sich eine neue Liste, am besten eine, die Sie wirklich gebrauchen können, mit dieser Methode zu merken. Achten Sie darauf, nicht an „alten" Assoziationen kleben zu bleiben, sondern bei Ihrem Spaziergang/Ihrem Wohnzimmer nur „neuen" Dingen auf Ihrer Liste zu begegnen.

Symboltechnik

Eine weitere Technik, welche die Fähigkeit und übliche Vorgehensweise unseres Gehirns, Informationen – auch abstrakte – mit Bildern zu verknüpfen, benutzt, ist die Symboltechnik. Ähnlich der Loci-Methode eignet sich die Symboltechnik besonders gut dazu, sich (lange) Listen zu merken. Im Gegensatz zur Loci-Methode benutzt man zur Visualisierung aber keine Orte sondern die Zahlen oder Buchstaben, aus denen die Liste der zu merkenden Dinge besteht selbst. Es wird also die Position des Begriffes in einer Liste (erster, zweiter, dritter... Punkt) mit einem Symbol verknüpft.

Diese Symbole muss man sich zuvor selbst erarbeiten und einprägen, am besten in allen Details mit Form, Aussehen, Farbe und eventuell Geräuschen und Gerüchen. Je besser man sich diese Symbole zuvor

Tipps zur Symboltechnik

Bei der Symboltechnik kann man mit Zahlen oder Buchstabenreihen arbeiten, wobei man sich am besten seine eigene Symbolik zurecht legt. Wichtig ist nur, dass man die einmal für sich festgelegte Symbolreihe nicht mehr wechselt, um Verwirrungen und Irrtümer zu vermeiden. Um die Vorteile dieser Mnemotechnik besonders gut zu nutzen, ist es vorteilhaft, die Bildsymbole an das optische Erscheinungsbild der Ziffern anzupassen.

zurechtgelegt hat, desto höher ist später die Merkfähigkeit, wenn man sie mit bestimmten Begriffen verbindet.

Nun verknüpft man die zu merkenden Punkte bildlich mit den vorbereiteten Stellensymbolen – wobei man bei dem Bild, oft eine Art kleine Geschichte, auch wieder in allen Details, immer zuerst das Symbol setzen sollte, weil das den Erinnerungswert hebt. Dadurch erhält man einen schnelleren und besseren Zugang auf die gemerkte Szene.

Zahlen

Meist werden zu diesem Thema bei den Zahlenreihen folgende (meist bildliche) Assoziationen empfohlen:

0 = Ball (eine Null ist fast so rund)
1 = Kerze (hat eine optisch Ähnlichkeit mit einer Eins)
2 = Schwan (mit Fantasie sieht man da den gebogenen Hals eines Schwans)
3 = Dreizack (von der Seite wie die Waffe, die u.a. der griechische Meergott trägt)
4 = Koffer (nicht optisch, aber ein Koffer ist fast immer viereckig!)
5 = Hand (die fünf Finger einer Hand)
6 = Elefant (man kann die Sechs als einen gebogenen Elefantenrüssel von der Seite sehen)
7 = Fahne (wie eine Fahne, die ganz oben an einer Fahnenstange weht)
8 = Sanduhr/Eieruhr (eine Eieruhr hat meist eine sehr ähnliche Form wie eine Acht)
9 = Kegel (die neun Kegel einer Kegelbahn)
10 = ein (kleiner) Golfschläger mit einem (großen) Golfball
11 = Kirche (wie zwei Kirchtürme nebeneinander)

12 = Uhr (das Uhrblatt ist in zwölf Stunden eingeteilt)
13 = schwarze Katze (beides bringt angeblich Unglück)
usw.

Man kann diese Bildreihen nach individueller Vorstellung und Notwendigkeit bis 20, 30 oder noch weiter fortsetzen. Entweder durch Kombination der Einzelziffern (15 = eine Hand mit einer Kerze), besser aber durch ein eigenes Bild für jede Zahl. Je nach dem, was man sich zu merken hat – nehmen wir das simple Beispiel einer Einkaufsliste – kommt es natürlich oft zu absurden und eigenartigen Kombinationen:

Katzenfutter, Fleisch, Gurken, Bananen, Mineralwasser und Butter.

Diese Begriffe können z. B. zu folgender Bilderreihe führen:

„Eine Kerze auf einer Katzenfutterdose, heute gibt's Schwansteak, die Gurken stecken am Dreizack, ein Koffer voll Bananen, die Hand ins Wasser tauchen und der Elefant latscht in die Butter."

Dass diese Bilder oft seltsam oder witzig sind, ist keinesfalls ein Nachteil! Ganz im Gegenteil – diese Absurdität erhöht die Merkfähigkeit sogar noch gewaltig, weil man sich an Eigenartiges besser erinnert als an ganz Banales.

Übung 64

Lernen Sie die obigen Zahlensymbole – oder schaffen Sie sich Ihre eigenen. Wenn Sie die Liste von 1–10 gut intus haben, dann verbinden Sie die Symbole mit folgenden Dingen, die Sie vom Gartengroßmarkt besorgen wollen. Noch besser: Erfinden Sie

NACHTEILE DER SYMBOLTECHNIK

Allerdings hat die Symboltechnik auch Nachteile. Benutzt man die Symbolreihen zu häufig – vor allem, um sich ähnliche Dinge wie tägliche Einkaufszettel zu merken, verschwimmen und vermischen sich die verschiedenen Geschichten leicht im Kopf und man weiß nicht mehr, ob das Bild zu einer aktuellen oder schon überholten Reihe gehört. Auch für Dinge, die man sich über einen längeren Zeitraum merken muss, ist diese Methode weniger geeignet. Das kann man zwar auffangen, indem man sich gleich mehrere unterschiedliche Bildsymbolreihen zurechtlegt (6 = Elefant, Handtasche, Rollstuhl), aber das erfordert wesentlich mehr Übung und ist eher etwas für in dieser Technik schon weit Fortgeschrittene.

mithilfe dieser Symbole eine Geschichte, um sich die zehn Dinge zu merken!

1 Schaufel
2 Flüssigdünger
3 Sonnenblume
4 Rechen
5 Blumenspritze
6 Anti-Schneckenmittel
7 Torferde
8 Bohnensamen
9 Heckenschere
10 Müllsäcke

Testen Sie in verschiedenen Zeitabständen, wie gut Sie sich noch an die Einkaufsliste erinnern!

Übung 65

Versuchen Sie – nach ein paar Tagen – sich eine neue Liste, am besten eine, die Sie wirklich gebrauchen können, mit dieser Methode zu merken. Achten Sie wieder darauf, nicht an „alten" Assoziationen kleben zu bleiben, sondern bei Ihren Zahlenbildern nur „neuen" Dingen auf Ihrer Liste zu begegnen.

Buchstaben

Man kann statt der Ziffern/Zahlen auch eine Reihe von Buchstaben benutzen. Dabei wählt man meist statt der optischen Erscheinung der Buchstaben Symbolworte, die mit dem entsprechenden Buchstaben anfangen. Allerdings sollte der Buchstabe so in den gewählten Worten auftauchen, wie man ihn spricht: g = Ge, p = Pe, m = Em, k = Ka... Damit klappt die Erinnerung leichter, da auch unser Gehirn die Buchstaben nicht nur als solche, sondern auch mit ihrem ausgesprochenen Lautwert gespeichert hat („q" kann man schwer denken, zusammen mit dem Laut „kwe" oder „ku" wesentlich leichter). Das heißt, „Gelb" ist besser als „Groß", „Perle" ist besser als „Pfad" – und vor allem sind für „n" Worte wie „Ende" besser als etwa „Norden", für „k" ist etwas wie „kalt" besser als „Kugel". Auch wenn das Wort dann nicht mit dem jeweiligen Buchstaben anfängt – der Laut schafft in diesem Fall die Erinnerung. Falls es Ihnen aber sympathischer ist, die Methode funktioniert auch „korrekt" – eben etwa mit „Kugel" für „k". Jedenfalls sollte man auch hier nur eine bestimmte Symbolreihe für sich festlegen, aufschreiben und nicht mehr verändern. Am besten merkt man sich auch hier nicht nur den einfachen Begriff, sondern gleich eine detaillierte Szene: Das Äffchen sitzt im Zoo in einer Ecke und knabbert an einer Banane. Je mehr Details um so besser.

Hier eine mögliche Reihe – zur Anregung:

A = Auto, B = Bär, C = Cäsar, D = Dose, E = Ende, F = Äffchen, G = Gelb, H = Hand, I = Iris, usw.

Am besten schaffen Sie aber Ihre eigene.

Symboltechnik, erweitert

Wenn man sich sowohl eine Zahlen- als auch eine Buchstabenreihe zurecht gelegt hat, kann man sich damit auch Kombinationen, etwa die Position von Figuren auf einem Schachbrett oder von Bildern bei einem Memory-Spiel, leicht merken. Dabei verknüpft man drei Symbole zu einer kurzen Szene oder Geschichte: In der linken oberen Ecke des Memory-Spiels (Position A1) liegt eine Karte mit einem Wal.

Auto – Kerze – Wal: Der Wal hat ein Auto verschluckt und der Besitzer geht jetzt mit einer Kerze rund um sein Auto, um einen Ausweg zu finden!

Auf Position D5 liegt das Bild eines Hasen: Jemand kauft Hasenragout in der Dose und nimmt diese mit der Hand aus dem Regal!

Hat man seine Symbole gut intus, kann man auch Teile (Räder des Autos) oder Eigenschaften (Auto fährt, Kerze ist heiß) für seine Bilder verwenden. Mit etwas Übung wird dieses Kombinieren immer leichter!

■ Übung 66

Schreiben Sie sich für jeden Buchstaben des Alphabets nach obenstehender Anleitung ein Symbolwort auf. Lernen Sie diese Liste auswendig – oder lesen Sie sich die Liste wenigstens mehrmals aufmerksam durch.

Verbinden Sie nun folgende 15 Begriffe, die mit Deutschland zu tun haben, mit Ihren Symbolworten. Bauen Sie kleine Szenen mit den Begriffen in Kombination mit Ihren Symbolworten, und machen Sie aus all dem am besten eine kleine Ge-

TIPP: FARBEN VERWENDEN

Neben Ziffern und Buchstaben kann man auch noch andere Symbole wie zum Beispiel Farbsymbole verwenden. Entweder stellt man sich die zu merkenden Begriffe in der entsprechenden Farbe vor, oder man nimmt Dinge, die zuvor fest mit einer Farbe verbunden werden: Grün = Blatt, Weiß = Schnee, etc. Diese kann man dann in seine Merkgeschichte einbauen.

schichte. So lange, bis Sie sich alle Begriffe gut gemerkt haben.
Achtung: Manche Anfangsbuchstaben tauchen doppelt oder dreifach auf – hier ist Ihre Fantasie gefragt!

Hamburg
Donau
Schwarzwald
Mauer
Helmut Kohl

Ulm
Alpen
Rhein
Bodensee
Pfannkuchen

Bayern München
Saarbrücken
ZDF
Hessen
Kaiser Willhelm

Testen Sie in verschiedenen Zeitabständen, wie gut Sie sich noch an die Begriffe erinnern!

■ Übung 67

Versuchen Sie – nach ein paar Tagen – sich eine neue Liste, am besten eine, die Sie wirklich gebrauchen können, mit dieser Methode zu merken. Achten Sie wieder darauf, nicht an „alten" Assoziationen kleben zu bleiben, sondern bei Ihren Wortassoziationen nur den „neuen" Dingen auf Ihrer Liste zu begegnen.

Zahlen merken

Sehr viele Menschen, eigentlich fast alle, glauben von sich, ein schlechtes Gedächtnis für Zahlen zu haben. Kontonummer, Sozialversicherungsnummer, PIN-Code, Telefonnummern, Jahreszahlen, Daten, etc. Viele oder sogar alle dieser und anderer wichtiger Zahlen bleiben einem nur schwer im Gedächtnis.

Aber es geht auch anders: Gerade auf dem Gebiet des Zahlenmerkens gibt es eine ganze Reihe von Hilfsmitteln, erprobten Methoden und Eselsbrücken, mit denen man sich das Behalten dieser ja fast immer abstrakten Ziffernfolgen wesentlich erleichtern kann. Hier in Folge die wichtigsten – eine oder mehrere dürften individuell auch für Sie passen.

Zahlensymbolgeschichten

Hier greifen wir wieder auf die oben beschriebenen Zahlensymbole zurück – diesmal aber nicht, um damit andere Begriffe zu verbinden, sondern um damit Reihen von Zahlen leichter merkbar zu machen. Dazu benutzt man die zuvor individuell vorbereitete Zahlensymbolreihe und bastelt sich aus den Symbolen pas-

send zu der zu merkenden Zahl eine kleine Geschichte. Auch hier gilt wieder, je ausgeschmückter und detailreicher die Story ist, desto besser wird man sie sich und damit die zu behaltenden Zahlen merken.
Sagen wir, Sie wollen sich den Hochzeitstag Ihrer Eltern – z. B. den 28.10.1970 – merken.

„Ein Schwan trägt eine Sanduhr im Schnabel. Neben dem Fluss ist ein Golfplatz. Hans, der dort golft, würde eigentlich lieber – bei Kerzenschein! – kegeln. Daran denkt er, als er bei der kleinen Fahne den Ball einlocht."

Nachteil der Zahlensymbolgeschichten

Der Nachteil dieser Methode liegt aber ebenfalls auf der Hand: Wenn man sie zu oft anwendet, werden die Symbole zu häufig benutzt und die Geschichten beginnen ineinander zu verschwimmen. Besonders, wenn man sich Zahlen und Zahlenkombinationen über längere Zeiträume hinweg gut merken möchte, funktioniert diese Technik nicht so besonders gut. Zum kurzfristigen Einprägen – nicht viel länger als einen Tag – eignet sie sich allerdings hervorragend!

■ Übung 68

Merken Sie sich folgende Telefonnummern, Zahlen und Daten, indem Sie aus ihnen mit den obigen Zahlensymbolen kleine Geschichten basteln:

0041 – 1 – 258 12 39
17.3.1980
2.445.790
3402

Testen Sie in verschiedenen Zeitabständen, wie gut Sie sich noch an diese Zahlen erinnern!

■ Übung 69

Versuchen Sie sich nun, eine eigene Liste von Zahlen und Daten, am besten eine, die Sie wirklich gebrauchen können, mit dieser Methode zu merken. Seien Sie kreativ, aber verstärken Sie dabei die schon gelernten und gemerkten Symbole.

Bebilderte Zahlengruppen

Natürlich ist die Methode, für jede Ziffer oder Zahl ein Symbol zu wählen, aus logischen Gründen sehr beschränkt. Selbst wenn Sie sich für 100 oder gar 200 Zahlen je ein eigenes, abstraktes Bild zurechtlegen, kommen Sie auf die Dauer damit nicht aus – obwohl das für sich genommen schon eine enorme Gedächtnisleistung wäre. Einfacher geht es folgendermaßen: Sie können Zahlen oder Zahlengruppen mit einer individuellen Bedeutung belegen! Das hcißt, Sie nehmen Bedeu tungen, die mit Ihrer persönlichen Erfahrung zu tun haben. Also Assoziationen, die Sie sowieso bereits im Kopf haben. „747" ist zum Beispiel die Nummer eines bekannten Flugzeugtyps (Boeing 747), „007" der Meisterspion James Bond. „1971" kann für Sie eine besondere Bedeutung haben, weil es Ihr Geburtsjahr ist. „16" ist die Anzahl der deutschen Bundesländer. Mit diesen und anderen – bereits vorhandenen! – Kombinationen und Assoziationen schaffen Sie sich ein Reservoir, mit dem Sie dann in anderen Bereichen leicht neue Eselsbrücken schaffen können. Es empfehlen sich dafür Schuhgrößen, Geburtstage, Postleitzahlen, Autokennzeichen, berühmte Markenartikel usw. Sie können sich diese Symbolgruppen jeweils bei Bedarf aus Ihrer Erinnerung suchen, besser ist es allerdings, sich bereits möglichst viele fix vorzubereiten. Außerdem kann man meist besser damit hantieren, wenn die Zahlengruppen (möglichst) alle gleich lang – zweistellig, dreistellig, usw – sind. Aus diesen fixen Gruppen bilden Sie dann Ihre Geschichten.

Beispiel:

Zu merken ist die Ziffernfolge 495603.

49 Zahlen hat das Lotto, 56 ist Ihre Hausnummer, und (0)3 Kinder haben Sie.

Story: „Um Lotto zu spielen, gehe ich zum Tabakladen – auf dem Weg treffe ich meine Kinder."

Wie auch bei anderen Methoden muss hier der assoziierte Begriff selbst nicht unbedingt in der Geschichte vorkommen, es genügt, wenn etwas darin damit unzweifelhaft verbunden wird (zum Tabakladen gehen = das Haus verlassen).

Dennoch ist es fast unmöglich, für alle nötigen Zahlenkombinationen, ja, nicht einmal für alle nur zweistelligen, etwas zu finden, das unverwechselbar und passend ist. Das muss aber auch gar nicht sein! Man kann die vorhanden Kombinationen auf viele Arten biegen und verändern, damit sie auf die Situation passen. Und dieses Herumbasteln verstärkt durch die Bilder im Kopf sogar noch Ihre abstrakten Fähigkeiten.

Zahlengruppen zusammen kleistern

Mit den von Ihnen in ausreichender Zahl ausgewählten Zahlengruppen können Sie mit etwas Kreativität und Fantasie praktisch alle zu merkenden

Zahlenkombinationen, die Ihnen begegnen, „zusammenkleistern".

Das beginnt mit einfachen Bildern: 191 merken Sie sich z. B. so, dass ein Porsche (911) einen Stoß bekommt, so dass die 9 nach innen rutscht!

Weitere Methoden wären:

Zahl verbiegen: 47 – Sie biegen Ihren Schuh, Schuhgröße 42, so zurecht, dass aus der 2 eine 7 wird!

Zahl ankleben: Eine 8 kann auch als zwei 3en (eine verkehrt) oder gleich als 33 gesehen werden.

Zahlen drehen und kippen: Eine 8 um 90 Grad gedreht ergibt 00 und umgekehrt; 9 auf dem Kopf ist 6.

Zahlenteile abbrechen oder ankleben: Eine 8 in der Mitte durchgebrochen wird 0, (0 mit Gürtel wird 8!); klebt man ein Stück an, wird aus einer 6 oder 9 ebenfalls ein 8.

Zahlen umdrehen: 94 wird 49 (wenn Sie Lotto im Kopfstand spielen), 93 wird 39 (Sie gehen verkehrt rum in Ihre Tür Nummer 39).

Zahlenteil oder Ziffern runterfallen lassen: 471 ist das Parfum 4711, bei dem eine 1 „runtergefallen" ist.

Neben diesen optischen Hilfen können Sie auch mathematische Operationen mit einbauen: etwa Multiplikationen und Quadratsummen 0049 (internationale Vorwahl von Deutschland): 7 x 7 = 0049; Grundrechnungsarten: 945 (9-4=5); 1131 (1+1+1=3); Quersummen: „mein Pincode ergibt 9": 1341 (1+3+4+1 = 9).

Sicher fallen Ihnen noch viele weitere „Eselsbrücken" ein.

Übung 70

Finden Sie zu den unten stehenden Zahlengruppen passende Bilder/Assoziationen und schreiben Sie diese daneben – es handelt sich durchgehend um Gruppen, die eine einfache, eindeutige Assoziation zulassen! Versuchen Sie, diese zu finden. Weiter unten stehen unsere Vorschläge dazu. Sollten Sie etwas anderes, für Sie Passenderes gefunden haben, ist das natürlich kein Problem!

1001
1989
365
2001

(1001 – Märchen aus 1001 Nacht,
1989 – Mauerfall,
365 – Tage im Jahr,
„2001 – Odyssee im Weltall" – berühmter Filmtitel)

Merken Sie sich nun folgende Zahlen, Daten und Telefonnummern, indem Sie die gemerkten Zahlengrup-

KOMBINIEREN SIE!

Bei den meisten bislang genannten Methoden kommt es auf einen assoziativen Umgang mit optischen Vorstellungen oder wichtigen Daten und Geschehnissen an. Man kann diese Techniken natürlich auch kombinieren und erzielt damit vielleicht sogar noch viel bessere Ergebnisse. Sie können etwa Bilder aus der Symbolliste zu mathematischen Basteleien hinzufügen: 27 – Poseidon lässt die 9 auf seinem Dreizack (=3) rotieren; 3 x 9 = 27.

Je farbenfroher Sie Ihre Fantasien bebildern, um so besser. Außerdem gelingen diese Tricks mit der Zeit und mit der Übung immer leichter und leichter!

pen verwenden. Aber Achtung: Manchmal müssen Sie die Zahlen (und damit auch die Bilder und Geschichten!) umdrehen, spiegeln, verbiegen, usw.

89 65 002
98.101,563
20.01.1898

Testen Sie in verschiedenen Zeitabständen, wie gut Sie sich noch an diese Zahlen erinnern!

■ Übung 71

Versuchen Sie sich nun, eine eigene Liste von Zahlen und Daten, am besten eine, die Sie wirklich gebrauchen können, mit dieser Methode zu merken. Suchen und verwenden Sie möglichst eindeutige, für Sie wichtige und stimmige Assoziationen.

Zahlen merken per Ziffernblock

Neben den erwähnten assoziativen gibt aber auch noch „direktere" Techniken, sich Zahlen – z. B. Telefonnummern – zu merken. Eine davon benutzt die Buchstaben, welche auf Telefontastaturen und auch auf jedem Handy (etwa um Namen zu notieren) abgebildet sind:

1	2 = ABC	3 = DEF
4 = GHI	5 = JKL	6 = MNO
7 = PQRS	8 = TUV	9 = WXYZ
*	0	#

Die Eins und die Null haben keine eigenen zugeordneten Buchstaben. Daher muss, bzw. darf man diese selbst belegen: etwa mit einem anderen Buchstaben wie Ä oder Ö oder mit bestimmten Funktionen, Farben,

Geräuschen, etc. Mit dieser Grundausrüstung kann man nun Worte und Sätze bilden sowie sich Telefonnummern optisch merken.

Worte bilden

Die meisten Verbindungen ergeben natürlich keinen Sinn, aber durch die vorhandene Auswahl von drei oder vier Buchstaben pro Ziffer, lassen sich schon recht viele Kombinationen zusammenstellen. Wenn Sie etwa ein so genanntes T9-Wörterbuch auf Ihrem Handy haben, das Worte aus Ihren Eingaben selbstständig ergänzt, können Sie das ja mal ein wenig durchprobieren.

Aus 589 wird etwa „Jux", 647 wird z. B. „mir". Was für Sie am besten passt, müssen Sie selber ausprobieren. Für einige Menschen ist es tatsächlich leichter, sich ein sinnloses Wort wie „XYVOJ" statt der Zahl 97856 zu merken! Wenn Sie nun etwa 1 mit „Ä" und 0 mit „laut" belegt haben, wird die Nummer 10489350 zu „Ä-laut-Huzel-laut". Seltsam? Mag sein, aber für viele Menschen eine sinnvolle Methode.

Tatsächliche Worte sind natürlich meist einfacher zu merken: Wenn Sie ein Wort wie „Maus" einmal entdeckt haben, werden Sie Ihren Karten-Code 6287 kaum mehr vergessen.

■ Übung 72

Bilden Sie mit den oben beschriebenen Tasten-Buchstaben eigene Worte zu folgenden Zahlen, Daten und Telefonnummern. Für 0 und 1 wählen Sie bitte selber etwas Eigenes aus!

73 54 987
6543
56.486,56
30.05.2005

Testen Sie in verschiedenen Zeitabständen, wie gut Sie sich noch an diese Zahlen erinnern!

■ Übung 73

Versuchen Sie sich nun, eine eigene Liste von Zahlen und Daten, am besten eine, die Sie wirklich gebrauchen können, mit dieser Methode zu merken. Versuchen Sie dabei, wiederkehrende Zahlenfolgen möglichst immer gleich zu benennen!

Sätze bilden

Satzbautechnik ist etwas schwieriger, mehr Fantasie erfordernd, dadurch aber auch besser verwendbar. Man nimmt hier pro Ziffer einen der Buchstaben, bildet mit diesem ein Wort – und dann mit der ganzen Zahl einen richtigen Satz! Auch hier wählt man für 1 und 0 etwas Eigenes.

Die obige Nummer 10489350 kann bei 1 = laut, 0 = gelb etwa so gebaut werden: „Lautes Gelb? Heinz Verwendet Wieder Das Lautere: gelb!"
Häufig gebrauchte Vorwahlen sollten Sie sich übrigens fix zurechtlegen. Das vereinfacht die Methode.
Übrigens: 1 oder 0 kann man auch mit bestimmten Worten, die fast immer passen (wie „viel" oder „sehr"), belegen.

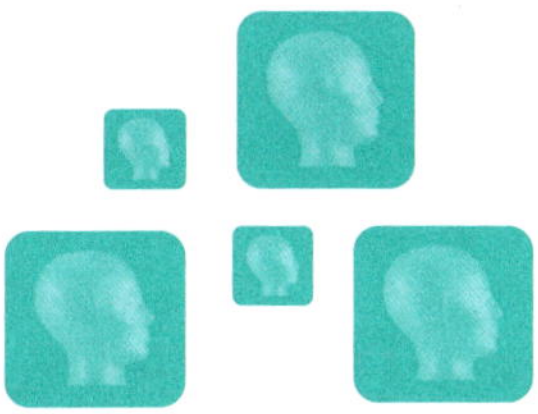

■ Übung 74

Bilden Sie mit den oben beschriebenen Tasten-Buchstaben eigene Worte zu folgenden Zahlen, Daten und Telefonnummern. Für 0 und 1 wählen Sie bitte selbst etwas Eigenes aus!

3409
022 65 – 31 54
27.10.1955
43.575,90

Testen Sie in verschiedenen Zeitabständen, wie gut Sie sich noch an diese Zahlen erinnern!

■ Übung 75

Versuchen Sie sich nun, eine eigene Liste von Zahlen und Daten, am besten eine, die Sie wirklich gebrauchen können, mit dieser Methode zu merken. Versuchen Sie dabei, möglichst sinnvolle Sätze, die leicht zu merken sind, zu bilden!

Telefonnummern optisch merken

Seit dem Ende der Wählscheiben und dem Einzug der Tastentelefone existiert eine weitere Art, sich Telefonnummern zu merken – und zwar mithilfe von „Linienführungen". Viel-

TIPP

Ist die zu merkende Nummer länger, kann man die „gemalte" Tippfolge auch in mehrere Teile aufteilen: H-Dreieck, Quadrat-X... Einzelne Ziffern, die nicht zum Rest dazu passen, könnte man als solche in den Gedankencode einbauen: 7-Quadrat-5-Kreuz etc. Probieren Sie es aus – die Bilder können und sollen von den hier geschilderten deutlich abweichen – denn nur, wenn diese für Sie selbst wirklich schlüssig sind, werden Sie sich die Kombinationen merken können!

leicht ist Ihnen das auch schon einmal aufgefallen: Manchmal bilden die Ziffern, wenn man ihre Tastenabfolge in die Luft zeichnet, ganz bestimmte Buchstaben oder Symbole. Wie ein „H" wirkt etwa 147-5-369, ein Herz könnte man in 514863(5) hinein interpretieren. Natürlich muss man manchmal auch etwas „schummeln" oder „zurecht basteln", aber für manche Nummern ist das tatsächlich die beste Merkmethode. Besonders für kurze Zahlen wie PIN-Codes ist diese Technik sehr gut geeignet: 3719 wäre ein großes „X", 6859 eines von mehreren möglichen kleinen „x". 2356 ist ein Quadrat, 2789 ein Dreieck.

■ Übung 76

Versuchen Sie zu folgenden Ziffernfolgen eine deutliche Zeichnung zu visualisieren. Darunter unsere Vorschläge:

369852
1235789
2580456
12358
4587
6859

(Schmales U rechts; großes Z; großes Kreuz; großes T; kleines Quadrat (links unten); kleines X (rechts unten).

■ Übung 77

Versuchen Sie sich nun, eine eigene Liste von Zahlen und Daten, am besten eine, die Sie wirklich gebrauchen können, mit dieser Methode zu merken. Versuchen Sie dabei, optische Kombinationen zu finden, die für Sie sinnvoll und daher leichter zu merken sind.

Was sich reimt, ist gut!

Eine weitere Erinnerungstechnik bedient sich der alten Hilfsbrücke der Reime. Denn es ist seit Alters her bekannt, dass man sich gereimte Dinge besser merkt. Zuerst suchen Sie für jede Ziffer ein für Sie passendes Reimwort, oder auch mehere. Achten Sie aber auf Überschneidungen: 2 und 3 reimen jeweils auf -ei! Genau festlegen, welches wofür stehen soll! Der Reim muss nicht genau, ja kann sogar ein wenig geschummelt sein. Beispielsweise:

1 = Heinz, Mainz, usw.
2 = Geweih, Seil, usw.
3 = Brei, Wein, usw.
4 = Bier, Stier, usw.
5 = Trümpfe, Sümpfe, usw.
6 = Echs(e), Gewächs, usw.
7 = Rüben, Diebe, usw.
8 = Nacht, Tracht, usw.
9 = Bäume, Scheune, usw.
0 = Mull, Kuller, usw.

Bauen Sie sich nun aus der Telefonnummer oder Zahl eine kleine Geschichte. Die Zahl 786459076 könnte dann so gehen:

„Diebe klauen Nachts Gewächse. Der Stier, nicht in den Sümpfen, sondern in der Scheune, steht neben dem Mull und frisst Rüben. Die anderen Gewächse sind ihm egal."

■ Übung 78

Bilden Sie eine eigene Reimliste oder benutzen Sie unsere. Lernen Sie die Begriffe gut auswendig – oder lesen Sie zum Ausprobieren der Methode die Liste einfach mehrmals gut durch.

Merken Sie sich nun folgende Telefonnummern, Daten und Zahlen mit je einer kleinen Reimgeschichte!

089 - 7451610
32.876,09
10.10.2001

Testen Sie in verschiedenen Zeitabständen, wie gut Sie sich noch an die Reimgeschichten und damit an diese Zahlen erinnern!

■ Übung 79

Versuchen Sie sich nun, einige eigene Zahlen und Daten, am besten solche, die Sie wirklich gebrauchen können, mit dieser Methode zu merken. Seien Sie kreativ – aber möglichst sehr eindeutig in Ihrer Geschichte, um die Verwechslungsgefahr zu minimieren.

Informations-Reduktion

Oft ist es sehr schwer, sich Dinge, vor allem lange und komplizierte, genau und in allen Details einzuprägen. Glücklichweise ist das aber auch nicht immer notwendig.

Sollen Sie etwa für Geschichte die Entstehung des deutschen Reiches lernen, hat es wenig Sinn, den ganzen Text auswendig zu können: Für den Test brauchen Sie Daten, Fakten, Namen und Zusammenhänge. Das gilt für vieles, egal ob Führerschein- oder Weiterbildungsprüfung.

Eine sinnvolle Vorgangsweise ist daher, den zu lernenden Text zu reduzieren – auf die für Sie wichtigsten Inhalte. Dafür gibt es mehrere Methoden:

durchstreichen (das Unwesentliche, Füllsätze, Verweise auf gerade nicht Relevantes)

herausschreiben (die jeweils für Sie wichtigsten Punkte, zentralen Begriffe etc.)

unterstreichen/mit Leuchtstift hervorheben (die wichtigsten Teile eines Absatzes oder die wichtigen Konzepte)

eigene Überschriften machen (den Text so gliedern, dass er für einen selbst in die richtigen Portionen – mit selbst gewählten Überschriften – aufgeteilt wird)

selektives Lesen oder auch informatives Lesen / „rasches Überfliegen" (bei langen, rasch zu erfassenden Texten oder zur Vorarbeit: Man liest nicht den gesamten Text Wort für Wort, sondern sucht bereits während des Lesens mit den Augen nach wesentlichen Stichworten, und springt von Wichtigem zu Wichtigem)

Text nach Themen/Fragestellungen durcharbeiten (nur suchen und wahrnehmen, was gerade für einen wichtig ist)

kursorisches Lesen (man liest den gesamten Text, bemüht sich aber währenddessen, das Wichtige von unwichtigen zu unterscheiden und nur das Wichtige zu behalten – dabei kann man auch schon unterstreichen oder durchstreichen)

in eigenen Worten zusammenfassen (lesen und dann selbst neu formulieren – und aufschreiben!)

Die beste Vorgehensweise ist dabei die der Kombination der verschiedenen Techniken. Das heißt etwa, sich erst einen allgemeinen Überblick verschaffen, dabei schon wichtige Punkte unterstreichen, die einzelnen Teile neu gliedern, diese neuen Teile dann mit eigenen Überschriften – reduziert – herausschreiben.

■ Übung 80

Lesen und bearbeiten Sie den folgenden Text unter Zuhilfenahme einer beliebigen Kombination der obigen Methoden und bereiten in sich so vor, dass Sie nach 10–15 Minuten (sich selber oder einer freiwilligen Testperson) ein kurzes Referat zu dem Thema halten können.
Überprüfen Sie dann, wie genau und zutreffend Ihr Vortrag war.

„Carl Barks und die Enten

Ende der 30er-Jahre fiel einigen amerikanischen Verlegern auf, dass die Figuren aus Zeichentrickfilmen eine Menge Menschen ansprechen würden, wenn sie auch in gedruckter Form und nicht nur auf der Leinwand erscheinen. Comic-Hefte, die auf Zeichentrickfilmen von Walt Disney, den Warner Brothers und anderen Film-Studios basierten, schossen wie Pilze aus dem Boden. „Funny Animals", lustige Comic-Figuren, wurden für viele Jahre Verkaufsschlager bei Kinderzeitschriften. Die amerikanischen Verleger suchten händeringend gute Zeichner und Autoren für ihre bunten Heftchen. So versuchten sie, „direkt an der Quelle" Mitarbeiter der Trickfilmstudios abzuwerben. Viele Trickfilmzeichner und „story men", wie die Trickfilmautoren genannt wurden, versuchten sich neben ihrer normalen Arbeit im Studio mit heimlicher Schwarzarbeit an Comic-Geschichten, um ihr karges Einkommen aufzubessern. Einige wenige, unter ihnen Carl Barks, verließen die Trickfilmstudios für immer.

Von den US-Verlagen, die seit 1939 Geschichten mit Trickfilmfiguren in Comic-Form herausgaben, war die Verlagsgemeinschaft Western und Whitman Publishing die bedeutendste, da sie Lizenzen bekam, die Zeichentrick-Charaktere der größten Studios, insbesondere der von Disney, verlegerisch zu nutzen.

Gegen Ende des Jahres 1942 führte Whitman die Suche nach Autoren und Zeichnern für ihre Disney-Comics zu einem früheren „story man" des Disney-Studios, zu Carl Barks, der nun als Farmer eine kleine Entenzucht betrieb, aber eigentlich auf der Suche nach einer selbstständigen und vor allem unabhängigen künstlerischen Tätigkeit war. Wenn es eine Figur gab, mit der Barks besonders gut umgehen konnte, so war das Donald Duck. Er schrieb bereits 1936 einen genialen Gag für einen der ersten Donald-Duck-Cartoons und war danach an fast allen weite-

DIE „PQRST-METHODE"

Auch „Fünf-Schritt-Methode" für das Lernen mit Texten genannt.

1. Man verschafft sich einen Überblick über den Text.
2. Man formuliert für sich Fragen, die man durch das Lesen des Textes beantwortet.
3. Man liest den Text gezielt auf die eigenen Fragen hin durch.
4. Man wiederholt das Gelesene, indem man versucht, die eigenen Fragen aus dem Gedächtnis zu beantworten.
5. Man überprüft und vergleicht sein Ergebnis noch einmal mit dem Text.

„PQRST" heißt die Methode nach den englischen Worten für die einzelnen Schritte:

P: Preview – Q: Question – R: Read – S: Self Recitation – T: Test

ren federführend beteiligt, insgesamt waren es 36 Filme bis zu seiner Kündigung bei Disney im Jahre 1942. Mit 41 Jahren verließ Barks das Disney-Studio im November 1942 in eine für ihn unsichere Zukunft. Nach sieben Jahren bei Disney hatte Barks vom Arbeitsklima im Studio die Nase voll. Er war immer ein Einzelgänger, kein Teamarbeiter und hasste Großraumbüros. Es dauerte allerdings nur ein paar Wochen, bis der Verlag Whitman bei ihm anklopfte. Ohne große Bedenkzeit sagte er dem Verlag zu, für diesen als freier Mitarbeiter tätig zu werden. Barks wusste sofort, dass dies die Chance seines Lebens war, endlich einmal das tun zu können, was er schon immer tun wollte, Comic-Geschichten zu schreiben und zu zeichnen. Er wurde so zu dem Comic-Pionier, da er am Aufbau eines neuen Mediums, des Comic-Heftes, maßgeblich mitwirkte. Barks erste Geschichte für Whitman als Zeichner und Texter war ein Zehnseiter mit dem Titel „The Mummy's Ring" mit Donald Duck und seinen drei Neffen, die im September 1943 im Monatscomicheft „Walt Disney's Comics & Stories" veröffentlicht wurde. So ging es dann regelmäßig weiter. Bis zu seiner Pensionierung im Jahre 1966 textete und zeichnete er über 500 Geschichten zwischen zehn und 30 Seiten Länge. Auf Drängen seines Verlages schrieb er sogar noch als Rentner Comic-Geschichten, die nun von anderen Zeichnern, nach seinen Vorzeichnungen, fertig gezeichnet wurden, bis er sich 1973 endgültig als Autor und Zeichner aus der Comic-Heftszene verabschiedete."

WUSSTEN SIE, DASS ...

... „Mind Maps" schon im Mittelalter gebräuchlich waren?

Nicht nur in der Antike, auch im Mittelalter beschäftigte man sich mit verschiedenen Methoden der Gedankenstrukturierung.

Der spanische Philosoph Ramon Llull (1232/33–1316) etwa verband auf eine bestimmte Art Wort mit Bild und stellte so seine Gedanken als eine Art „Wissensbaum" dar.

Dieser war den Stammbäumen der Ahnenforschung ähnlich und kann durchaus als ein Vorläufer der heutigen „Mind Mapping"-Methode angesehen werden.

■ Übung 81

Lesen und bearbeiten Sie dieses Kapitel unter Zuhilfenahme einer beliebigen Kombination der obigen Methoden! Bereiten Sie die Methoden der verschiedenen Merktechniken so vor, dass Sie wieder nach ca.10–15 Minuten (sich selber oder einer freiwilligen Testperson) ein kurzes Referat zu dem Thema halten können.

Überprüfen Sie wieder, wie genau und zutreffend Ihr Vortrag war.

Landkarten für den Geist

Die so genannten „Mind Maps" werden immer populärer. Dabei handelt es sich um eine gebräuchliche Methode, Informationen oder Ideen zu ordnen und zu behalten. „Mind Mapping" ist ein eingetragener Begriff, dessen Inhalte in Buch und Computerprogrammform angeboten werden. Aber natürlich liegen dieser Methode einige altbekannte und althergebrachte Merk-Methoden zu Grunde, die allerdings auf den neuesten Stand gebracht und für die speziellen Bedürfnisse der Nutzer optimiert wurden.

Eigentlich ist es ganz simpel: Im Grunde geht es nur darum, sich die zu behaltenden Inhalte auf ein Blatt Papier aufzuschreiben. Allerdings macht man dabei keine üblichen Listen oder Stufen-Reihen mit Unterpunkten (etwa „Baumdiagramme"). Vielmehr werden die Begriffe auf verschiedenen Stellen des Blattes aufgezeichnet und mit verschiedenartigen Linien untereinander verbunden. Das aber nicht zufällig, sondern

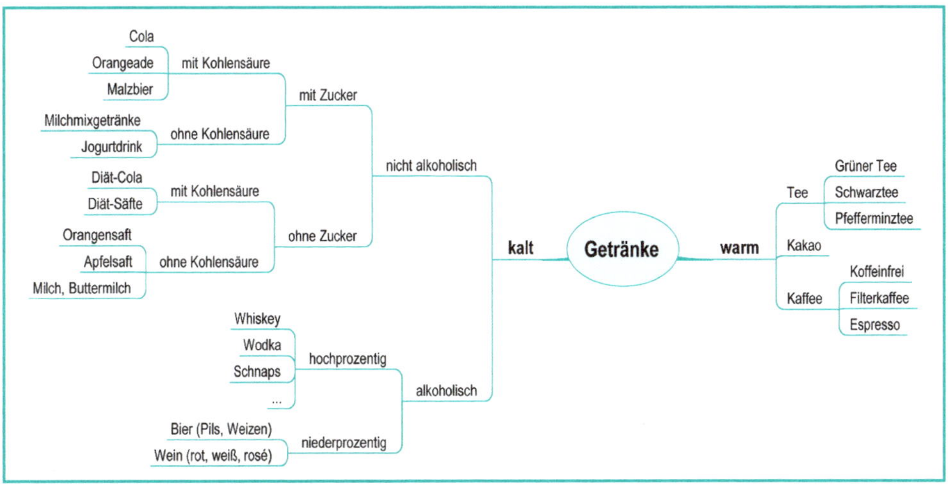

nach einem strengen, logischen Aufbau, der der Wichtigkeit der Ideen und Dinge entspricht – bzw. so, wie diese Dinge normalerweise, eben assoziativ in unserem Hirn gespeichert werden. Meist geht man in zwei Phasen vor.

Nehmen wir die Planung des Buffets einer Party. Zuerst schreiben Sie alles auf, das Ihnen einfällt: Getränke, Essen, warm, kalt, Süßes, Vegetarisches für Max, Knabbergebäck, Sushi, etc.

Danach suchen Sie sich einen (oder mehrere) Zentralbegriffe heraus und schreiben diesen (oder diese) in die Mitte Ihres Zettels.

Etwa „Getränke". Machen Sie einen Kreis oder eine Wölkchenlinie um diesen Begriff. Das ist Ihr „Stamm".

Führen Sie nun einen Ast (eine Linie) von der Mitte einige Zentimeter weit weg und schreiben Sie „warm" hin. Von dort führen Sie eine weitere Linie weg zu einer kleinen Liste: „Tee, Kaffee, Kakao, etc." Falls nötig können Sie diese Liste noch einmal erweitern: „Grüner Tee, Schwarztee, Pfefferminz, etc.", „Koffeinfreier Kaffee, Espresso, etc."

Auf der anderen Seite des Stammes schreiben Sie den Begriff „kalt" hin. Von dort führen Sie gleich zwei weitere Linie zu den Knotenpunkten „alkoholisch" und „nicht-alkoholisch". Diese können Sie noch ein paar mal aufsplitten („mit Kohlensäure", „ohne Kohlensäure", „mit Zucker", „zuckerfrei", etc.) bevor Sie zu endgültigen kleinen Listen kommen.

Die Vorteile dieser Methode liegen auf der Hand: Durch das Organisieren in Bereiche oder Cluster können Sie sich jeweils in einem Bereich besser orientieren, neue Assoziationen finden, sicher gehen, möglichst keine Eventualität zu vergessen. Wird ein Unterpunkt zu ausufernd, übertragen Sie ihn auf ein neues Stück Papier – als neuen Stamm eines neuen Diagramms!

Möglichkeiten der Nutzung

Diese Gedächtnislandschaften sind sehr nützlich und vielseitig einsetzbar. Etwa beim Vorbereiten einer Rede zu einem Thema. Aber auch persönliche Ziele und Strategien lassen sich so optisch – und damit übersichtlicher! – darstellen und verdeutlichen. Man kann solche Diagramme auch zum Aufteilen von Lernstoff, oder für Lernstoff selbst benutzen, da man damit abstraktes Wissen auf eine individuelle Art darstellen und organisieren kann. Deswegen funktionieren diese Pläne so gut, und deswegen sind sie auch nicht gut zum Weitergeben von Informationen geeignet. Denn jeder assoziiert anders!

„Profi"-Methoden

Als weitere Hilfsmittel kann man noch die verschiedenen Abzweigungen/Hierarchien optisch verschieden darstellen. Etwa durch verschiedene Schriftarten (Großbuchstaben, Kleinschrift, etc.), verschiedene Farben oder verschiedene Formen (in Kreise setzen, in Quadrate) und Zeichnungen (Skizzen, die den Punkt individuell deutlich hervorheben – eine Flasche für „kalte Getränke"). Verschiedene Endpunkte, die aber miteinander zu tun haben, kann man auch nachträglich – etwa mit gestrichelten Linien – verbinden, etc. All das können Sie natürlich noch durch eigene Ideen und Kreationen ergänzen. Die Möglichkeiten sind fast endlos.

■ Übung 82

Ergänzen Sie die Party-Getränke-„Landkarte" um eine weitere Karte für das Büfett. Beginnen Sie mit dem Stamm „Essen" und arbeiten Sie sich analog zur Karte „Getränke" durch die Bereiche.
Hier ein paar Anregungen. Sie müssen aber nicht alles davon verwenden. Ergänzen sie diese außerdem noch um eigene Details und Speisen. Eine „richtige" oder „falsche" Karte gibt es übrigens nicht – jeder Mensch würde individuell eine eigene Karte je nach seinen Assoziationen schaffen!

Anregungen fürs Büffet:
kalt, warm, süß, salzig, Diät, salzlos, Aufstriche, Brotsorten, Besteck, Teller, Pappbecher, Gabeln, Obst, Kuchen, Torte, Fisch, Fleisch, für Diabetiker, Suppen, Huhn, Avocado, Essiggurken, Salate, Soßen...

Übung 83

Nutzen Sie nun diese Technik, um damit etwas für Sie tatsächlich Wichtiges zu planen oder zu organisieren. Hier ein paar Anregungen, wie Sie diese Seite nutzen könnten:
Umgestaltung Ihrer Garage/Ihres Werkraums; Suche nach einem passenden Beruf; Organisation Ihres Kleiderschranks; Urlaubsplanung; Vorbereitung auf eine Prüfung; Wochenendeinkäufe; Arbeitsplan für einen Monat; Aufräumen im Haus...

Kreativität

Das Wort Kreativität geht auf das lateinische Wort „creare" zurück – und das heißt nichts anderes als „erschaffen, schöpfen". Kreativität ist somit die Fähigkeit – aus sich selbst heraus – Neues zu erschaffen, neue Ideen, neue Gedanken. Tatsächlich ist jeder Mensch kreativ, sonst könnten wir gar nicht überleben. Täglich werden wir auf allen Gebieten mit immer Neuem konfrontiert, und sei es nur ein neues Fertiggericht im Supermarkt. Neben Intelligenz und Konzentration benötigen wir eigentlich immer auch Kreativität, um unsere Aufgaben zu bewältigen. Im Falle des Supermarktgerichts würde uns zwar beim Zubereiten, der richtigen Auswahl der Pfanne etc., die Logik beistehen, es braucht aber Kreativität, um zu wissen, wann und wie man das Gericht am besten womit serviert und genießt. Kreativität hat also jeder, aber nicht jeder nutzt sie gleichermaßen. Man kann auch zwischen *praktischer* und die *künstlerischer* Kreativität unterscheiden, wobei die praktische Kreativität der Findung auch ungewöhnlicher Lösungswege dient, die künstlerische Kreativität eher dem Schöpfen von neuen Kunstwerken, aber auch etwa dem Stricken oder Blumen arrangieren. Viele Leute halten sich jedoch selbst für unkreativ. Das ist aber erstens nicht richtig und kann zweitens trainiert werden. Wobei auch das Gefühl, nicht kreativ sein zu können, gleich mit wegtrainiert wird! Aber kann man Kreativität denn so einfach lernen? Ja und nein. „Lernen" ist wahrscheinlich der falsche Ausdruck. Denn jeder von uns wird mit einem gewissen Maß an Kreativität geboren. Je nach der persönlichen Entwicklung, etwa ob wir als Kind besonders gefördert wurden oder ob es in unserem Leben oft notwendig war, die verschiedensten Probleme kreativ zu lösen, hat sich diese Fähigkeit dann besser oder schwächer entwickelt. Wie ein Muskel, den man trainieren kann. Mancher von uns hat vielleicht genetisch die besseren Anlagen für starke Muskelbildung, aber erst das regelmäßige und konsequente Training wird die Muskeln bilden. Ein genetisch schwächer angelegter Muskel, der konsequent trainiert wird, kann sich oft besser entwickeln, als ein genetisch hervorragend disponierter Muskel, der nie eingesetzt, geschweige denn trainiert wird. Genauso kann man auch

Kreativität trainieren. Und das Schöne daran: Das „Training" von Kreativität ist – etwa im Gegensatz zu anderen körperlichen Übungen oder geistiger Arbeit wie Auswendiglernen – ganz und gar nicht anstrengend. Im Gegenteil: Kreativität zu trainieren ist ein rein spielerischer Vorgang, muss es sogar sein! Das heißt, Sie haben Spaß, werden sich sicher sogar oft über Ihre eigenen Ergebnisse amüsieren – und tun dennoch etwas, das für Sie und Ihren persönlichen Erfolg in jeder Hinsicht, egal ob beruflich oder privat, sehr wichtig ist! Hier noch ein paar Stichworte, die im Zusammenhang mit Kreativität von Bedeutung sind:

Visualisierungen und Assoziationen

Ein wesentlicher Punkt beim Einüben von Kreativität sind Visualisierungen und Assoziationen. Visualisierungen sind eigentlich für alle Bereiche unserer Denkarbeit sehr wichtig. Ähnlich sieht es bei den Assoziationen aus. Viele kreative Übungen basieren auf assoziativem Denken. Und auch dieses ist bereits fix in Ihrem Hirn eingebaut und wird täglich ausgeübt.

■ Übung 1

Nutzen Sie die Übungen im Bereich „Gedächtnis", die mit Visualisierungen und Assoziationen arbeiten, um Ihre Kreativität zu trainieren! Konzentrieren Sie sich dabei jeweils nicht auf das Ergebnis der Übung, sondern auf den kreativen Prozess, der dorthin führt!

Negative Gedanken und positives Denken

Es gibt aber noch weitere Faktoren, welche die Kreativität beeinflussen. Dazu gehören auf der Minus-Seite vor allem „negative Gedanken" und Zustände wie Stress, Frust, Müdigkeit, geistige Erschöpfung ... Wenn Sie auf die eine oder andere Art unruhig oder negativ eingestellt sind, wird es Ihnen, solange diese Zustände anhalten, schwer fallen, positive, kreative, erfolgreiche Lösungen und Ideen zu entwickeln! „Positives Denken" kann man nicht verordnen. Im Gegenteil: In einer Welt, die vielerorts von Hektik, Sorge und Krisen geprägt ist, werden Menschen, die positiv denken oder es zumindest versuchen, oft belächelt oder sogar angefeindet und als naive Optimisten verspottet. Dabei geht es beim positiven Denken um etwas ganz anderes. Sie müssen nicht gleich glauben, dass sich alle kriegerischen Konflikte der Welt innerhalb eines Jahres lösen werden, um positives Denken auszuüben. Es genügt schon, wenn Sie an eine bestimmte Übung mit der Zuversicht herangehen, diese gut bewältigen zu können und davon viel zu profitieren. Dieser kurze Moment des positiven Denkens wird Ihnen dann tatsächlich dabei helfen, diese Ziele zu erreichen. Wenn Sie negativ gestimmt an dieselbe Sache herangehen, wird Ihr Ergebnis in den meisten Fällen auch nicht so berauschend ausfallen.

■ Übung 2

Nutzen Sie die Entspannungs- und Atemübungen im Kapitel „Konzentration", um sich in eine ruhige, positive Stimmung zu bringen, bevor Sie versuchen, kreative Tätigkeiten auszuführen. Je ruhiger und ausgeglichener Sie sind, desto leichter und flüssiger werden Ihre „kreativen Muskeln" arbeiten. Stress ist dagegen einer der größten Kreativitätskiller.

Blockaden und wie man damit umgeht

Auch professionellen „Kreativen" passiert es immer wieder einmal, dass einfach nichts weiter geht. Besonders berühmt ist in diesem Zusammenhang die so genannte „Schreibblockade", auch als die „Angst vor dem weißen Blatt Papier" bekannt. Diese betrifft in erster Linie Schriftsteller, kann aber auch Journalisten oder ganz andere Menschen, die etwas schreiben müssen – etwa Studenten – betreffen. Ähnliches berichten manchmal auch Maler, wenn sie mit gemischten Farben vor der Staffelei stehen und meinen, keinen sinnvollen Strich auf die Leinwand zu bekommen. Hinter diesen Blockaden und Hemmungen steckt meistens nichts anderes als Angst. Das kann die Angst davor sein, nichts Vernünftiges aufs Papier zu bekommen, schlechter zu sein, als das letzte Mal, von Kollegen oder Kritikern verspottet zu werden oder auch einfach eigenen Ansprüchen nicht zu genügen. So verschieden die Ursachen für diese Ängste und Blockaden auch sind, sie lassen sich meist relativ leicht durchbrechen. Außer es handelt sich um schwer wiegende, pathologische Zustände, dann ist ein Arzt oder Therapeut gefragt! Man kann solche Blockaden beseitigen, indem man Entspannungsübungen macht, oder durch einen kurzfristigen Ortswechsel (in einen anderen Raum, ein kurzer Spaziergang) oder durch einige der eher spielerischen Methoden in diesem Kapitel. Nehmen Sie eine der für Sie sympathischeren Übungen und führen Sie sie durch – eventuell sogar mit einer anderen Fragestellung als Ihr aktuelles schöpferisches Problem. Machen Sie eine Weile „Nonsense-Brainstorming"; auch wenn die Ergebnisse vermutlich danach nur zum Wegwerfen taugen, haben Sie doch Ihren Kopf etwas entspannt und frei gemacht, sowie Ihre Kreativität vermutlich genug angeregt, um sich ohne Angst nunmehr wieder an Ihr konkretes Projekt wagen zu können!

■ Übung 3

Versuchen Sie es selbst! Stellen Sie sich ein kniffeliges Problem, und notieren Sie dazu Lösungen, bis Ihnen keine mehr einfällt. Unterbrechen Sie dann bewusst und versuchen etwas ganz anderes, etwa eine der Problemlösungsmethoden mit einer absurden Frage („Wie könnte man am besten alle Frösche Deutschlands blau färben?"). Wenden Sie sich dann wieder Ihrem Problem zu – mit ziemlicher Sicherheit werden Sie mehr, neue und vermutlich auch kreativere Ideen und Lösungen finden!

Haben Sie Spaß!

Eine der wichtigsten Voraussetzungen für kreatives Arbeiten ist die Freude, der Spaß am Tun. Nun macht einem natürlich nicht jede Art von Arbeit, selbst wenn sie kreative Elemente enthält, unbedingt immer Spaß. Versuchen Sie dennoch, das Freudvolle in Ihrem Tun zu erkennen und positiv zu verstärken. Bald werden Sie auch positiver gestimmt sein und leichter zu Ergebnissen kommen – was wiederum Ihre Laune heben wird! Nutzen Sie auch sonst den Humor als „Kreativitätsquelle"! Sehen Sie sich lustige Filme an, lesen Sie humorvolle Bücher oder Comics ... Humor und Lachen entspannen Geist und Körper und steigern damit Ihr kreatives Potenzial.

■ Übung 4

Verfahren Sie wie bei der Übung zum Thema Blockaden. Sehen Sie, wie eine humorvolle Unterbrechung sich auf Ihre kreative Leistung auswirkt. Aber Achtung: Sie sollten etwas wählen, dass Sie tatsächlich als lustig empfinden, nicht was andere oder die Allgemeinheit Ihnen als humorvoll einreden wollen!

Kreative Stimmung

Um sich in kreative Stimmung zu bringen, sind wieder einige Faktoren wichtig:

Atmosphäre: Bemühen Sie sich um eine Umgebung, in der Sie sich wohl fühlen! Gestalten Sie die Stätte Ihres Wirkens, so wie es Ihnen am besten gefällt – mit Musik, die Sie mögen, Farben, die Ihnen liegen, Dekorationen ... Nutzen Sie dazu auch die Tipps im Bereich „Konzentration".

Bewegung: Bewegung ist nicht nur gut, um Blockaden zu lösen, viele Menschen finden, dass sie gerade beim spazieren gehen oder Rad fahren besonders „leicht" und kreativ denken können.

Sinne: Um kreative Ergebnisse zu erhalten empfiehlt es sich, alle Ihre Sinne (von Hören über Sehen bis zu Riechen!) einzusetzen. Günstig dabei ist zu wissen, welche Art von Sinnestyp Sie sind. Achten Sie einmal darauf, mit welchen Ihrer Sinne Sie Ihre Umwelt bevorzugt und am liebsten wahrnehmen. Mögen Sie lieber sanfte Worte oder Berührungen? Schmecken Sie ein gutes Essen lieber, als dass Sie es riechen?

Das Wissen, ob Sie nun ein eher visueller, auditiver, taktiler, olfaktorischer oder gustatorischer Typ sind, lässt sich gut bei Problemlösungen einsetzen. Trainieren Sie aber bewusst auch die Sinne, die Ihnen sonst nicht so liegen! Gerade in der Beschäftigung mit eher Seltenem, Fremdem, ja, Unbekanntem liegt oft der Schlüssel zu neuen Erkenntnissen und kreativen Lösungen!

Übung 5

Finden Sie heraus, welcher Sinnestyp Sie sind und welche Sinne bei Ihnen die geringste Rolle spielen. Trainieren Sie diese dann bewusst: Essen und kauen Sie langsam, kitzeln Sie sich mit einer Feder, hören Sie einem Musikstück oder Vogel genau zu, betrachten Sie aufmerksam ein Gemälde, riechen Sie an verschiedenen Blumen und Blüten ... Beobachten Sie dabei genau, was in Ihnen vorgeht. Hat sich Ihre Wahrnehmung verändert? Hatten Sie spontane Assoziationen? Notieren Sie eventuell Ihre Eindrücke. Was auch immer dabei herauskommt, Ihre Kreativität wird dadurch auf jeden Fall angeregt.

Weiter oben haben wir Ihnen bereits versprochen, dass das Üben und Trainieren der Kreativität Spaß macht. Nun wollen wir das mal mit einer Aufwärmübung versuchen:

Aufwärmübung 1

Überlegen Sie sich, was man noch alles mit einem Handtuch anfangen kann, außer sich abzutrocknen! Denken Sie sich mindestens 20 Möglichkeiten aus und schreiben Sie diese auf ein Blatt Papier!

Noch ein paar Tipps: Versuchen Sie, möglichst locker und ohne Stress Antworten zu finden. Lassen Sie sich Zeit, lassen Sie Ihre Gedanken schweifen. Blicken Sie in Ihrer Umgebung herum, und stellen Sie sich bildlich vor, was Sie alles mit einem Handtuch an verschiedenen Stellen anfangen könnten. Lassen Sie dabei auch scheinbar dumme und widersinnige Ideen zu!

Hier, nicht als „Lösungen", sondern als Vorschläge, einige der unzähligen Möglichkeiten:

- zum Verdunkeln über eine Lampe werfen
- ein Geschenk darin einwickeln
- als Faschingskostüm anziehen
- als Einlage in den Schrank legen
- mehrere Handtücher als Bettüberwurf oder Patchworkdecke zusammennähen
- als Vorhang verwenden
- dem Hund als Hundedecke geben
- zum Polieren – etwa des Autos – verwenden
- als Turban aufsetzen
- als Mundschutz bei Rauchentwicklung verwenden
- als Wandschmuck aufhängen

- als Liegeunterlage auflegen
- zum Einwickeln zerbrechlicher Gegenstände verwenden
  als Bucheinband verwenden
- eingerollt als Nackenrolle benutzen
- jemandem damit die Augen verbinden
- gegen Zugluft vor eine Fensterritze legen
- mit dem Baby „Kuckuck" damit spielen
- als Zierkissen verwenden
- als Armbinde bei verletztem Arm nehmen
- als Decke benutzen
- nach Fliegen damit schlagen
- als Schal umhängen

etc.

Wie ist es Ihnen ergangen? Hatten Sie Spaß oder war es mühsam, Ihre Assoziationsgabe mit dieser Aufgabe zu beschäftigen? Eigentlich sollte diese Übung Spaß gemacht haben. Falls aber doch nicht, sehen Sie sich unsere Vorschläge an und vergleichen Sie diese mit Ihrer Liste – oder Dingen, die Sie dann doch nicht aufgeschrieben haben. Vielleicht hatten Sie zu hohe Erwartungen an sich selbst (dann entspannen!) oder hielten einige Ideen für zu albern. „Zu albern" gibt es aber gerade bei Kreativitätsübungen gar nicht! Oft „enthemmt" gerade die dümmste Idee am meisten, lockert Blockaden und hilft so der Entstehung von „sinnvollen" kreativen Ideen!

■ Aufwärmübung 2

Machen Sie die Übung gleich noch mal. Diesmal mit einem Bleistift! Wie wäre der denn als Blumenstütze? Türstopper? Hebel für kleine sperrige Laden? Balancierübung?

■ Aufwärmübung 3

Und gleich noch mal! Was könnte man alles mit einer Computermaus (inklusive Kabel) noch anfangen? Wäre doch ein netter Halsschmuck, oder vielleicht...

Geistesblitze hat man einfach – oder?

Neben „erarbeiteten" kreativen Lösungen gibt es freilich auch die oft mythisch verbrämten Geistesblitze und spontanen Eingebungen. Eins vorweg: Ja, es gibt sie. Nur entstehen diese Ideen meistens weder so besonders spontan noch blitzartig, wie man glauben möchte. Denn wie kreativ Ihre Ideen auch immer sind: Im Prinzip bestehen sie immer aus der (neuen) Kombination von Wissen, das Sie bereits besitzen! Denn ob bewusst oder unbewusst, Ihr Gehirn kann immer nur das kombinieren, das bereits in ihm drin ist. Darum brauchen kreativ arbeitende Menschen auch immer neuen „Input" – sei es durch Kino- oder Theaterbesuche, dem Lesen von Büchern, dem Besuchen von Seminaren oder durch permanente Fortbildung. Haben Sie einen Geistesblitz, dann können Sie ziemlich sicher sein, dass Ihr Kopf, oder zumindest der unbewusste Teil Ihres Geistes, schon seit einer geraumen Zeit an dieser Idee oder Problemlösung arbeitet. Sei es, dass Ihnen endlich eine Idee kommt, wie Sie Ihren Garteneingang schöner gestalten können, sei es, dass Ihnen die rettende Idee für ein bereits zum Scheitern verurteiltes Firmenprojekt einfällt – in all diesen Fällen war Ihnen das Problems schon länger vorher, bewusst oder unbewusst, bekannt und Ihr Geist hat „im Hintergrund" unter Ausnutzung aller Ihrer Ressourcen daran gearbeitet. So entstehen auch Ideen, die einem „im Schlaf" kommen. Denn auch wenn Sie schlafen, schaltet Ihr Gehirn nicht völlig ab, sondern arbeitet weiter an der Zuordnung von an diesem Tag Erfahrenem und Gelerntem – und auch an der Lösung von Proble men. Das Ergebnis kann sich dann plötzlich und unerwartet mitten in einer ganz anderen Situation als Geistesblitz manifestieren! Besonders kreativ ist man übrigens knapp vor dem Einschlafen und in der Aufwachphase – weshalb kurze Nachmittagsschläfchen oft sehr kreativitätssteigernd wirken! Ist man in der kreativen Lösung von Problemen geübt, hat man viel öfter solche Geistesblitze – und kann sie auch in kurzer Zeit nach einer Problemstellung manifestieren. Siehe dazu auch weiter unten bei „Brainstorming". Freilich kann man das Haben von Geistesblitzen nicht direkt lernen oder trainieren – übt und verbessert man seine kreativen Fähigkeiten aber konsequent, dann wird auch die Häufigkeit von spontanen Eingebungen deutlich zunehmen!

Übungen zur Kreativitätssteigerung

Beginnen wir nun mit der spielerischen Einleitung zum Thema Kreativitätssteigerung.

In den folgenden Übungen geht es um freie Entfaltung Ihrer Ideen. Lassen Sie keinerlei Beschränkungen zu – alles ist erlaubt und möglich! Es geht nicht um sinnvolle Antworten oder Plausibilität, sondern darum, Ihren Geist aus festgefahrenen Bahnen zu befreien und neue Verbindungen zwischen Ihren Synapsen im Gehirn zu schaffen! Schreiben Sie die Antworten auf – das verstärkt den Effekt! Methoden zur konkreten Problemlösung finden Sie dann im zweiten Teil dieses Kapitels.

Logische Konsequenzen unmöglicher Ereignisse

■ Übung 6

Die folgendenden Übungen sind in Dreier-Gruppen geteilt. Bearbeiten Sie immer nur drei Themen, bis Sie fertig sind. Springen Sie aber ruhig zwischen den drei Themen hin und her.
Also, überlegen Sie sich mindestens fünf Dinge, die passieren würden, wenn …

- in jedem Dorf eine andere Sprache gesprochen würde?

____

____

____

____

____

- Frauen und Männer Kinder bekommen könnten?

____

____

____

____

____

- Cäsar heute leben würde?

____

____

____

____

____

■ Übung 7

Überlegen Sie sich mindestens fünf Dinge, die passieren würden, wenn …

- es nur ein Geschlecht unter den Menschen gäbe?

____

- Sie 100 Jahre in die Zukunft reisen könnten?

- jeder Kieselstein der Welt plötzlich zu Gold würde?

Übung 8

Überlegen Sie sich mindestens fünf Dinge, die passieren würden, wenn …

- nur noch Kinder Politiker sein dürften?

- man unter Wasser atmen könnte?

– die Autos mit Bier fahren würden?

– Die Meere der Welt zu Eis würden?

Übung 9

Überlegen Sie sich mindestens fünf Dinge, die passieren würden, wenn ...

– Kinder erst mit sechs Jahren sprechen könnten?

– alle Bäume plötzlich zu Apfelbäumen würden?

Übung 10

Überlegen Sie sich mindestens fünf Dinge, die passieren würden, wenn ...

– alle Menschen auf den Händen gehen würden?

Übung

Überlegen Sie sich mindestens fünf Dinge, die passieren würden, wenn...

- der Mond aus Käse wäre?

- jeder Mensch einen Computer im Kopf eingebaut hätte?

- jeder Mensch ein Handy im Kopf eingebaut hätte?

- man immer nur Sätze mit drei Worten sagen könnte?

– alle Menschen Glatzen hätten?

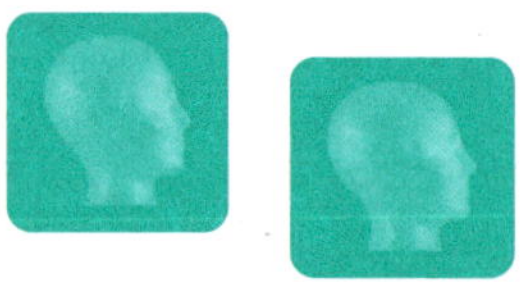

■ Übung 11

Erweitern wir nun die Übung: Stellen Sie selbst möglichst ausgefallene Fragen und beantworten Sie diese gleich selbst je fünfmal!

Was wäre, wenn ____________

____________?

Was wäre, wenn ____________

____________?

Was wäre, wenn ____________

____________?

■ Übung 12

Was wäre, wenn ____________

____________?

Was wäre, wenn ______________________

____________________________________?

Was wäre, wenn ______________________

____________________________________?

Übung 13

Was wäre, wenn ______________________

____________________________________?

Was wäre, wenn ______________________

____________________________________?

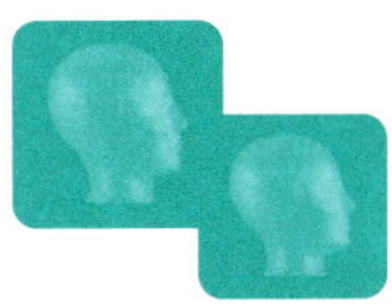

Was wäre, wenn ____________

____________________?

____

____

____

____

____

■ Übung 14

Was wäre, wenn ____________

____________________?

____

____

____

____

____

Was wäre, wenn ____________

____________________?

____

____

____

____

____

Was wäre, wenn ____________

____________________?

____

____

____

____

____

Freie Assoziation

■ Übung 15

Schreiben Sie möglichst viele Ideen und Assoziationen zu den folgenden Worten auf.

Alles ab 50 Antworten ist gut. 100 wären besser. Auch zu „schwierigen" Worten und Begriffen aus einem scheinbar engen Umfeld lassen sich viele Assoziationen finden – denken Sie an die Handtuchübung! Versuchen Sie dabei, einfach verschiedenste Bereiche abzudecken, dann geht es leichter!

Beispiel „Obst":
Obstarten – Apfel, Birne, Orange, etc.
Handlungen – pflücken, kaufen, schälen, etc.
Umfeld – Obstgarten, Supermarkt, Schale, etc.
Farben – grün, rot, gelb, etc.
Geruch – saftig, fruchtig, keiner, etc.
Teile – Schale, Fruchtfleisch, Kerne, etc.
Redensarten – „Der Apfel fällt nicht weit vom Stamm", „Die Kirschen in Nachbars Garten", etc.
Filme – „Bananas", „Uhrwerk Orange", „Wilde Erdbeeren" , etc.
Personen – Kai Pflaume, etc.
Diverses – „The Big Apple", Bananenflanke, Obstkuchen, Obstkur, etc.
usw.
Auch diese Übung absolvieren Sie am besten in Dreiergruppen:

Zehe

____

____

____

____

____

Uhr

____

____

____

____

____

Schiff

____

____

____

____

____

■ Übung 16

Gerhard Schröder

____

____

____

____

Mainz

Hamburger

■ Übung 17

Spanien

Wurzel

Blei

■ Übung18

Limousine

Oma

Durst

■ Übung 19

Hammer

Malkasten

Hut

Übung 20

Jetzt die Erweiterung: Erfinden Sie selbst eher ausgefallene Worte und Begriffe in Dreiergruppen und finden Sie möglichst viele Assoziationen dazu!

Begriff: ____________________

Begriff: ____________________

Begriff: ____________________

Übung 21

Begriff: ____________________

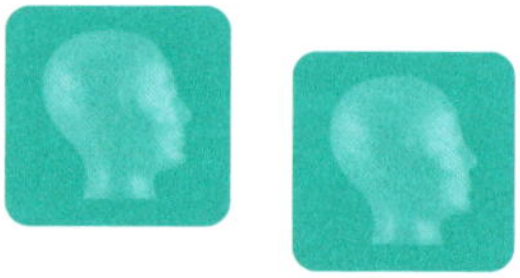

Begriff: ____________________

Begriff: ____________________

■ Übung 22

Begriff: ____________________

Begriff: ____________________

Begriff: ____________________

■ Übung 23

Nutzen Sie nun Ihre Kreativität und Assoziationsgabe, um folgende Probleme möglichst elegant zu lösen. Finden Sie je 10 Lösungen. Auch hier kann auf den ersten Blick Absurdes eine sinnvolle Möglichkeit sein. Aber bleiben Sie bei dieser Übung auf dem Boden der Realität. D. h. schreiben Sie nur, dass Sie Ihrem Sohn wegen des vergessenen Geburtstages ein Motorboot kaufen würden, wenn Sie sich das auch leisten können!

Sie haben den Geburtstag Ihres Sohnes vergessen!

1 ____________________

2 ____________________

3 ____________________

4 ____________________

5 ____________________

6 ____________________

7 ____________________

8 ____________________

9 ____________________

10 ____________________

Übung 24

Sie haben sich aus der Wohnung ausgesperrt!

1 ____________________

2 ____________________

3 ____________________

4 ____________________

5 ____________________

6 ____________________

7 ____________________

8 ____________________

9 ____________________

10 ____________________

Übung 25

Sie müssen zur Arbeit und Staus legen den gesamten öffentlichen Verkehr still!

1 ____________________

2 ____________________

3 ____________________

4 ____________________

5 ____________________

6 ____________________

7 ____________________

8 ____________________

9 ____________________

10 ____________________

Übung 26

Sie kommen am Urlaubsort an und haben Ihre Brieftasche mit allen Bank-Karten verloren!

1 ______________________________

2 ______________________________

3 ______________________________

4 ______________________________

5 ______________________________

6 ______________________________

7 ______________________________

8 ______________________________

9 ______________________________

10 ______________________________

Übung 27

Sie wollen aus dem Urlaub zurückfliegen und der Flughafen wird drei Tage bestreikt!

1 ______________________________

2 ______________________________

3 ______________________________

4 ______________________________

5 ______________________________

6 ______________________________

7 ______________________________

8 ______________________________

9 ______________________________

10 ______________________________

Übung 28

Sie haben einen alten Freund auf der Straße verwechselt und mit falschem Namen angesprochen!

1 ______________________________

2 ______________________________

3 ______________________________

4 ______________________________

5 ______________________________

6 ______________________________

7 ______________________________

8 ______________________________

9 ______________________________

10 ______________________________

Übung 29

Am Meer zum Badeurlaub angekommen stellen Sie fest, dass ein Tief auf Tage für wirklich kühle Temperaturen sorgt!

1 ____________________

2 ____________________

3 ____________________

4 ____________________

5 ____________________

6 ____________________

7 ____________________

8 ____________________

9 ____________________

10 ____________________

Übung 30

Großer Wasserrohrbruch in Ihrer Gegend! Das Wasserwerk sagt, es wird zwei Tage kein Wasser geben!

1 ____________________

2 ____________________

3 ____________________

4 ____________________

5 ____________________

6 ____________________

7 ____________________

8 ____________________

9 ____________________

10 ____________________

Übung 31

Mitten während einer schriftlichen Prüfung fällt Ihnen Ihre Kontaktlinse zu Boden und ist nicht zu finden!

1 ____________________

2 ____________________

3 ____________________

4 ____________________

5 ____________________

6 ____________________

7 ______________________________

8 ______________________________

9 ______________________________

10 ______________________________

Übung 32

Sie brechen sich beim Sport beide Arme und müssen sie einen Monat in Gips lassen!

1 ______________________________

2 ______________________________

3 ______________________________

4 ______________________________

5 ______________________________

6 ______________________________

7 ______________________________

8 ______________________________

9 ______________________________

10 ______________________________

Übung 33

Ihr Mann/Ihre Frau besteht darauf, nach Australien auszuwandern!

1 ______________________________

2 ______________________________

3 ______________________________

4 ______________________________

5 ______________________________

6 ______________________________

7 ______________________________

8 ______________________________

9 ______________________________

10 ______________________________

Übung 34

Sie erben überraschend eine Pferdezucht!

1 ______________________________

2 ______________________________

3 ______________________________

4 ______________________________

5 ______________________________

6 ______________________________

7 ______________________________

8 ______________________________

9 ______________________________

10 ______________________________

Übung 35

Stellen Sie sich fünf weitere schwierige oder unangenehme Situationen vor und finden Sie je 10 Lösungen:

Situation: ______________________________

1 ______________________________

2 ______________________________

3 ______________________________

4 ______________________________

5 ______________________________

6 ______________________________

7 ______________________________

8 ______________________________

9 ______________________________

10 ______________________________

Übung 36

Situation: ______________________________

1 ______________________________

2 ______________________________

3 ______________________________

4 ______________________________

5 ______________________________

6 ______________________________

7 ______________________________

8 ______________________________

9 ______________________________

10 ______________________________

■ Übung 37

Situation: ______________________

1 ______________________

2 ______________________

3 ______________________

4 ______________________

5 ______________________

6 ______________________

7 ______________________

8 ______________________

9 ______________________

10 ______________________

■ Übung 38

Situation: ______________________

1 ______________________

2 ______________________

3 ______________________

4 ______________________

5 ______________________

6 ______________________

7 ______________________

8 ______________________

9 ______________________

10 ______________________

■ Übung 39

Situation: ______________________

1 ______________________

2 ______________________

3 ______________________

4 ______________________

5 ______________________

6 ______________________

7 ______________________

8 ______________________

9 ______________________

10 ______________________

Übung 40

Dichten Sie folgendes Gedicht „fertig". Ergänzen Sie dabei jeweils die zweite Zeile. Noch besser wäre es natürlich, wenn das Ganze am Schluss einen Sinn oder zumindest so etwas wie eine Handlung ergäbe!

Wandernd durch das ganze Land

____

Kamele waren auch dabei

____

Die Rast, die wurde uns zur Qual

____

Der Glanz, er blendete uns sehr

____

Das Auto konnten wir nicht sehen

____

Die Fee war darob sehr erbost!

____

Die Flucht war unsre einz'ge Wahl

____

Der Schmerzen wurden es zu viel

____

Doch endlich waren wir am Ziel

____

Doch hatten wir noch nicht bedacht

____

Übung 41

Dichten Sic folgendes Gedicht „fertig". Ergänzen Sie dabei jeweils die erste Zeile. Noch besser wäre es natürlich, wenn auch hier das Ganze am Schluss einen Sinn oder zumindest so etwas wie eine Handlung ergäbe!

____

als dieser tot zu Boden fiel.

____

denn diesen liebte sie so sehr.

____

dabei ging es nun munter zu.

worauf der Kopf ihm ziemlich brummte.

„Vergessen werden wir das nie!"

So machte er sich auf den Weg.

Das Schwein hatte er übersehen!

doch Umkehr gab's nun keine mehr.

ist die Moral von der Geschicht'.

Übung 42

Versuchen Sie zur Melodie bekannter Lieder, neue eigene Texte zu finden! Hier als Beispiel einige Kinderlieder – Sie können aber auch Schlager nehmen. Bedingung ist, es sollte sich reimen (entweder übernehmen Sie die Reimworte oder nehmen neue), und eine sinnvolle Handlung ergeben. Natürlich sind auch Parodien der Lieder erlaubt oder etwas ganz Eigenes. Schreiben Sie Ihren Text unter das Original – so können Sie Rhythmus und Reim besser überprüfen.

Backe, backe, Kuchen,
Der Bäcker hat gerufen!
Wer will gute Kuchen backen,
Der muss haben sieben Sachen:
Eier und Schmalz,
Butter und Salz,
Milch und Mehl,
Safran macht den Kuchen gel!
Schieb, schieb in Ofen 'nein.

Übung 43

Alle meine Entchen

1. Alle meine Entchen
|: Schwimmen auf dem See, :|
Köpfchen in das Wasser,
Schwänzchen in die Höh.

2. Alle meine Täubchen
|: Gurren auf dem Dach, :|
Fliegt eins in die Lüfte,
Fliegen alle nach.

3. Alle meine Hühner
|: Scharren in dem Stroh, :|
Finden sie ein Körnchen,
Sind sie alle froh.

4. Alle meine Gänschen
|: Watscheln durch den Grund, :|
Suchen in dem Tümpel,
Werden kugelrund.

Übung 44

Kling, Glöckchen, klingelingeling!

1.Kling, Glöckchen, klingelingeling!
Kling, Glöckchen, kling!
Lasst mich ein, ihr Kinder!
Ist so kalt der Winter!
Öffnet mir die Türen!
Lasst mich nicht erfrieren!
Kling, Glöckchen, klingelingeling!
Kling, Glöckchen, kling!

2. Kling, Glöckchen, klingelingeling!
Kling, Glöckchen, kling!
Mädchen, hört, und Bübchen,
Macht mir auf das Stübchen!
Bring euch viele Gaben,
Sollt euch dran erlaben!
Kling, Glöckchen, klingelingeling!
Kling, Glöckchen, kling!

3. Kling, Glöckchen, klingelingeling!
Kling, Glöckchen, kling!
Hell erglühn die Kerzen,
Öffnet mir die Herzen,
Will drin wohnen fröhlich,
Frommes Kind, wie selig!
Kling, Glöckchen, klingelingeling!
Kling, Glöckchen, kling!

Übung 45

Summ, summ, sum, Bienchen summ herum

1. Summ, summ, summ!
Bienchen summ herum!
Ei, wir tun dir nichts zu leide,
Flieg nur aus in Wald und Heide!
Summ, summ, summ!
Bienchen summ herum!

2. Summm, summ, summ!
Bienchen summ herum!
Such in Blüten, such in Blümchen
Dir ein Tröpfchen, dir ein Krümchen
Summ, summ, summ!
Bienchen summ herum!

3. Summ, summ, summ!
Bienchen summ herum!
Kehre heim mit reicher Habe,
Bau uns manche volle Wabe,
Summ, summ, summ!
Bienchen summ herum!

Übung 46

Übersetzen Sie folgenden Nonsens-Dialog in einen richtigen Dialog. Beachten Sie dabei die Wortanzahl und auch die Wortlänge! Am idealsten wäre es, wenn Ihr Dialog, der auch einen sinnvollen Zusammenhang ergeben soll, exakt die gleiche Buchstabenanzahl wie die Vorgabe hätte! Satzzeichen können Sie bei Bedarf ändern. (Die Buchstaben sind nur Platzhalter – Sie müssen keine von diesen verwenden!)

Der Lehrer: Bln dhats dkjz kkkl?

Lisa: Bdkjd szted dgf leweu jeef jfjkfkkdd.

Der Lehrer: Ldkjg. Tjkjk trztd moipoö jdg fthzr fhtr kiud, ftufut fre dfhsw uzufr hftzu?

Lisa: Dgjdgjd.

Der Lehrer: Rgjdjg jdkjkjb bjgd! Hdd lkjoid hser pounu ...

Lisa: Heer kli sjwoi sdfoiew id dhwdw.

Der Lehrer: Hjdgjddkdj.

Lisa: Njdit iio jjk hehef hjfef hehjw!

Der Lehrer: Xcc ....

Lisa: Bswghs hdwdhw asg wjde sadj!

Der Lehrer: Miuggzus hsh ads dhsad!

Lisa: Vbt.

Der Lehrer: Miuggzus hsh ads dhsad!!!

Lisa: Aehhhz hef jkhs jhshs jlk.

Der Lehrer: Hi, dkfu hu odurnz ...

■ Übung – Farben

Farben beeinflussen unsere Stimmungen, Ideen und sogar unseren stilistischen Ausdruck. Versuchen Sie einmal, ein und denselben Text in verschiedenen Umgebungen zu schreiben. Etwa in einem hellen Raum, in einem dunklen Raum, am besten auch in verschiedenen Räumen, in denen jeweils eine Farbe stark dominiert!

So geht's:

- Zuerst verfassen Sie einen kurzen Text. Etwa einen Brief oder eine Tagebucheintragung.
- Gehen Sie dann in einen anderen Raum, lassen Sie diesen auf sich wirken.
- Schreiben Sie den Text mit exakt den gleichen Worten noch einmal.
- Wie hat sich Ihre Stimmung verändert?
- Gefällt Ihnen der Text besser oder schlechter als vorher?
- Wiederholen Sie die Übung in mehreren unterschiedlichen Räumen.

■ Übung – Farben 2

Man kann die Übung auch variieren:

- Zuerst verfassen Sie wieder einen kurzen Text. Eben einen Brief oder eine Tagebucheintragung oder etwas anderes Persönliches.
- Gehen Sie dann in einen anderen Raum, lassen Sie diesen auf sich wirken.
- Schreiben Sie den Text mit *neuen* Worten noch einmal!
- Wie hat sich Ihre Stimmung, der Text verändert?
- Gefällt Ihnen der Text besser oder schlechter als vorher?
- Wiederholen Sie die Übung in mehreren unterschiedlichen Räumen.

■ Übung – Düfte einatmen

Auch Düfte beeinflussen unsere Kreativität sehr. Machen Sie den Test!

- Bereiten Sie sich eine Reihe von unterschiedlich riechenden und duftenden Dingen vor: Obst, Gemüse, Gewürze, Parfums, Duftöle, Kerzen, Kosmetika, Seifen ...
- Legen Sie sich Papier und Stift zurecht.
- Atmen Sie nun einen Duft tief ein.
- Schließen Sie die Augen.
- Lassen Sie sich durch den Duft zu Assoziationen verleiten.
- Schwelgen Sie in dem Duft, fantasieren Sie!
- Dann schreiben Sie Ihre Assoziationen auf.
- Nach kurzem Durchatmen nehmen Sie sich den nächsten Duft vor und so weiter ...
- Betrachten Sie danach Ihr Ergebnis. Düfte, die für Sie besonders anregend waren, können Sie auch immer wieder gezielt für kreative Arbeiten einsetzen!

■ Übung – Musik einsetzen

Natürlich beeinflusst auch Musik unsere Kreativität sehr. Machen Sie auch hier den Test!

- Bereiten Sie sich eine Reihe von unterschiedlichen Musikstücken auf CD oder Kassette vor: Klassik, Pop, Rock, Schlager, Volksmusik,

Chöre, Instrumentales, Langsames, Schnelles ...
- Legen Sie sich Papier und Stift zurecht.
- Legen Sie nun ein Musikstück ein und starten sie es.
- Schließen Sie die Augen.
- Lassen Sie sich durch die Musik zu Assoziationen verleiten.
- Schwelgen Sie in der Musik, fantasieren Sie!
- Dann stoppen Sie die Aufnahme (nach 1–2 Minuten) und schreiben Ihre Assoziationen auf.
- Nach kurzer Stille nehmen Sie sich das nächste Musikstück vor und so weiter ...
- Betrachten Sie danach Ihr Ergebnis. Musik, die für Sie besonders anregend war, können Sie auch immer wieder gezielt für kreative Arbeiten einsetzen!

Kreativitätsspiele

Viele Spiele wie Brettspiele oder Kartenspiele sind für die Kreativität (und auch Logik) sehr anregend. Noch besser eignen sich aber verschiedene Nonsens-, Kinder- oder Partyspiele, bei denen es von vornherein auf Erfindungsgabe und Assoziationsfähigkeit ankommt. Probieren Sie alle aus – und haben Sie Spaß daran. Denn wie schon gesagt: Auch Freude und Lachen lockern Sie auf und beflügeln Ihre Fantasie und Kreativität!

■ Übung – Fantasienamen

Suchen Sie sich Menschen verschiedener Berufsgruppen oder mit bestimmten Eigenschaften und versuchen Sie, für diese „passende" und humorvolle Namen zu finden. Und zwar gleich mehrere. Wenn Sie den Vornamen mit einbauen können – um so besser!

Hier einige Beispiele:
Mit Schnurrbart:
Hermann Nasengarten
Helge Lippenzier
Bart Stutzer

Hobbygärtner und Gartenarbeiter:
Rosemarie Grasstutzer
Hans Blume
Linde Baumschüttler
Versuchen Sie es einmal selbst:
Buchhalter:

____

____

____

Rote, kurze Haare:

____

Eishockeyspieler:

Stadtrat:

trägt immer kariert:

Portier:

spricht beim Schlafen:

Radiosprecher:

fährt immer Tretroller:

Hotline-Betreuer:

Haare auf den Zehen:

Übung 47

Nun erfinden Sie Eigenschaften und dazu passende Namen!

Eigenschaft: ____________________

Eigenschaft: ____________________

Eigenschaft: ____________________

Eigenschaft: ____________________

Übung – Kreativität durch zeichnen

Lassen Sie sich nichts Gegenteiliges einreden: Jeder Mensch kann zeichnen! Es muss kein Kunstwerk sein, aber jeder könnte, wenn er oder sie es nur probierten, erkennbare Dinge zeichnerisch darstellen. Versuchen Sie's! Zeichnen regt gewisse Hirnregionen an, die Sie anders schwer erreichen würden, und hilft Ihnen dadurch bei der Aktivierung eines möglichst großen Kreativitätspotenzials! Versuchen Sie auf den nächsten Seiten, das vorgeschlagene Motiv auf je sechs verschiedene Arten darzustellen! Es ist leichter, als Sie denken.

Beispiel „Baum“: ein Laubbaum in runder Form mit dichter Blätterkrone, ein Nadelbaum, ein junger Baum mit gerade drei Ästen, ein Laubbaum im Winter ohne Blätter, ein Baum mit Früchten, etwa Äpfeln …

Jetzt Sie:

BLUME

HUND

FLUGZEUG

HEMD

■ Übung x5

Versuchen Sie, die jeweilige Zeichnung „fertig zu zeichnen". Suchen Sie dabei je drei völlig unterschiedliche Möglichkeiten, die wenigen Striche zu ergänzen.

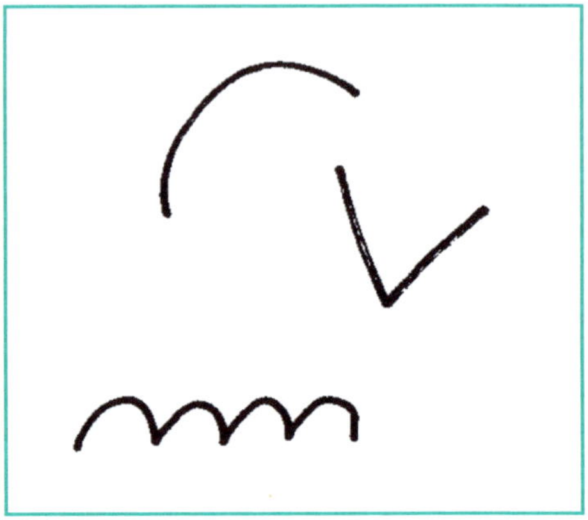

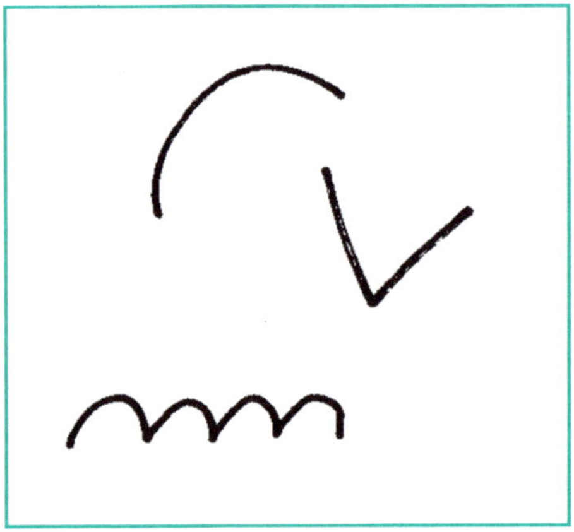

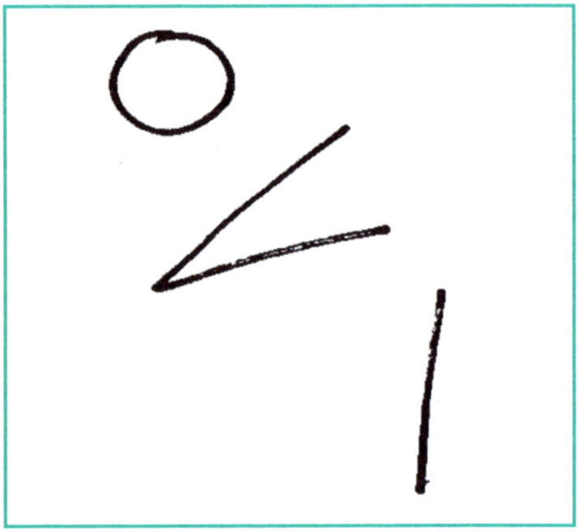

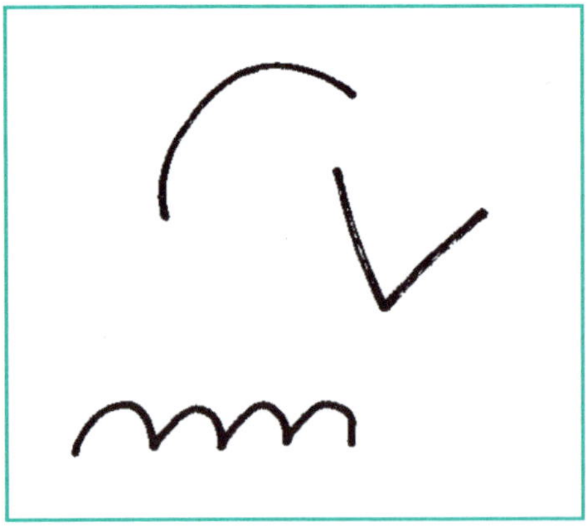

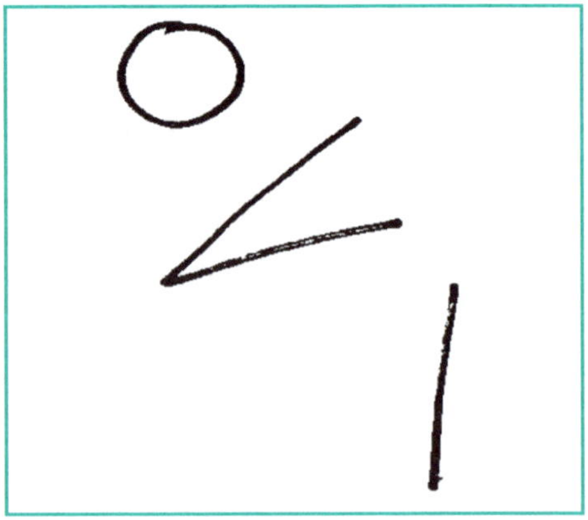

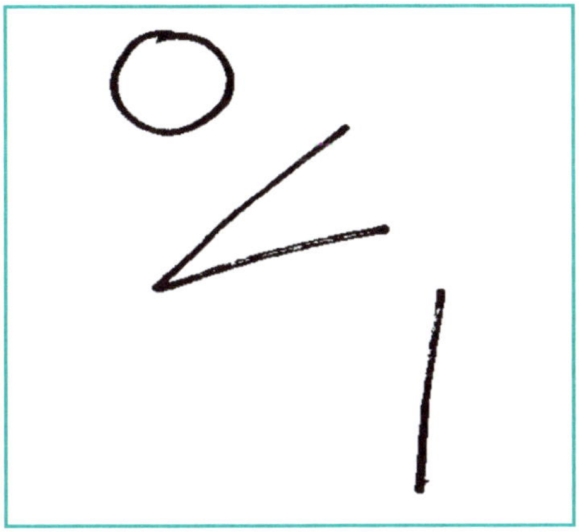

Übung – Zufallseigenschaften

Eine weitere Assoziationstechnik. Es geht darum, willkürliche Kombinationen zu sinnvollen Zusammenhängen zu bringen.

- Schreiben Sie dazu möglichst viele Eigenschaftsworte auf kleine Zettel.
- Mischen Sie diese Zettel.
- Ziehen Sie zwei davon.
- Schreiben Sie möglichst viele Dinge auf, die beide Eigenschaften haben.
- Dann nehmen Sie wieder zwei ...

Beispiel:
„rund“ und „weich“
Ergebnisse:
Gummiball, Pfirsich, runde Polster, Wattebausch, Wasserball, Luftballon, Krapfen oder Muffin, Qualle ...

Versuchen Sie doch gleich selbst mal einige vorbereitete Kombinationen:

„groß" und „bunt"

„heiß" und „nass"

„eckig" und „teuer"

■ Übung 48

Bereiten Sie nun wie oben beschrieben einige Zettel vor und schreiben hier drei zufällige Wortpaare und Ihre Assoziationen dazu auf:

__________ und __________

__________ und __________

__________ und __________

■ Übung – Kissen zuwerfen

Eine beliebte Technik zur Kreativitätsfindung in der Gruppe – oder auch nur zur geistigen Auflockerung – ist die Technik des Kissen- oder Ball-Zuwerfens.

Die Gruppe stellt sich im Kreis auf. Zuerst wird definiert, worum es geht. Sagen wir, „Was brauche ich für eine Angeltour?" Nun wird ein Kissen (oder großer Ball) genommen und der erste Spieler wirft es einem anderen Spieler zu – aber nicht reihum! Sonst könnte sich jeder Spieler schon darauf vorbereiten, dass er der nächste ist! Wer das auf ihn zugeworfene Kissen auffängt, muss sofort etwas sagen, dass zum Thema passt, etwa „Köder". Dann wirft er das Kissen weiter. „Antäuschen" und das Werfen verzögern hilft, alle in einer angeregten Spannung zu halten.

Man kann diese Technik auch mit anderen, wie etwa „Wortketten bilden" (weiter unten) kombinieren. Oder alle müssen zusammen eine Geschichte erzählen, ein Wort nach dem anderen, je nach dem Fangen des Kissens!

■ Übung – Farbassoziation

Wieder ein Spiel für die Gruppe.

Alle stellen sich reihum auf oder setzen sich hin. Jemand sagt eine Farbe. Sein rechter Nachbar muss nun alle möglichen Dinge nennen, die diese Farbe haben. Ab hier kann man verschiedene Spielregeln variieren (oder erfinden!)

- Entweder sagt der Spieler zuerst alle möglichen Dinge, die im einfallen; gerät er ins Stocken, sagt er „Weiter!" und der nächste Spieler rechts muss übernehmen, bis niemandem – ohne doppelte Nennung! – etwas Neues mehr einfällt.
- Oder der Spieler sagt 10 Dinge (oder hat 30 Sekunden Zeit), bevor der Spielleiter „Weiter!" sagt.
- Oder der Spieler assoziiert so lange er kann, und sagt dann statt „Weiter!" eine neue Farbe ...
- Man kann auch ein Spiel mit Punktevergabe daraus machen, aber in erster Linie geht es um das laute Assoziieren.

■ Übung – Seltene Buchstaben

Dieses Spiel funktioniert analog zum Spiel mit den Farbassoziationen. Nur werden diesmal Worte gesucht, die einen seltenen Buchstaben beinhalten oder mit ihm beginnen.
Der Spielleiter sagt etwa „X am Anfang" – dann legt der erste Spieler los.

Als seltene Buchstaben gelten X, Y, Q(u) und eventuell Z. Man kann den Buchstaben irgendwo im Wort, am Anfang, innerhalb des Wortes oder am Schluss (geht nicht mit allen Buchstaben gut) suchen.

Die Regeln sind – wie oben – frei zu wählen.

Übung – Wortketten mit Sinn: Buchstaben

Das beliebte Wortkettenspiel funktioniert mit Buchstaben oder Wortteilen (siehe unten). Es geht jeweils darum, aus dem Ende des vorherigen Wortes den Beginn eines neuen Wortes zu finden.

Buchstabenkette: ManN, NatuR, ReisE, EbenE, EngeL, LateiN ...

Wirklich schwierig und kreativ wird dieses Spiel aber erst, wenn die Wortkette zu einem bestimmten Thema gebaut werden muss!

Beispiel „Auto":

Reifen – Navigationscomputer – Radio – Opel – Leistung – Gangschaltung ...

Übung – Wortketten mit Sinn: Wortteile

Das Prinzip ist dasselbe, nur dass diesmal ganze Wortteile wiederholt werden:

Weinglas – Glasbruch – Bruchschokolade – Schokoladenkuchen ... (kleine Varianten sind hier erlaubt). Wirklich schwierig und kreativ wird dieses Spiel aber erst, wenn die Wortkette zu einem bestimmten Thema gebaut werden muss!

Beispiel „Politik und Verwaltung": Bundeskanzler – Kanzleramt – Amtsaufsicht – Aufsichtsbehörde – Behördenbrief ...

Übung – Film weitersprechen

Eine unterhaltsame und sehr herausfordernde Übung!

Schalten Sie den Fernseher ein oder legen Sie ein Video ein. Am besten eine Szene, in der mehrere Leute miteinander reden. Lassen Sie die Szene eine Weile laufen – dann drehen Sie den Ton ab! Nun muss jeder der Anwesenden eine Rolle übernehmen und synchron weitersprechen – so lange die Szene dauert! Am Anfang kann man mit kurzen Szenen – etwa Werbespots üben, bevor man sich an Spielfilme heranwagt! Diese Übung kann auch sehr lustig sein und daher auch zwischendurch zur Auflockerung verwendet werden!

Übung – Geschichte erfinden mit Worten

Ebenfalls ein Gruppenspiel. Einer aus der Gruppe muss eine Geschichte (erschwerend: zu einem bestimmten Thema!) erzählen. Die anderen Spieler werfen nun in unregelmäßigen Abständen (nicht zu oft!) Worte ein, die der Geschichtenerzähler in seinen Vortrag einbauen muss! Lassen Sie dem Erzählenden aber 2–3 Sätze Zeit dazu, bevor Sie das nächste Wort einwerfen. Man kann auch eine Karte mit Worten vorbereiten, die der Erzähler am Anfang in die Hand bekommt. Hat er alle verwendet, kann er die Geschichte beenden!

■ Übung – Geschichte erfinden mit Worten (allein)

Alleine können Sie diese Technik üben, indem Sie sich per Zufall (Aufschlagen eines Wörterbuchs und Hineintippen!) 10 oder 20 Wörter suchen, die Sie laut vortragend sinnvoll zu einer Geschichte verbinden müssen. Erschwerend können Sie sich vorher ein Thema für die Geschichte aussuchen und müssen die Worte in der richtigen Reihenfolge verwenden!
Beispiel:
Thema: „Betriebsfeier"
Worte, die man verwenden muss:

Regentonne
Feueralarm
Champagner
Gurkenglas
Kabelfernsehen
Glühbirne
Schwangerschaft
Schlumpf
Grammatik
Alabaster

■ Übung – Geschichten erfinden mit Sätzen

Dieses Spiel, bzw. diese Technik geht genau so wie zuvor mit den Worten. Doch nun muss der Spieler, oder Sie allein, ganze Sätze in seine Erzählung einbauen!
Allein finden Sie Sätze, indem Sie Bücher zufällig aufschlagen und auf Sätze tippen.
Aber Achtung! Immer darauf Obacht geben, dass Ihre Geschichte einen Sinn behält!
Beispiel:
Thema: „Autopanne"
Sätze, die man verwenden muss:

1. „Arabella blickte zu Sonja hinüber, die fröhlich ihr Glas leerte."
2. „Der Marianengraben ist die tiefste Stelle aller Meere."
3. „Schlaganfälle sind eine der häufigsten Todesursachen bei Männern und Frauen."
4. „Der Whiskey war ausgetrunken, weshalb Bill den alten Parker böse anstarrte."
5. „Als der Universitätsprofessor den nackten Zwerg erblickte, verlor er endgültig den Faden."
6. „‚So sei es', flüsterte Gerfried, und seine Augen blitzten."
7. „Koalas und Kängurus sind beides Beuteltiere."
8. „Der Erfinder der Automobil-

Massenfertigung hieß Ford, genauso wie einige berühmte Schauspieler."
9. „Das Pferd von Lucky Luke heißt Jolly Jumper – und Rantanplan ist nicht sein eigener Hund!"
10. „‚Gute Nacht, Liebes …', flüsterte er sanft, als er ihr die Wärmeflasche brachte."

Methoden und Techniken

Im Folgenden werden eine Vielzahl von Methoden zur Kreativitätssteigerung und Problemlösung genau beschrieben und Übungen dazu angeboten. Diese Denktechniken unterscheiden sich je nach Zugangsweise.

Das divergente Denken ist bemüht, ein Thema, ein Problem, von möglichst vielen Seiten zu betrachten.

Das konvergente Denken beruht auf all Ihren Erfahrungen und Ihrem Wissen und nähert sich dem Problem auf logische Art.

Das systematische Nachdenken analysiert ein Problem, und beschäftigt sich mit der Lösung von Teilbereichen beziehungsweise in einem bestimmten Ablauf.

Die weitere Unterscheidung beruht auf dem methodischen Zugang zur Lösung der Aufgaben und zur Entfaltung des kreativen geistigen Potenzials.

Bildliche Vorstellungskraft/Bild und Analogie-Techniken

Da unser Gehirn vorwiegend mit Bildern und bildlichen Assoziationen arbeitet, empfiehlt es sich, das bildliche Denken und Visualisieren zu trainieren und zu schulen. Denn jedes Mal, wenn Sie sich etwas bewusst bildlich vorstellen, schaffen Sie damit automatisch Brücken zu anderen, ebenfalls mit ähnlichen Bildern abgespeicherten Informationen und geben so den Weg frei für neue, innovative Verbindungen.

Zum Training der bildlichen Vorstellungskraft gibt es zwei bewährte Techniken: die Kettenworttechnik und der Schlüsselworttechnik. Beide Techniken werden auch in der Gedächtnisschulung verwendet, da man sich auch auf diese Weise Informationen besser merken kann. Aber gerade für die Aktivierung und Verbesserung Ihrer visuellen Vorstellung sind sie ebenfalls bestens geeignet. Aber zum Aufwärmen zuvor noch zwei reine Visualisierungsübungen:

■ Übung – Bildhaftes Vorstellen 1

Stellen Sie sich folgende Wortpaare jeweils zusammen in *einem* Bild in Ihrem Kopf vor. Auf welche Weise Sie die jeweiligen Begriffe verbinden, ist egal, aber beide sollten unbedingt gemeinsam im selben Bild vorkommen. Lassen Sie sich damit Zeit. Wenn Sie aber ein festes Bild gefunden haben, gehen Sie zum nächsten Paar über. Schreiben Sie nachher die zusammengehörigen Paare auf. Wenn Sie nicht alle Paare ergänzen konnten, ist das, besonders am Beginn und bei im Visualisieren ungeübten Menschen, kein großes Problem.

Achten Sie aber darauf, dass es nicht darum geht, die Begriffspaare auswendig zu lernen, sondern darum, Ihr inneres Auge zu schulen. Die Übung war erfolgreich, wenn es Ihnen gelingt, den Begriff beim Erinnern wieder deutlich in Verbindung mit dem zweiten Begriff bildhaft vor Augen haben,

Rosengarten – Meteor
Fensterscheibe – Schmalzbrot
Eichenfurnier – Hügel
Fluss – Bügeleisen
Sandstein – Radiergummi
Formel 1 – Nasenwurzel
Erdbeben – Visitenkarte
Steckdose – Erdbeerpudding
Kühlschrank – Shredder
Geschenkpapier – Pappel

Schreiben Sie nun die jeweils zugehörigen Begriffe zu den folgenden dazu:

Eichenfurnier

____

____

Erdbeben

____

____

Fensterscheibe

____

____

Fluss

____

____

Formel 1

____

____

Geschenkpapier

____

____

Kühlschrank

____

____

Rosengarten

____

____

Sandstein

____

____

Steckdose

____

____

Übung – Bildhaftes Vorstellen 2

Diesmal mit 15 Wortpaaren:

Strohhalm – Steuerberater
Mauer – Kiwi
Elefant – Erdbeereis
Bleistift – Autoreifen
Hot Dog – Schraubenzieher
Tapete – Klavier
Fernseher – Hose
Grießbrei – Buch
Mücke – Rennrad
Abendstern – Bowlingbahn
Samba – Mousepad
Lavendel – Morgenpost
Brieftasche – Eichenlaub
Glühbirne – Bluse
Asterix – McDonalds
Tischtennis – Quadratwurzel

Und nun zur Überprüfung der Wortpaare:

Abendstern

____

____

Asterix

____

____

Bleistift

____

____

Brieftasche

____

____

Elefant

Mauer

Fernseher

Mücke

Glühbirne

Samba

Grießbrei

Strohhalm

Hot Dog

Tapete

Lavendel

Tischtennis

Übung – Bildhaftes Vorstellen 3

Versuchen Sie es nun selbst und schreiben Sie 15 möglichst absurde Wortpaare auf.
Verbinden Sie diese dann wieder im Kopf. Überprüfen Sie Ihre Bilder durch Abdeckung einer der beiden Spalten.

_______________ – _______________

_______________ – _______________

_______________ – _______________

_______________ – _______________

_______________ – _______________

_______________ – _______________

_______________ – _______________

_______________ – _______________

_______________ – _______________

_______________ – _______________

_______________ – _______________

_______________ – _______________

_______________ – _______________

_______________ – _______________

_______________ – _______________

Übung – Kettenworttechnik

Dabei geht es darum, sich Begriffe bildlich als Kette, um genau zu sein, kreisförmig vorzustellen. Sie beginnen irgendwo in der Wortliste und stellen sich den Begriff möglichst genau und mit vielen Details vor. Dann gehen Sie zum nächsten Begriff in der Liste und stellen sich diesen vor. Wichtig für die kreative Merkfähigkeit ist es, die zwei benachbarten Begriffe optisch miteinander zu verbinden. Das heißt, Sie suchen für jedes Bild gleich zwei Verbindungen, erst zum vorherigen, dann zum nächsten!
Nach dem letzten Begriff stoßen Sie wieder am Anfang an und schließen die letzte Verbindung. Im Idealfall gelingt es Ihnen, sich alle Begriffe tatsächlich im Kopf im Kreis angeordnet vorzustellen – wie in einer eigenen inneren Landschaft. Wichtig ist, sie genau zu visualisieren, damit Sie danach das Ganze und auch Teile mit der jeweiligen Verbindung nach links und nach rechts wiedergeben zu können.

Stellen Sie sich nun folgende Begriffe im Kreis vor:

■ Übung – Kettenworttechnik 2

Schreiben Sie nun 10 eigene Begriffe auf und visualisieren Sie diese anschließend:

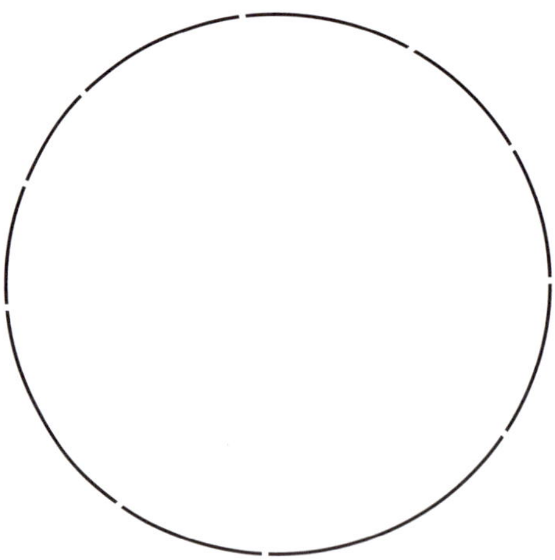

■ Übung – Schlüsselworttechnik

Auch bei der Schlüsselworttechnik geht es wieder darum, sich eine Reihe von Begriffen visuell zu merken. Mehr noch: Versuchen Sie, zu dem jeweiligen Begriff ein passendes Bild zu „malen". Sollen Sie etwa das Wort „Vase" visualisieren, dann stellen Sie sich eine ganz bestimmte schön geformte Vase vor. Die Blumen darin, die Tischdecke darunter, der Raum, in dem sie steht, der Duft der Blumen ...

Diese Technik trainiert sowohl Ihre Vorstellungskraft als auch Assoziationsfähigkeit. Neben diesem kreativitätssteigernden Nutzen können Sie die Schlüsselworttechnik auch dazu verwenden, sich wichtige Dinge zu merken, wenn Sie gerade keine Chance haben, sie sich zu notieren.

Visualisieren Sie nun folgende Begriffe mit möglichst vielen Assoziationen.

Schreiben Sie die Details dann in Stichworten darunter.

Notieren Sie dann in ein, zwei Stunden – ohne Ihre Notizen noch mal anzusehen – auf einen Zettel alles, an das Sie sich noch erinnern. Vergleichen Sie dann Ihre ersten und zweiten Notizen!

BUCH

HASE

HAUSTÜR

■ Übung – Schlüsselworttechnik 2

Schreiben Sie nun selbst drei Begriffe auf und verfahren Sie damit wie oben beschrieben:

■ Übung – Bisozation

Mit diesem Ausdruck beschreibt man bildhafte Vergleiche. Also Begriffe und Fähigkeiten, die bestimmten anderen Begriffen oder Namen zugeordnet werden. Eine Art metaphorische Ausdrucksweise, wie sie auch etwa in Märchen oder Kinderliteratur häufig verwendet wird: dick wie ein Bär, ein Blick wie ein Adler, rot wie Mohn ... Diese Beschreibungen und Zuordnungen machen es oft viel leichter, sich Begriffe vorzustellen. Um Ihr bildliches, assoziatives Vorstellungsvermögen zu trainieren – und sogar zur Problemlösung einzusetzen – machen Sie am besten folgendes:

- Nehmen Sie Fotos, Postkarten oder Bilder aus Zeitschriften zur Hand.
- Formulieren Sie nun eine Fragestellung, ein Problem.
- Nehmen Sie nun zufällig eines der Bilder zur Hand.
- Nutzen Sie die Bilder, um sich zu Lösungen inspirieren zu lassen – wenn etwa ein Kirchturm zu sehen ist, denken Sie etwa „ich sollte das Problem einmal von oben/von außerhalb betrachten", die Turmuhr inspiriert Sie zu der Idee „Timing wäre wichtig!" etc.
- Notieren Sie alle Assoziationen und Ideen, ohne sie zu werten.
- Betrachten Sie anschließend die Ergebnisse.

Für die Kreativitätssteigerung sind die gefundenen Lösungen sekundär Wenn es jedoch um die Lösung selbst geht, sehen Sie nach, ob Sinnvolles dabei ist, wenn nicht, wiederholen Sie die Übung mit einem neuen Bild.

■ Übung – Reizworttechnik

Ähnlich assoziativ funktioniert diese Methode, nur dass Sie Worte statt Bilder benutzen.

- Nehmen Sie ein Lexikon oder Wörterbuch zur Hand.
- Formulieren Sie nun eine Fragestellung, ein Problem.
- Blättern Sie das Buch durch und tippen Sie blind auf ein Wort.
- Assoziieren Sie alle Begriffe, Eigenschaften, Tätigkeiten, die Ih-

nen zu diesem Wort einfallen – ohne an Ihr Problem zu denken!

- Notieren Sie alle Assoziationen.
- Ordnen Sie anschließend die Ideen Ihrem Problem zu.

Für die Kreativitätssteigerung sind die gefundenen Assoziationen wieder sekundär. Wenn es jedoch um die Lösung selbst geht, sehen Sie nach, ob Sinnvolles dabei ist, wenn nicht, wiederholen Sie die Übung mit einem neuen Wort.

„Kreativitätsstrategien"

Neben diesen einfachen Übungen zur Steigerung der Kreativität gibt es auch eine ganze Reihe wesentlich ausgefeilterer Techniken – so genannte Kreativitätsstrategien. Mit diesen lassen sich ganz gezielt kreative Lösungen und Ideen finden, durchaus auch im beruflichen Bereich!

■ Übung – Brainstorming

Die wohl bekannteste Kreativ-Methode ist das so genannte Brainstorming. Gern verwendet man diesen Begriff, der eigentlich „Gehirnsturm" heißt, in der Umgangssprache für jede Art von Denkleistung.

Tatsächlich handelt es sich dabei um eine genau definierte Methode!

Das Wesentliche an der Methode des Brainstormings ist die Trennung zwischen der ersten Phase der Ideenfindung und der Phase der Kritik. Sie geht davon aus, dass bei einer Besprechung, in der jemand eine Idee äußert, eine sofortige Kritik von jemand anderem den Fluss der spontanen Ideen behindern oder sogar zum Versiegen bringen würde.

Brainstorming ist eine Methode der Ideenfindung in Gruppen:

- Alle Teilnehmer setzen sich gemeinsam hin.
- Jeder erhält ausreichend Papier und einen Stift.
- Alternativ kann aber auch nur eine Person bestimmt werden, welche die Ideen der anderen Teilnehmer protokolliert.

WUSSTEN SIE, DASS ...

... Brainstorming eine ganz bestimmte und konkret entwickelte Methode zur Ideenfindung ist? Sie wurde in den 50er-Jahren von dem amerikanischen Werbeprofi Alex F. Osborn (1888–1966) entwickelt und bis heute erfolgreich in Unternehmen aller Art eingesetzt. Sie basiert zum Teil auf einer alten Technik von indischen Hindu-Lehrern namens Prai-Barshana (Prai bedeutet „außerhalb von dir selbst" und Barshana heißt „Frage").

- Am Anfang wird das Problem, das Thema präsentiert, dann geht es los.
- Jeder darf und soll möglichst viele Ideen spontan und ungeordnet äußern.
- Alles, was gesagt wird, egal ob genial, banal oder scheinbar dumm, wird mitgeschrieben.
- Im Anschluss wird ein Protokoll erstellt, gute Ideen von schlechten getrennt, sowie Verbindungen zwischen Ideen und Vorschlägen, die sich ergänzen, hergestellt.

Dazu gib es noch vier wichtige „Spielregeln“:

1. Kritik ist verboten. Negative Stellungnahmen zu Ideen werden für später zurückgehalten.
2. „Hemmungslosigkeit“ wird eingefordert: Jeder soll alles äußern, was ihm nur einfällt, egal wie absurd oder scheinbar unmöglich.
3. Quantität geht vor Qualität! Es sollen möglichst viele Ideen geäußert werden. Keine Schere im Kopf, sondern alles sagen, was einem einfällt.
4. Kombinationen und Verbesserungen sind erwünscht: Man darf und soll schon auch die Ideen anderer kommentieren, mit eigenen kombinieren und Vorschläge zur Optimierung machen – nur eben ohne Kritik!

Diese Methode bringt fast immer erstaunliche und erstaunlich nützliche Ideen, und wird seit Jahrzehnten von großen und kleinen Firmen und Institutionen weltweit genutzt.

Nun zur Praxis:
Suchen Sie ein paar Freunde, die gewillt sind, mit Ihnen eine Brainstorming-Sitzung auszuprobieren. Probehalber genügt ein richtiges Nonsense-Thema („Ein Disney-Park soll auf dem Mond errichtet werden – was brauchen wir dafür alles?“). Vielleicht sind Sie ja aber auch in einem Verein und es gibt tatsächlich ein Thema zu bearbeiten? Auch die Urlaubsplanung der Familie kann damit angeregt werden. Oder Sie bitten die Freunde, Ihnen bei einem bestimmten eigenen Problem zu helfen.

■ Übung – Brainstorming (allein)

Natürlich basiert die Methode des Brainstormings auf Gruppenzusammenarbeit.

Sie können aber einige Aspekte, wie das Gefühl der Befreiung, das sich beim Assoziieren einstellt, auch alleine simulieren.

Und zwar so:
- Bereiten Sie ein Tonbandgerät oder Diktafon vor.
- Gehen Sie herum (um die fehlende Aktivität der Gruppe durch eigene Aktivität zu ersetzen).
- Sprechen Sie ungeordnet Ideen zu einem gegebenen Thema aufs Band.
- Lassen Sie sich nicht durch die „Schere im Kopf" irritieren – sagen Sie einfach alles laut, das Ihnen in den Sinn kommt!
- Lassen Sie sich durch Ihre eigenen Ideen zu neuen anregen: Achten Sie auf den Klang Ihrer Stimme, auch auf Versprecher und andere Irrtümer – gerade die könnten Ihnen weiterhelfen.
- Blicken Sie sich um. Vielleicht hilft Ihnen etwas, das Sie sehen dabei, Ihr konkretes Problem zu lösen. Seien Sie dabei fantasievoll: Wie könnte der Gummibaum Ihnen bei Ihrem Problem helfen? Wie das Mobiltelefon?
- Beenden Sie die Übung, wenn Ihnen nichts mehr einfällt.
- Hören Sie das Tonband ab und notieren Sie sinnvolle Ideen.
- Vielleicht kommen Ihnen beim Abtippen sogar neue?

Übung – Methode 635

Eine bestimmte, mehr reglementierte Form des Brainstormings ist die Methode 635. Die Zahl bedeutet schlicht 6 Personen sollen je 3 Ideen in 5 Minuten entwickeln! Ein besonderes Augenmerk wird dabei auf das Aufgreifen und Weiterentwickeln von Ideen der anderen Teilnehmer gelegt. Eine 635-Sitzung dauert 40 Minuten, am besten sitzen die Teilnehmer dabei um einen Tisch. Zur Hilfe gibt es eigene 635-Formulare (siehe weiter unten). Der genaue Ablauf richtet sich nach folgenden Punkten:

Ideenfindung
- Jeder am Tisch Sitzende bekommt ein 635-Formular (s. S. 245) oder ein leeres Blatt Papier, auf das jeder nun eine Blattnummer und die Namen der Beteiligten notiert.
- Das Problem oder das Thema wird von einem der Gruppe (dem Leiter) kurz dargelegt und definiert. Diese Definition wird ebenfalls auf dem Blatt notiert.
- Alle Teilnehmer notieren sich jetzt 3 Ideen – bei Verwendung eines 635-Formulars horizontal in die oberste Zeile. Das passiert innerhalb von mehr oder weniger genau 5 Minuten.
- Nach dem Ablauf dieser Zeit wird

der Notizzettel oder das 635-Formular weitergereicht und zwar an den rechts sitzenden Tischnachbarn.

- Nun hat jeder das Formular eines anderen Teilnehmers vor sich. Auf diesem befinden sich bereits 3 Lösungsideen oder – Ansätze. Nun muss jeder, wiederum innerhalb von 5 Minuten, 3 weitere Ideen auf dem Zettel dazunotieren. Im Falle des 635-Formulars in die nächste (darunter liegende) Tabellenzeile. Diese neuen Ideen können die darüber stehenden Notizen ergänzen, dürfen aber auch aus eigenen, ganz neuen Ideen bestehen.
- Nach 5 Minuten werden die Zettel wiederum um einen Sitzplatz weitergereicht. Das geht so lange, bis jeder Teilnehmer jeden Zettel, jedes Formular einmal vor sich hatte.

Bewertung

Mithilfe dieser ausgefüllten Zettel/Formulare lässt sich auch gleich eine Gruppenbewertung der Ideen anschließen. Bis dahin war – wie beim Brainstorming – jede Kritik untersagt. Die (Grob-)Bewertungsphase läuft folgendermaßen ab:

- Die Zettel oder Formulare werden noch einmal reihum gereicht.
- Nun hat aber jeder die Aufgabe, auf jedem Zettel jene drei Ideen oder Vorschläge anzukreuzen, die er selbst für die besten zur Lösung des Problems hält. Man kann und soll natürlich auch Ideen ankreuzen, die schon jemand anderes vor einem angekreuzt hat – wenn man sie wirklich für gut hält!
- So bekommt jeder Zettel oder jedes 635-Formular am Ende 18 Bewertungskreuze.
- Der Leiter der Sitzung präsentiert dann jene Punkte, die am meisten Kreuze (4, 5 oder 6) erhalten haben!

So erhält man einen ersten Überblick über jene Ideen, die von den meisten Anwesenden für gut und zielführend befunden wurden. Darüber kann man dann diskutieren oder die Ideen mit weiteren (Brainstorm-)Methoden ergänzen und verfeinern.

Probieren Sie es aus! Anbei ein Formular zum kopieren und ausprobieren! Im Prinzip kann man die Ideen auch anders notieren – bewährt haben sich aber horizontale Kästchen, die etwa so aussehen:

Blatt-Nummer:

Teilnehmer:

Problemdefinition:

Diese Methode bringt sehr effektive Ergebnisse in verhältnismäßig kurzer Zeit.

Natürlich kann man sie auch variieren, etwa als 734, 375 oder 922 Methode – je nach Notwendigkeit und Bedürfnissen! Im Übrigen gibt es keinen Zwang, in jedes Feld etwas einzutragen – oder man greift auf einen gemeinsamen Pool zurück, und das geht so: Sollten einzelne Teilnehmer in den 5 Minuten mehr als 3 Ideen haben, müssen sie nicht auf das nächste Formular warten, sondern können ihre „Überschuss"-Ideen auf ein leeres Blatt (in der Mitte des Tisches sollten mehrere liegen) notieren. Teilnehmer, denen dafür weniger einfällt, dürfen sich aus diesem „Ideen-Pool" bedienen und zu weiteren eigenen Ideen für ihre Kästchen anregen lassen. Die genauen Regeln für dieses Nebenverfahren sollten vorher ausgemacht werden. Allerdings steht sowieso das gemeinsame Ergebnis im Vordergrund und nicht die kreative Einzelleistung eines oder mehrerer Teilnehmer!

■ Übung – Methode 635 (allein)

Auch diese Methode kann simuliert werden – sozusagen als Methode 135!

- Bereiten Sie sich mehrere Formulare vor.
- Fangen Sie mit drei Ideen an und tragen Sie diese ein.
- Nach fünf Minuten (oder kürzer) nehmen Sie ein neues Blatt und tragen wieder drei Ideen ein.
- Nach dem dritten Formular nehmen Sie wieder das erste und lassen sich von den eigenen früheren Ideen zu neuen inspirieren, die Sie wieder darunter schreiben und so weiter.
- Alternativ können Sie sich auch zwei verschiedene Probleme stellen und Formulare mit Problem A und Problem B abwechseln. Dieses Wechseln von Thema zu Thema wird Ihre Kreativität ebenfalls ankurbeln!
- Variieren Sie die Methode nach eigenen Ideen!

■ Übung – Brainwriting

Eine weitere schriftliche Form des Brainstorming ist Brainwriting oder auch der „Brainwriting-Pool". Brainwriting ist etwas ungeordneter und spontaner als die Methode 635, kann aber ebenso kreative und gute Lösungen für die gestellte Aufgabe bringen.

- Vier bis acht Personen setzen sich um einen Tisch.

- Auf dem Tisch liegen Papierblätter und Schreibutensilien.
- Der Leiter stellt das Problem vor und legt ein, zwei Blätter in die Mitte des Tisches, auf denen schon ein paar mögliche Lösungsansätze notiert sind.
- Jeder Teilnehmer nimmt nun ein leeres Stück Papier und notiert seine eigenen Ideen zur Problemlösung – ohne dass eine bestimmte Zeit dafür vorgegeben ist.
- Wem nichts mehr einfällt, der legt sein Blatt in die Mitte des Tisches und nimmt ein anderes – beschriebenes – heraus und lässt sich von dem dort geschriebenen zu weiteren Ideen anregen.
- Diese notiert er, bis ihm nichts mehr einfällt usw.

Probieren Sie es mit ein paar Freunden aus.

■ Übung – Brainwriting (allein)

Wie bei allen Formen der Kreativitätsstrategien ist das Ergebnis mit mehreren Personen besser. Aber auch Brainwriting kann man allein simulieren.

Dazu müssen Sie bereits einige, am besten viele Lösungsansätze formulieren – es können ruhig dumme oder absurde – sein. Diese legen Sie dann wie beschrieben vor sich hin und fischen immer danach, wenn Ihnen auf Ihrem aktuellen Blatt nichts mehr einfällt!

■ Übung – Mindmapping

Die Methode des Mindmappings wird in diesem Buch ausführlich im Bereich „Gedächtnis" behandelt. Allerdings kann man diese Methode auch hervorragend zur Kreativitätssteigerung und Problemlösung benutzen!

- Nehmen Sie ein möglichst großes Stück Papier (A2 oder größer).
- Setzen Sie in die Mitte eine Fragestellung oder einen zentralen Begriff („Welche beruflichen Fähigkeiten habe ich?" – „Mögliche Urlaubsziele").
- Verästeln Sie nun wie beschrieben Ihre Ideen dazu.
- Gehen Sie möglichst ins Detail und schreiben Sie alles auf, was Ihnen einfällt, je mehr desto besser.

Zur Problemlösung betrachten Sie anschließend Ihre Karte und trennen Wichtiges von weniger Wichtigem – und stellen Sie eventuell auch sinnvolle Verbindungen zwischen Bereichen her!

■ Übung – Kombinationstechnik

Dies ist eine Gruppenübung. Sie besteht darin, mehrere Menschen gleichzeitig an Mindmaps zu ein und demselben Problem arbeiten zu lassen.

Am besten befestigen Sie dazu die leeren Blätter an (Pin-)Wänden. Jeder erstellt nun seine Mindmap – der Clou besteht aber darin, ab und zu, etwa wenn man gerade keine Idee hat, herumzuwandern und sich von anderen inspirieren zu lassen.

Achtung! Das „Abschauen" von anderen darf keineswegs als Ideenklau gesehen werden – die Synergie entsteht erst durch das Teilen der Information! Das eigene Ego sollte man bei dieser kreativen Problemlösungsstrategie daher (wie auch bei einigen anderen Gruppenübungen) in Pause schicken.

■ Übung – Kombinationstechnik (allein)

Das ist, obwohl es so klingen mag, kein Widerspruch.

Wieder hängen Sie mehrere Blätter an die Wand. Allerdings wählen Sie als Zentrum jeder Mindmap ein *anderes* Problem! Sie beginnen irgendwo und wenden sich nach einer Weile einem anderen Blatt zu. Immer, wenn Ihnen nichts mehr einfällt, gehen Sie zu einem anderen Blatt. Die Lösungen und Assoziationen zu einem Thema, können Ihnen dann zu neuen Ideen bei anderen – und Vernetzungen dazwischen – verhelfen.

Ideenfindung nach System

Neben den Methoden, die die freie Assoziation mit möglichst wenig Regeln fördern und benutzen, gibt es auch solche, welche die Ideenfindung nach fixen Richtlinien ablaufen lassen. Was zuerst nach einer Einschränkung der Kreativität aussieht, ist oft genau das Gegenteil. Viele Leute können sich kreativer entfalten, wenn sie nach bestimmten Vorgaben kreativ sein „dürfen", statt mit einer totalen (Ideen-)Freiheit zu arbeiten, die für sie ungewohnt oder sogar erschreckend sein kann. Aber auch Menschen, die gewohnt sind, „regellos" zu arbeiten, können gerade durch gewisse Restriktionen darin geschult werden, zielgerichteter kreativ zu sein. Oft ist es sogar so, dass gewisse Beschränkungen kreative Lösungen „erzwingen", auf die man sonst vielleicht nie gekommen wäre.

Hier wieder die wichtigsten Methoden in Übungsform.

Übung – Morphologische Matrix

Statt von dem gesamten Thema oder Problem auszugehen, teilt die Morphologische Matrix die Vorgabe in kleinere Teile ein. Diese Problemteile werden dann einzeln behandelt und gelöst und anschließend zu einer „Großen Lösung" des gesamten Problems zusammengeführt. Und so verfahren Sie:

- Nehmen Sie ein Blatt Papier zur Unterteilung Ihres Problems.
- Schreiben Sie auf die linke Seite Eigenschaften (= Problemteile) des Gesamtproblems auf.
- Rechts tragen Sie ein, was Ihnen zu dem linken Wort einfällt – egal ob es zu der gestellten Aufgaben passt oder nicht!
- Sie können auch Raster als Felder für Antwortmöglichkeiten vorzeichnen, das schafft mehr Überblick.
- Am Ende haben Sie eine übersichtliche Anordnung möglicher (und auch unmöglicher) Lösungsansätze, die Sie anschließend kombinieren können.

Ein Beispiel: Sie möchten einen neuen Anrufbeantworter anschaffen, wissen aber noch nicht, was Ihnen genau vorschwebt. Also schreiben Sie die Eigenschaften und Lösungen bzw. Assoziationen auf:

Farbe	- schwarz, weiß, bunt, grau, grün, gelb, rot
Material	- Plastik, Metall, Porzellan, Holzfurnier, Beton
Design	- schlicht, auffällig, edel, funktionell, schwedisch
Form	- rund, eckig, flach, Tischmodell, Wandmontage
Display	- LCD, Bildschirm, nur Leuchtpunkte, simpel
Funktion	- Nummernanzeige, Speicher, Ansagetexte, Fernabfrage
Größe	- klein, besonders klein, mittel, dominierend
Preis	- ok, teuer, sehr teuer, adäquat zur Leistung

Übung – Die Osborn-Methode

Diese Methode ist nach ihrem Erfinder Alex F. Osborn (1888–1966) benannt. Dieser bekannte amerikanische Werbefachmann der 50er-Jahre ist auch der Erfinder des noch viel bekannteren Brainstormings. Bei dieser nach ihm benannten Methode geht es darum, ein Problem nach einer Reihe von bestimmten Fragen – unterteilt in neun Bereiche – zu analysieren und so kreative Lösungen zu finden. Analysieren Sie ein Problem, beruflich oder privat, testweise nach folgendem Muster:

- Wofür kann ich das Problem noch verwenden? Kann ich es auf eine andere Art einsetzen?
- Weist es auf andere Ideen hin? Ist es etwas anderem ähnlich?
- Was daran lässt sich ändern? Welche Eigenschaften davon lassen sich umgestalten?
- Was lässt sich daran vergrößern, hinzufügen, vervielfältigen?
- Was lässt sich daran verkleinern, wegnehmen, verkürzen?
- Was kann daran ersetzt werden? Welche Bedingungen davon können geändert werden?
- Kann die Reihenfolge oder Struktur des Problems geändert werden?
- Kann die Idee ins Gegenteil gekehrt werden? Kann der Ablauf umgekehrt werden?
- Können Ideen oder Personen kombiniert oder verbunden werden?

■ Übung – Die Umkehr-Methode

Diese Methode ist schon von ihrem Namen her selbst erklärend. Suchen Sie nach Möglichkeiten, wie am besten das Gegenteil von Ihrem gewünschten Ziel erreicht werden kann. Fragen Sie nicht, wie Sie schlanker werden können, sondern wie Sie es am besten anstellen, möglichst dick zu werden! Fragen Sie nicht, was Sie tun können, um befördert zu werden, suchen Sie nach Möglichkeiten, um am schnellsten gefeuert zu werden. Das macht nicht nur Spaß und entlastet Sie emotional bei der Problemlösung, sondern liefert eben gerade durch den veränderten Blickwinkel Ideen, die Sie (wieder ins Positive verkehrt!) einsetzen können, und auf die Sie sonst vielleicht nie gekommen wären. Nutzen Sie zur Durchführung eine der anderen beschriebenen Techniken, wie etwa das Brainstorming.

■ Übung – Das 6-Hut-Denken

Auch von dieser Methode ist der Erfinder bekannt: der berühmte Autor und (Vor-) Denker Edward de Bono. Auch hier geht es darum, ein Problem von mehreren Seiten zu sehen und von verschiedenen Seiten her Lösungsansätze zu finden. Außerdem arbeitet die Methode mit viel Fantasie und Symbolik, was sich besonders positiv auf die kreative Denkleistung auswirkt. Man kann das 6-Hut-Denken allein oder auch in Gruppen ausüben. Und so geht's: Sie verfügen über sechs „symbolische Hüte", die Sie nacheinander

aufsetzen, um sich dem Problem auf eine bestimmte Art, mit einer bestimmten Sichtweise zu nähern. Diese Arten unterliegen gewissermaßen Regeln, aber es sind eher Einstellungen und auch Gefühle im Spiel – Sie nehmen damit nach und nach verschiedene, eventuell sogar widersprüchliche Standpunkte ein. Sie können die Hüte völlig frei hintereinander aufsetzen, wechseln und wieder auf einen „alten Hut" zurückgreifen.
Als einzelner setzen Sie die Hüte nacheinander auf und notieren jeweils Ihre Ideen und Eindrücke. In der Gruppe können entweder immer alle denselben Hut aufsetzen und sich so gegenseitig bestärken, oder aber jeder setzt einen anderen Hut auf, um miteinander in Diskussion zu geraten. Hier empfiehlt sich ein Mitschreiber oder noch besser ein mitlaufendes Tonband.

Die sechs „klassischen" Hüte sind:

Der weiße Hut
steht für Objektivität und Neutralität. Informationen werden gesammelt, ohne bewertet zu werden. Es zählen nur Fakten und Zahlen, keine Emotionen und Urteile. Die persönliche Meinung ist vollkommen unwichtig.

Der rote Hut
steht für das ganz persönliche Empfinden und die subjektive Meinung. Alle Gefühle, die positiven wie die negativen, werden zugelassen; Sie können diffus sein, ohne sich rechtfertigen zu müssen.

Der schwarze Hut
benennt alle sachlichen Argumente, die Zweifel, Bedenken, Risiken ausdrücken, aber keine negativen Gefühle.

Der gelbe Hut
nennt die objektiven positiven Eigenschaften, d.h. Chancen und Pluspunkte, Hoffnungen und Ziele, also alle Aspekte, die für die Entscheidung sprechen.

Der grüne Hut
führt hin zu neuen Ideen. Er steht für Kreativität und Alternativen und ist ein Sinnbild dafür, über das Bisherige hinauszudenken. Er lässt Provokation und Widerspruch zu und kann alles formulieren, was zu neuen Ideen führt, egal wie verrückt oder undurchführbar diese Ideen sein mögen. Kritische Bemerkungen sind nicht erlaubt.

Der blaue Hut
steht für Kontrolle und Organisation, d.h. die Trägerin, der Träger dieses

Hutes blickt von einer höheren Ebene auf den Gesamtprozess, behält den Überblick und bringt die einzelnen Ergebnisse zusammen.

Intuition und innere Stimme

In unserer sehr technokratisch und logisch organisierten Welt wird der Stellenwert der Intuition, des Bauchgefühls oder der Inneren Stimme oft als nicht besonders hoch eingeschätzt. Tatsächlich ist aber oft die leise Stimme der Intuition, neben den hämmernden Gedanken des logischen Denkens, ein besonders guter Ratgeber.

Vielleicht nutzen Sie diese Stimme öfter als Sie denken – etwa, wenn Sie sich spontan für ein öffentliches Verkehrsmittel entscheiden und so einem Stau entgehen, von dem Sie gar nichts wussten ... Es gibt nicht wenige Manager, Politiker und Wirtschaftsbosse, die einige ihrer besten Entscheidungen nicht durch Analyse, sondern durch Bauchgefühl getroffen haben!

Dahinter steckt keine Hexerei, sondern Teile Ihres Bewusstseins, die wie auch Ihr logisches Ich Ihr ständiger Begleiter sind, an allem teilhaben und auch an Lösungen Ihrer Probleme mitarbeiten. Es gilt nur, diese Stimme auch zu hören.

■ Übung – Schulen Sie Ihre Intuition!

Beginnen Sie mit Dingen, die nicht weltbewegend sind, und Sie bei einer falschen Entscheidung nicht gleich in große Probleme stürzen würden. Folgen Sie bei der Wahl Ihres Mittagessens Ihrer Intuition („Was täte mir jetzt körperlich besonders gut?"), beim Nahrungsmittel- oder Kleiderkauf, bei Dekorationsentscheidungen ... Beobachten Sie, ob Ihre intuitiven Entscheidungen sich im Nachhinein als die genau richtigen herausgestellt haben. Lernen Sie so, Ihrer Intuition zu vertrauen. Wenn Sie sicher genug sind, können Sie damit auch an größere und ernstere Probleme Ihres Lebens herangehen.

■ Übung – Mentales Trockentraining

Sie können Ihre Intuition auch zuerst – oder parallel – im Geist schulen. Stellen Sie sich zukünftige oder auch vergangene (Entscheidungs-)Situationen vor. Visualisieren Sie das Ergebnis des einen oder anderen eingeschlagenen Weges. Spüren Sie nach, wie sich diese Wege anfühlen, wie wohl es Ihnen dabei ergeht, ob das eine oder andere für Sie „richtiger" ist, war oder wäre.

Übung – Meditation und geistige Reisen

Sie können auch Meditationen und geistige Reisen, wie sie zum Teil im Kapitel „Konzentration" beschrieben werden, zur Problemlösung und Entfaltung Ihrer Kreativität nutzen. Hierfür gibt es unzählige Möglichkeiten.

Hier nur ein Beispiel: die Reise zu Ihren Inneren Tempeln.

Führen Sie Atemübungen oder andere Methoden durch, um zu Ruhe und Entspannung zu finden. Schließen Sie nun die Augen und visualisieren Sie einen Inneren Tempel – entsprechend zu Ihrem Problem. Geht es etwa um Geldsorgen, besuchen Sie den Tempel des Wohlstandes oder der Fülle. Geht es um private Probleme, besuchen Sie den Tempel des Persönlichen Glücks. Wichtig ist, dass Sie das Thema des Tempels immer positiv besetzen!

Stellen Sie sich nun vor, Sie stehen vor einem Hügel oder Berg, auf dessen Spitze Ihr persönlicher Tempel steht.

Beobachten Sie alle Details: Ist der Tempel leicht oder schwer erreichbar? Nahe oder in weiter Ferne? Was muss überwunden werden, um dorthin zu gelangen? Tun Sie, was Sie tun müssen, um zu Ihrem Tempel zu gelangen, vielleicht ist es auch nur ein angenehmer Spaziergang.

Wenn Sie bei Ihrem Tempel angekommen sind, betrachten Sie ihn genau: Wie sieht er aus? Was strahlt er aus? Wie geht es Ihnen mit ihm?

Schließlich betreten Sie Ihren Tempel. Sehen Sie sich um – wie sieht er innen aus? Wie fühlen Sie sich hier? Ist dies das Ziel Ihrer Wünsche? Gehören Sie (schon) hierher? Was müsste eventuell anders sein, damit dieser Tempel der genau richtige Tempel für Sie ist?

Lassen Sie bei Fragen und Antworten Ihrer Fantasie freien Lauf. Und beenden Sie die Übung nach Gefühl mit dem Öffnen der Augen.

Ziemlich sicher kommen Sie von dieser Reise mit einigen neuen oder sogar wertvollen Erkenntnissen über Ihre Persönlichkeit und Ihren Lebensweg zurück.

Übung – Assoziative Wortketten

Bei dieser Übung geht es darum, Worte zu einem bestimmten Thema auf eine bestimmte Art aneinander zu reihen. Und zwar müssen jeweils spiegelverkehrt Worte mit denselben Anfangs- und Endbuchstaben gefunden werden.

Ein Beispiel:

KIN**D**

HEKTI**K** **D**REIRA**D**

KRAC**H** **D**RÜCKE**N**

______ ______

Das machen Sie, bis Sie am Rand anstoßen, dann gehen Sie wieder zurück, bis Sie wieder bei einem Wort gelandet sind! Also:

______ ______

MITTAGSSCHLA**F** **N**IEDLIC**H**

FLÄSCHCHE**N**

Versuchen nun Sie es – das Startwort ist jeweils das Thema. Tipp: Nehmen Sie einen Bleistift, oft müssen Sie vielleicht Sackgassen korrigieren – und seien Sie kritisch mit der Auswahl der zum Thema passenden Worte!

SEGELN

_____S N______

EHE

GEMÜSE

LESEN

Übung – Geschichten erfinden

Im Folgenden geht es darum, auf je einer Seite eine eigene Geschichte zu erfinden.
Natürlich haben wir zur Kreativitätssteigerung auch hier eine Schwierigkeit eingebaut: Locker verteilt über der linierten Seite finden Sie bereits eingetragene Worte. Diese müssen in Ihre Geschichte eingebaut werden – und zwar exakt an dem Ort, an dem sie stehen! Schreiben Sie die Geschichte mit Bleistift – vielleicht müssen Sie noch mal zurück und so manches ausbessern!

Story 1

Am ____

____________________________________ halbe ______________

niemals ____

____ Garten ______

Biene ______________________________________ Wespe

Gartenschlauch __________________________________

____

____ Abend.

Story 2

Sabine ____

____

______________________________ Arena ________________

Matador ______________________________ Löwen __________

Argentinien ____

_______________ Hamburger ____________________________

Norbert ____

Krankenhaus ____

________________________________ Spanien.

Übung – Thematische Kreuzworträtsel

Kreuzworträtsel lösen ist oft recht schwer. Kreuzworträtsel schreiben, so sagen deren Erfinder, ist mit Übung sogar eher leicht. Leicht wollen wir es Ihnen hier aber nicht machen, da es ja darum geht, Ihre kreativen Gehirnmuskeln anzukurbeln. Daher sollen Sie hier Kreuzworträtsel zu je einem bestimmten Thema erfinden!

Und das geht so:
Jeweils in der Mitte der karierten Seite befindet sich ein Wort, das zugleich das Thema des Kreuzworträtsels darstellt.
Fügen Sie nun andere Worte wie bei einem Kreuzworträtsel oder etwa „Scrabble" an. Die Worte können so lang sein, wie Sie das wollen und auch ineinander laufen (aber nur korrekt!). Also:

```
E S C H E
R
L A U B B A E U M E
E     I       L
      R       M
      K       E I C H E
      E
```

Es dürfen aber keine Worte an andere ohne Abstand anstoßen. Sie sollten pro Seite mindestens 20 Begriffe kreuzworträtselmäßig verbinden – und bitte immer beim Thema bleiben!
(Ä=AE, Ö=OE, Ü=UE, ß=SS)
Anschließend schreiben Sie noch zu jedem Ihrer gefundenen Worte eine Definition, wie sie in einem Kreuzworträtsel vorkommt dazu. Also z. B.: „PINGUIN = Schwimmvogel der Südhalbkugel". Seien Sie dabei erfinderisch! Wenn Sie wollen, können Sie später Freunde Ihre Rätsel lösen lassen!

Und es ist doch vor allem die Erkenntnis, die ein Genie auszeichnet.

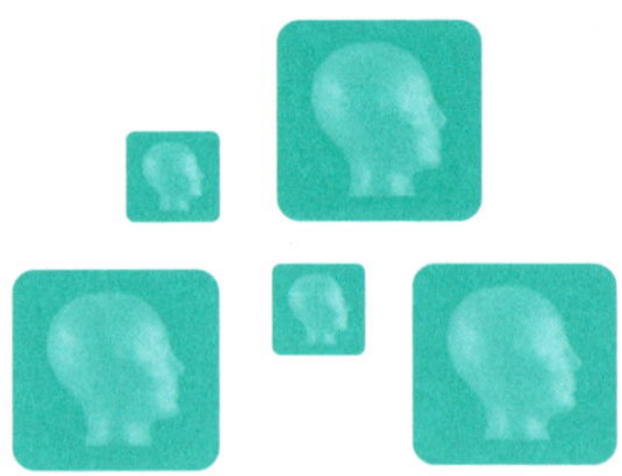

	F	A	H	R	Z	E	U	G	E	

	A	B	E	N	D	E	S	S	E	N

Lösungen

Konzentration

Lösung 2
Es sind 58 – 10 m, 9 n, 13 u, 13 v und 13 w.

Lösung 3
30

Lösung 4
Es sind 52 Vokale – 4 a, 13 e, 13 i, 9 o und 13 u.

Lösung 5
18

Lösung 6
35

Lösung 7
Es sind 24 „d2".

Lösung 8
3 Dreiecke, 3 Vierecke, 3 Fünfecke

Lösung 9
Es sind 34 – 5 r, 7 v, 8 s, 6 f und 8 o.

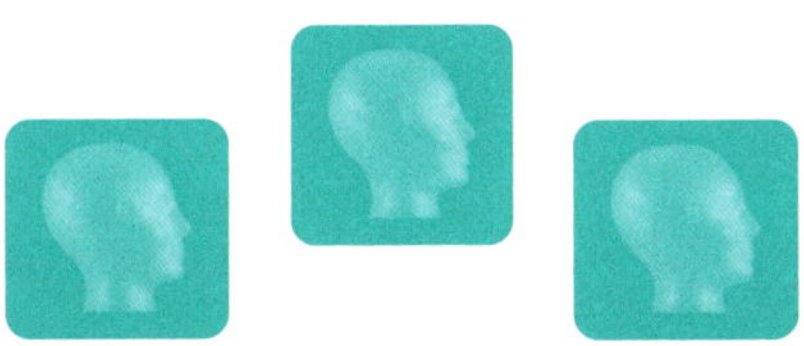

Lösung 10
17

Lösung 11
Es sind 46 „d2".

Lösung 12
22

Lösung 13
Es sind 30 Vokale – je 6-mal.

Lösung 14
20

Lösung 15
Es sind 27 Paare – und zwar in folgender Reihenfolge: qr, rs, jk, jk, tu, qr, st, de, ef, fg, lm, ab, ef, st, bc, de, kl, op, pq, op, wx, mn, gh, yz, cd, fg, op.

Lösung 16
18

Lösung 17
22

Lösung 18
Es sind 13 Paare, wobei – kleine Hilfe – jeder Buchstabe einmal vorkommt. Tatsächlich wird von ab über cd, ef...

usw. bis hin zu yz das ganze Alphabet einmal von hinten nach vorne in aufeinanderfolgenden Paaren dargestellt!

Lösung 26
3

Lösung 27
1

Lösung 28
1

Lösung 29
1

Lösung 30
3

Lösung 31
1

Lösung 32
2

Lösung 33
46

Lösung 34
62

Lösung 35
53

Lösung 39
67

Lösung 40
64

Lösung 41
63

Intelligenz
Logisches Denken

Lösung 1
F – Die Reihe besteht alternierend aus einem A und dem fortlaufenden Alphabet beginnend mit B.

Lösung 2
A – Die Reihe folgt dem Schema 3-2-1.

Lösung 3
Susi ist ein Hund.

Lösung 4
Volvo – Volvo ist als einziges keine deutsche Automarke.

Lösung 5
C – Das Schema ist je ein Strich mehr UND ein Punkt weniger.

Lösung 6
E – Es ist eine Dreierreihe, in der die Buchstaben Y, F, und E immer wiederholt werden.

Lösung 7
Alice speist in einem Zugrestaurant.

Lösung 8
Die Sphinx beginnt als einzige nicht mit einem F-Laut (ph wird ebenfalls wie f gesprochen).

Lösung 9
Sonja ist die Zugführerin (Fahrerin).

Lösung 10
C – In jeder Zeile gibt es jeweils ein Haus ohne Schornstein, eines mit einem links, eines mit einem rechts, dann je ein Haus mit eckiger Tür, mit runder Tür und mit Fensterfront. C enthält beide Elemente, die in der dritten Reihe noch fehlen.

Lösung 11
OTTO WAALKES ist als einziger kein Sportler.

Lösung 12
J und I – Die Buchstaben werden abwechselnd von B sowie von A dem Alphabet nach gereiht und überspringen dabei jeweils einen Buchstaben.

Lösung 13
A – A enthält 4 Dreiecke (2 große und 2 kleine), B und C jeweils 3.

Lösung 14
Zug bedeutet unter anderem: Lokomotive, Bahn; Kanton in der Schweiz; Zug mit einer Figur bei einem Spiel („Schachzug"); Luftzug; mehrere Fahrzeuge hintereinander (Lastzug); Kraft, die auf etwas ziehend wirkt; Reise von Tieren („Vogelzug"), etc.

Lösung 15
A – A benötigt 3, C 2 und B und D 1 Zeichenstrich.

Lösung 16
C – Jede der oberen Gruppen besteht aus je 4 Elementen.

Lösung 17
Franz und Fritz waren Fische aus dem Aquarium.

Lösung 18
Amsterdam – Alle anderen Worte enden auf -n.

Lösung 19
E – Die Figuren bestehen je aus zwei eckigen und einem runden Element.

Lösung 20
D – Das Muster beginnt bei A und geht dann abwechselnd zwei vor und eins zurück (A plus 2 ist C minus 1 ist B plus 2 ist D, usw.).

Lösung 21
Es gibt mehrere Möglichkeiten: Entweder sind Mario und Lea beide taub (dann können sie die Stimme des anderen nicht hören), oder stumm (dann hat keiner von beiden eine Stimme), oder taubstumm. In jedem dieser Fälle verständigen sie sich durch Zeichensprache oder Lippenablesen. Eine weitere, modernere Möglichkeit wäre, dass sie weder taub noch stumm sind, sich beide aber nur über Internet (Chat) miteinander unterhalten.

Lösung 22
E – Das ist ein Notenschlüssel – als einziges kein Symbol für eine Note.

Lösung 23
a) Einige Bauern sind Politiker.

Lösung 24
JUPITER – Er ist als einziger ein römischer Gott, alle anderen sind griechische Götter (Jupiter heißt in Griechenland Zeus).

Lösung 25
F

Lösung 26
E – von H weggehend wird im Alphabet je um eine Stelle weitergegangen, abwechselnd vor und zurück (E <- F <- G <- H -> I -> J -> K).

Lösung 27
Jim und Joe sind Astronauten – sie arbeiten auf dem Mond, wo die Anziehungskraft im Vergleich zur Erde etwa nur ein Sechstel beträgt. Ein 80-Kilo-Mann wiegt auf dem Mond also nur 13,33 kg.

Lösung 28
7 – 3 kleine, 3 mittelgroße (= bestehend aus 4 kleinen), 1 großes (= bestehend aus 9 kleinen).

Lösung 29

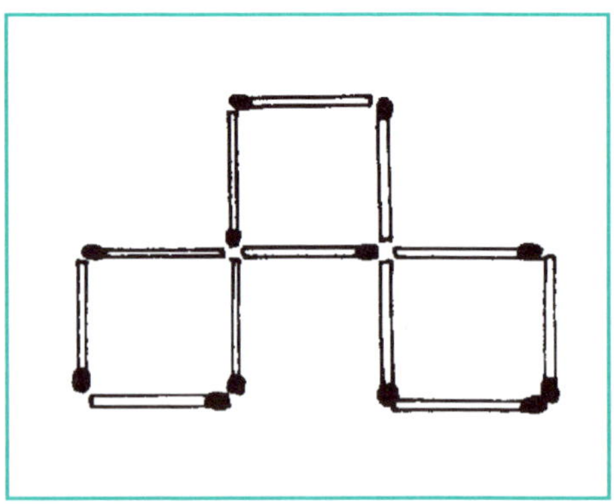

Lösung 30
SCHRAUBSTOCK – Alle anderen sind auch Namen für Teile des menschlichen Körpers.

Lösung 31
B/F – A/E und C/D sind jeweils negative Paare (aus weiß wird schwarz, aus links-gestreift wird rechts-gestreift).

Lösung 32
X – Das Muster beginnt bei Q und geht abwechselnd eins vor und zwei vor (Q plus 1 ist R plus 2 ist T plus 1 ist U, usw.)

Lösung 33
Die beiden leben in den 50er-Jahren in den USA. Bis zu dieser Zeit galt dort noch teilweise die Rassentrennung, und da Bob ein Schwarzer ist, muss er im hinteren Teil des Busses sitzen.

Lösung 34
16

Lösung 35
BEETHOVEN – Er ist der einzige deutsche Komponist, alle anderen sind Österreicher.

Lösung 36
W und E – Die Reihe geht im Alphabet je abwechselnd einen Buchstaben von B beginnend nach vorn und von Y beginnend zurück.

Lösung 37
B – B enthält 9 Vierecke (ein großes bestehend aus 4 kleinen, die man noch in 4 weitere Vierecke aus je 2 der 4 unterteilen kann); A enthält 6 Vierecke: ein großes, 3 kleine und 2 aus jeweils 2 anderen; C enthält 5 Dreiecke: ein großes, drei kleine und eines bestehend aus zwei kleinen; D enthält weder Drei- noch Vierecke!

Lösung 38
Er wurde von einem Vampir gebissen und ist nun selbst einer!

Lösung 39
KHAKI – Es ist die einzige Farbe, die nicht rötlich ist, sondern gelbbraun, erdfarben.

Lösung 40
C – Diese eckige Spirale erweitert sich als einzige gegen den Uhrzeigersinn.

Lösung 41

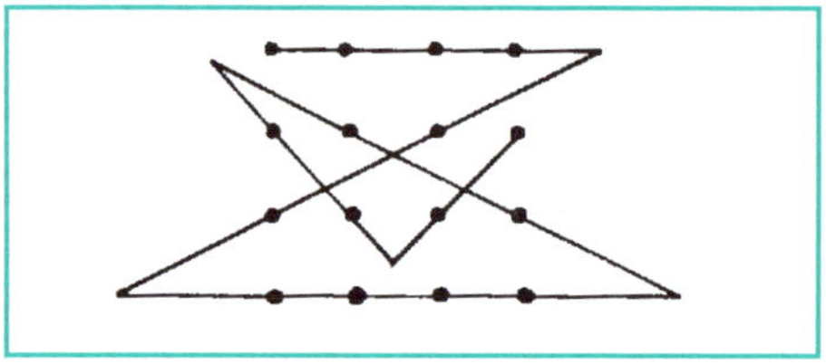

Der Trick ist, mit den Strichen über die dargestellten Punkte hinauszugehen und die Ecken teilweise außerhalb anzusetzen! Radieren Sie die Striche weg und probieren Sie es in ein paar Tagen erneut – und dann immer wieder einmal.

Lösung 42

OCKER – Es ist das einzige Wort ohne L!

Lösung 43

C/D – Das Schema ist jeweils: 2 verschiedene Symbole, eines schwarz eines weiß.

Lösung 44

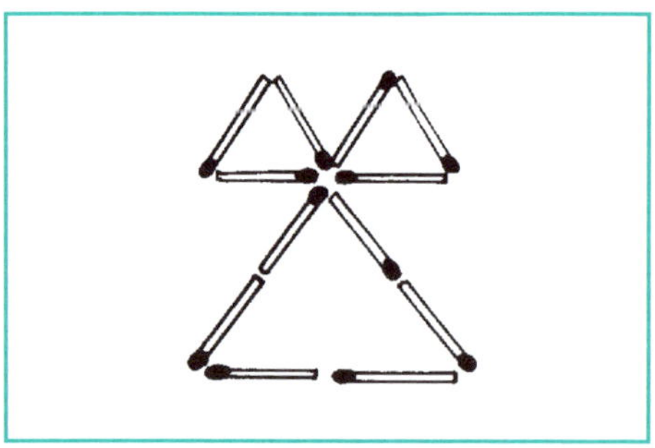

In der Aufgabe war nicht von Dreiecken gleicher Größe die Rede!

Lösung 45

< – Dieses Zeichen findet sich als einziges nicht auf der oberen Zahlenleiste einer deutschen (Schreibmaschinen-) Tastatur, sondern im Bereich der Buchstaben (links neben Y).

Die Antwort $ (einziges Zeichen, das für eine Währung steht), kann nicht als ganz korrekt gewertet werden, da es – wie jedes der anderen Zeichen auch – ebenfalls in einem anderen Zusammenhang verwendet werden kann (z. B. Programmiersprachen).

Lösung 46

M – das Schema ist das Alphabet ab A mit jeweils zwei übersprungenen Buchstaben – allerdings von oben nach unten gereiht (A-D-G-J-M-P-S-V-Y).

Lösung 47

Es war Selbstmord. Der Mann hatte die Schlinge mithilfe eines Eisblocks befestigt und die Tür mit einem Schlüsselduplikat aus Eis abgeschlossen.

Lösung 48

D – Dieser Titel besteht nur aus 11 Buchstaben, alle anderen aus 12.

Lösung 49
Olympus Mons – Dies ist der einzige der genannten Berge, der nicht auf der Erde liegt, sondern auf dem Mars!

Lösung 50

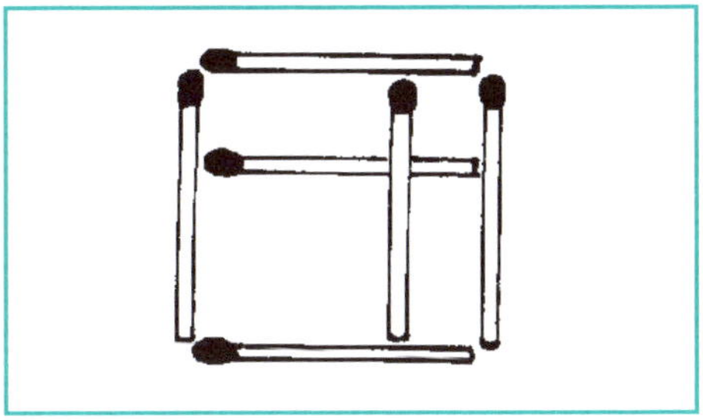

Lösung 51
A – Bei allen anderen ist die innere kleine Version der Figur um 90° gedreht, bei A nur um 45°.

Lösung 52
RA – Am Ende des Alphabets werden je zwei Buchstaben zum Anfang hin kombiniert. Dabei überspringt der erste Buchstaben je einen Platz, die zweite Buchstabenreihe besteht nur aus Vokalen (Z-y-X-w-V-u-T-s-R/U-O-I-E-A).

Lösung 53
Es handelte sich um die Mönchsrepublik Athos, zu der Frauen keinen Zutritt haben. Und einer der vier Freunde war eine Frau!

Lösung 54
35 – Die Figur hat insgesamt 11 Felder. Um Dreiecke zu erhalten, kann man 1, 2, 3 oder 5 Felder optisch zusammenfassen: 10 Dreiecke bestehen aus 1 Feld, 10 aus 2, 10 aus 3 und 5 aus 5.

Lösung 55
Madrid – Alle anderen Städte und Länder haben als Vokale E und I, Madrid hat A und I

Lösung 56
Holzhütte: Christ, Rosenbusch, Gemüse, Jazz
Strohhütte: Jude, Veilchen, Fleisch, Volksmusik
Steinhütte: Buddhist, Sonnenblume, Obst, Tanzmusik
Ziegelhütte: Mohammedaner, Palme, Reis, Rockmusik
Lehmhütte: Hindu, Flieder, Getreide, Klassik

Reihenfolge: Stein, Stroh, Holz, Lehm, Ziegel

Lösung 57
D – Diese Gruppe hat als einzige nur 2 statt 3 Überschneidungen.

Lösung 58
Y – Das Muster sind die Quadratzahlen in aufsteigender Reihenfolge und

der ihnen zugeordnete Buchstabe in der Alphabetreihenfolge (1=A, 4=D, 9=I, 16=P, 25=Y).

Lösung 59

REIS und IGUANA – Alle anderen Pflanzen stammen ursprünglich aus Amerika, alle anderen Tiere aus Australien.

Lösung 60

C – A, B und D sind identisch, C ist spiegelverkehrt.

Lösung 61

Stein der Weisen – Alle oberen Begriffe haben mit (echtem) Gold zu tun: Gold wird in Barren gepresst, hat als Element die Abkürzung Au (lat. Aurum), wird meist mit einer Punze (Garantiestempel) versehen, die Nationalbank eines Landes stützt die Währung mit Goldreserven, und der Stein der Weisen soll Blei in Gold verwandeln; Katzengold (Pyrit) ist ein häufiges Mineral, besteht aber nicht aus Gold; es gibt zwar auch goldfarbene Buntstifte, aber die enthalten kein echtes Gold.

Lösung 62

D – Nur in dieser Gruppe stehen sich die zwei Kreise (bzw. die eckigen Objekte) nicht diagonal gegenüber.

Intelligenz – Zahlengebundenes Denken

Lösung 1

27 – Die Reihe nimmt um je 4 zu.

Lösung 2

7 – Es ist die einzige ungerade Zahl!

Lösung 3

11/7 – Die obere Reihe wird je um 2 erhöht, die untere halbiert.

Lösung 4

4 – Der Abstand zwischen den Zahlen verringert sich jeweils um eins: 25 - 6 = 19, 19 - 5 = 14, 14 - 4 = 10...

Lösung 5

7 – Die linke Zahl ist die Zahl in der Klammer mal 2, die rechte mal 3.

Lösung 6

3 – Zu der oberen Zahl werden 3 dazugezählt, um die untere linke Zahl zu erhalten. Von dieser Zahl werden 9 abgezogen, um die rechte Zahl zu bekommen.

Lösung 7

12 – Es ist die einzige gerade Zahl!

Lösung 8
41 – Die Zahlen werden abwechselnd um 3 und 7 größer.

Lösung 9
4 – In der ersten Reihe wird der Abstand von Zahl zu Zahl um 1 höher, in der zweiten Reihe um 1 geringer und in der dritten wieder um 1 höher.

Lösung 10
192 – Es wird je mit 4 multipliziert, um die folgende Zahl zu erhalten.

Lösung 11
108 – Sie ist die einzige, die nicht die Ziffer 7 enthält.

Lösung 12
16 – Die erste Zahl wird mit 4 multipliziert, um die Zahl hinter der Klammer zu erhalten, diese wird dann durch 3 dividiert, und man erhält die Zahl in der Klammer.

Lösung 13
2 – Die Zahlen werden je durch 2 dividiert und um 2 reduziert, um die nächste zu erhalten.

Lösung 14
Lukas ist 4 Jahre alt, Lea 14.

Lösung 15
112 und 7 – Man dividiert die Zahlen immer durch 2.

Lösung 16
28 und 84 – Die Zahlenreihe multipliziert abwechselnd mit 3 und subtrahiert vom Ergebnis 2.

Lösung 17
24 – Im Zahlenmix befinden sich sämtliche Vielfache von 3 bis 27, außer 24.

Lösung 18
39/30 – Zu den Zahlen der oberen Reihe werden 17 addiert, von den unteren 27 subtrahiert.

Lösung 19
72 und 144 – Die Zahlenreihe multipliziert abwechselnd mit 2 und dann mit 3.

Lösung 20
7 – Im Zahlenmix befinden sich sämtliche Primzahlen (Zahlen, die nur durch sich selbst und 1 teilbar sind) von 1 bis 19, außer 7.

Lösung 21
11-mal

Lösung 22
34/8 – Von den Zahlen der oberen Reihe werden 23 subtrahiert, zu den unteren 21 addiert.

Lösung 23
16 – Die letzte Zahl pro Reihe ist jeweils die erste plus die zweite und dann mal 2.

Lösung 24
C – Alle oberen Zahlen und die 92 sind ein Vielfaches von 23.

Lösung 25
12-mal

Lösung 26
A – Die Zahl 7 wird mit 3 multipliziert und die Ergebnisse mal 3 genommen. Nur die 21 fehlt.

Lösung 27
30 – Die letzte Zahl ist jeweils die erste mal der zweiten und nochmals mit 2 multipliziert.

Lösung 28
13 und 7 – Das Schema ist plus 5, durch 2.

Lösung 29
6/-1 – In der oberen Reihe wird abwechselnd 5 abgezogen und 7 addiert, in der unteren 2 addiert und 5 abgezogen.

Lösung 30
5 und 22 – Das Schema ist minus 3, mal 2.

Lösung 31
217 – Alle anderen haben die auf eine Ziffer reduzierte Quersumme 5!

Lösung 32
3542 – Die erste Zahl minus die Zahl in der Klammer ergibt die dritte.

Lösung 33
Joe muss 90 Erbsen in den Behälter zählen, davon gehört ihm ein Zehntel, also 9 Erbsen und 81 Erbsen liefert er ab.

Lösung 34
30/-3 – In der oberen Reihe wird abwechselnd 15 addiert und 8 abgezogen, in der unteren 9 abgezogen und 2 addiert.

Lösung 35
27:91 – Alle anderen sind mögliche Uhrzeiten!

Lösung 36
C – Die Lösung liegt in den Spalten, nicht in den Reihen: Zur obersten Zahl einer Spalte werden 7 hinzugezählt, um die mittlere zu erhalten, diese wird dann mit 3 multipliziert.

Lösung 37
6754 – Die Zahl in der Klammer minus die zweite ergibt die erste.

Lösung 38
36 und 6 – Die einstelligen Zahlen stellen jeweils die Quadratwurzel der vorhergehenden dar.

Lösung 39
4, 28, 25 – Die oberen Zahlen verdoppeln sich, die links unten reduzieren sich um 7, und die rechts unten reduzieren sich um 11.

Lösung 40
B – Die Lösung liegt in den Spalten, nicht in den Reihen: Die oberste Zahl einer Spalte wird mit 3 multipliziert um die mittlere zu erhalten, zu dieser Produktzahl werden für die unterste noch 5 hinzugezählt.

Lösung 41
25 – Die gegenüberliegenden Zahlen sind jeweils die Quadratzahl der anderen.

Lösung 42
5 – Es wird je abwechselnd mit 5 multipliziert und 21 subtrahiert.

Lösung 43
33, 24, -1 – Die oberen Zahlen erhöhen sich um 13, die links unten verdoppeln sich, und die rechts unten verringern sich um 11.

Lösung 44
11 – Es wird abwechselnd 7 subtrahiert und mit 3 multipliziert.

Lösung 45
B – Die Zahlenreihen wechseln im Zickzack von oben nach unten, die eine verdoppelt sich, die andere halbiert sich.

Lösung 46
14 – Die gegenüberliegende Zahl ist je das Doppelte der anderen.

Lösung 47
Zwei Steine bleiben übrig (1+4+8=13).

Lösung 48
C - Es handelt sich um drei sich abwechselnde Reihen: Die erste nimmt um 5 zu, die zweite um 3 ab, und bei der dritten wird je mit 3 multipliziert.

Lösung 49
46, 25, 13
Es handelt sich um zwei Zahlenkreise: Der äußere nimmt im Uhrzeigersinn um 3 zu, der innere nimmt gegen den Uhrzeigersinn um je 4 ab.

Lösung 50
15 – Alle anderen sind Primzahlen minus 1!

Lösung 51
B – Es handelt sich um drei sich abwechselnde Reihen: Bei der ersten wird mit -2 multipliziert, die zweite nimmt um 7 ab, und die dritte nimmt um 5 ab.

Lösung 52
3 – Es handelt sich um die berühmte Zahl pi.

Lösung 53
13 – Die linken sind Primzahlen, die rechten sind durch die Primzahl 13 teilbar.

Lösung 54
60, 20, 27, 21
Es handelt sich hierbei um zwei Zahlenkreise: Der äußere nimmt gegen den Uhrzeigersinn um 4 zu, der innere mit dem Uhrzeigersinn um je 3 ab.

Lösung 55
A – Die gesuchte Zahl ist die größere minus die kleinere durch 2.

Lösung 56
1, 3, 8, 20 – Die Zahlen stehen für die Buchstaben des Alphabets. In der zweiten Zeile steht ZWEI – 1, 3, 8, 20 ergeben ACHT, weil sich die Zahlenreihe der durch die Wörter bezeichneten Zahlen von oben nach unten jeweils verdoppelt: 1 – 2 – 4 – 8.

Lösung 57
4 – Die linken Zahlen haben die auf eine Ziffer reduzierte Quersumme 4, die rechten sind die ersten 6 Quadratzahlen mit Ausnahme von 4.

Lösung 58
4, 5, 12, 20, 1 – Die Zahlen stehen für die Buchstaben des Alphabets und ergeben DELTA, den vierten Buchstaben des griechischen Alphabets. In

der ersten Zeile steht ALPHA, in der zweiten BETA.

Lösung 59
A – Die gesuchte Zahl ist die größere minus die kleinere, dividiert durch 4.

Lösung 60
132 – Die zwei Schritte zwischen den Zahlen sind jeweils: minus 7, mal 3.

Lösung 61
C – Die mittlere Zahl ist jeweils die obere mal die untere, dividiert durch 3.

Lösung 62
B – Die gesuchte Zahl in der Klammer ist die rechte plus die linke, geteilt durch 4.

Lösung 63
A – Die obere Zahl ist jeweils die mittlere plus die untere, mal 2.

Lösung 64
B – Die obere Zahl mal 27 ergibt die untere Zahl.

Lösung 65
90 – Ergibt sich aus 2 x 45; 45 = 9 + 8 + 7 + 6 + 5 + 4 + 3 + 2 + 1.

Lösung 66
C – Die gesuchte Zahl in der Klammer ist die rechte mal die linke, mal 7.

Lösung 67
B – Die obere durch die untere Zahl ergibt je 17 (es sind also echte Brüche!).

Lösung 68
124 – Die zwei Schritte zwischen den Zahlen sind jeweils: mal 3 und minus 5 (3 x 3 = 9 – 5 = 4).

Intelligenz
Sprachgebundenes Denken

Lösung 1
Schwimmen, Wasserski, Skifahren, Golf, Fußball, Tennis, Radfahren – Skifahren gehört nicht dazu, weil es die einzige Wintersportart ist.

Lösung 2
B

Lösung 3
C – Der Rhein ist kein Stausee.

Lösung 4
Schuh – Hausschuh, Schuhband

Lösung 5
Zeitung, Journal, Notizblock, Buch, Comic, Magazin – Im Notizblock soll man schreiben, die anderen enthal-

ten schon gedruckten Text zum Lesen.

Lösung 6
Wal + D = Wald

Lösung 7
A L – Knall, Hall, Ball Stall, Wall und Fall

Lösung 8
D

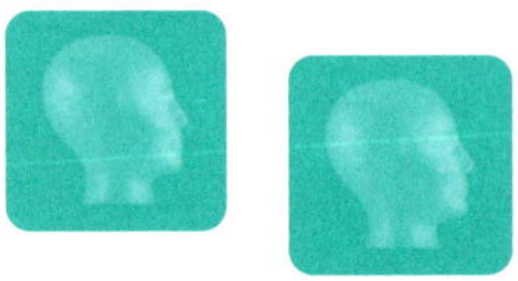

Lösung 9
Äpfel, Pfirsiche, Kirschen, Birnen, Trauben, Orangen – Orangen gibt es zwar in jedem Supermarkt, aber sie wachsen nicht bei uns.

Lösung 10
A – Hamburg ist sowohl Stadt als auch Bundesland, aber kein eigener Staat.

Lösung 11
A N N – Kanne, Susanne, Wanne, Panne, Tanne

Lösung 12
Bürger – Schildbürger, Bürgermeister

Lösung 13
Drucker, Scanner, Bildschirm, Maus, Katze, Tastatur, Lautsprecher – Katze ist kein Computerbegriff.

Lösung 14
Blattgold – Das Wort in der Klammer besteht aus der letzten Silbe des ersten, und aus der ersten Silbe des zweiten Wortes.

Lösung 15
M + Otto = Motto

Lösung 16
C

Lösung 17
Barbar – Das Wort in der Klammer besteht aus den drei ersten Buchstaben des ersten und des zweiten Wortes.

Lösung 18
A T E – waten, Spaten, Daten, raten, braten, Taten (Raten und Braten können auch Hauptwörter sein.)

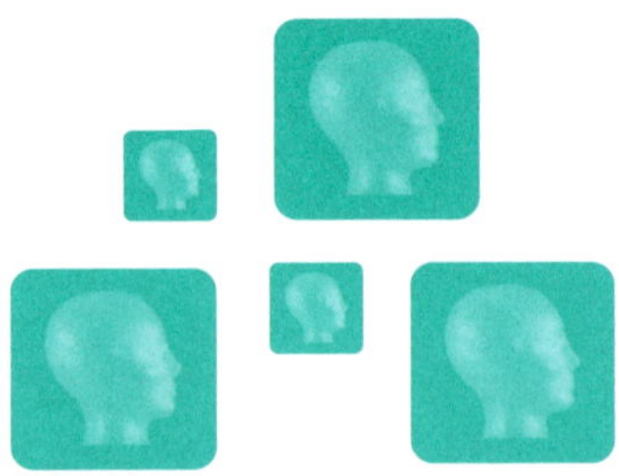

Lösung 19

B – Bienen sind Nutztiere, von denen wir Honig gewinnen. Vom Nutztier Kuh gewinnen wir unter anderem Milch.

Lösung 20

Sat1, ARD, Viva, ORF (österreichisches Fernsehen), AEG (oder auch GEA, GAE, AGE, EGA, EAG), CNN, RTL, MDR, 3Sat, SRG (Schweizer Fernsehen) – AEG ist die einzige gebräuchliche Abkürzung mit diesen drei Buchstaben und bezeichnet eine Elektrofirma.

Lösung 21

Hund + ERT = Hundert

Lösung 22

D – Das Zaumzeug legt man am Kopf des Pferdes an. Wenn man ein Pferd also am Schwanz aufzäumt, macht man etwas verkehrt.

Lösung 23

RATTE - Die erste Hälfte des Wortes in der Klammer besteht aus dem zweiten, dritten und vierten Buchstaben des rechten Wortes in umgekehrter Reihenfolge. Die zweite Hälfte des Wortes in der Klammer besteht aus dem vierten und fünften Buchstaben des rechten Wortes in normaler Reihenfolge (astERix + oBELix = Leber, matTE + sTAR = Ratte).

Lösung 24

A G E – ragen, nagen, fragen, sagen, tragen, wagen (Sagen, Wagen und Fragen können auch Hauptwörter sein.)

Lösung 25

B – d. h. kaputt gehen, sich auflösen. Früher waren Möbel oft geleimt, wenn das Bindematerial sich auflöste, gingen die Möbel kaputt.

Lösung 26

Stern, Windgebäck, Nadeln, Kerzen, Lametta, Kugeln, Sternspucker –
Die Nadeln passen nicht zu den anderen, weil sie als einzige zum Baum selber und nicht zum Baumschmuck gehören.

Lösung 27

OTTO – Die erste Hälfte des Wortes in der Klammer besteht aus dem zweiten und dritten Buchstaben des linken Wortes in umgekehrter Reihenfolge. Die zweite Hälfte des Wortes in der Klammer besteht aus dem zweiten und dritten Buchstaben des rechten Wortes in umgekehrter Reihenfolge (kOMpakt + lANge = Mona, sTOck + fOTo = Otto).

Lösung 28
DIST – Sadist, Distel

Lösung 29
C – Der Vorname der Freunde endet jeweils auf den Buchstaben, mit dem ihre Lieblingsblume beginnt.

Lösung 30
ZEL – Runzel (Falte), Zelle

Lösung 31
C – Russisch

Lösung 32
C – Dornen sind ein Teil der Rose, so wie die Zehen Teil des Fußes sind.

Lösung 33
PF + Lanze = Pflanze

Lösung 34
DEM – Modem, Demograf (Meinungsforscher)

Lösung 35
B – Ecktisch

Lösung 36
A – Die Besitzer haben jeweils als Beginn ihres Vornamens den vorletzten Buchstaben ihrer Automarke.

Lösung 37
roh – Das Wort in der Mitte ist jeweils das Gegenteil der beiden Worte außerhalb.

Lösung 38
B – Schallplatte

Lösung 39
scharf – Das Wort in der Klammer ist je ein Synonym für beide Worte außerhalb.

Lösung 40
F – Einen Hut setzt man auf und zwar auf den Kopf, einen Topf setzt man ebenfalls auf und zwar auf den Herd.

Lösung 41
Everest, Matterhorn, Schwarzwald, Fujiyama, Zugspitze und Mont Blanc – Der Schwarzwald ist kein Berg.

Lösung 42
D – d. h. Pünktlichkeit ist eine achtenswerte Eigenschaft.

Lösung 43
Jean + S = Jeans

Lösung 44
C – d. h. es kommt auf den richtigen Köder an, wenn man etwas von jemandem haben will.

Lösung 45
Sandale, Mokassin, Skischuh, Schuhband, Bergschuh, Pantoffel, Stiefel – Das Schuhband ist kein Schuh.

Lösung 46
E – vorher/nachher: Aus einem Fötus wird ein Baby, aus einem Student wird ein Akademiker.

Lösung 47
Tang + Ente = Tangente

Lösung 48
Julius Cäsar, Michail Gorbatschow, Helmut Kohl, Napoleon Bonaparte, Richard Nixon, Maria Theresia, Alexander der Große – Alle sind Kaiser, Könige oder Staatsoberhäupter verschiedener Länder und Zeiten, aber Maria Theresia ist die einzige Frau.

Lösung 49
GEN – homogen (gleichartig), Genetik (Erblehre)

Lösung 50
C – Kawasaki (Motorradproduzent)

Lösung 51
C – Ein Laie (also Nicht-Geistlicher) wird durch die Weihe zum Priester, die Oblaten (papierartiges Backwerk) werden erst durch die Weihe zur Hostie (Leib Christi).

Lösung 52
Magazin – Alle drei Worte sind jeweils Synonyme für ein drittes; im ersten Fall für „Zug" im zweiten Fall für „Zeitschrift".

Lösung 53
pro + ST = Prost!

Lösung 54
D – Hieroglyphe (altägyptische Schrift)

Lösung 55
B – Die Tiere und Vornamen haben jeweils dieselben Vokale.

Lösung 56
B – Bibliothekar

Lösung 57
TANG – Mustang, Tangente

Lösung 58
Depp (Johnny Depp)

Lösung 59
Salzburg (Salzburg), Graz (Steiermark), St. Pölten (Niederösterreich), Eisenstadt (Burgenland), Villach

(liegt in Kärnten, ist aber nicht die Hauptstadt), Linz (Oberösterreich), Bregenz (Vorarlberg), Wien (sowohl Bundesland wie Hauptstadt), Klagenfurt (Kärnten), Innsbruck (Tirol).

Lösung 60

KERN – ankern, Kernkraft (Atomenergie)

Lösung 61

C – Brandzeichen werden auf die Haut gebrannt, Tätowierungen in die Haut geritzt; auf eine CD werden Informationen gebrannt, in eine Tontafel geritzt.

Lösung 62

RUP – Sirup, Ruprecht

Lösung 63

A – Hypertonie (Bluthochdruck)

Lösung 64

B – ein Transvestit wechselt (durch Verkleidung) manchmal sein Geschlecht, ein Auto wechselt manchmal die Fahrspur.

Lösung 65

C – d. h. das ist der Kern der Sache, so sieht sie wirklich aus – Die Redewendung stammt aus Goethes „Faust", wo sich ein harmloser Pudel später als der Teufel entpuppt.

Intelligenz
Räumliches Denken

Lösung 1

B – Drehung nach rechts hinten. Ein Würfel hat 21 Punkte (6+5+4+3+2+1).

Lösung 2

C – Drehung nach links hinten.

Lösung 3

D – eine 2 steht verkehrt.

Lösung 4

C – die karierte und die gestreifte Kugel sind vertauscht

Lösung 5

a) 6 – Jede Außenseite ist die Grundfläche einer Pyramide.
b) 8 Kanten, 5 Eckpunkte
c) 8 – So viele Linien wie der Würfel Ecken hat!

Lösung 6

D – Der hintere Reifen ist schwarz.

Lösung 7

F

Lösung 8
C

Lösung 9
A

Lösung 10
A

Lösung 11
B

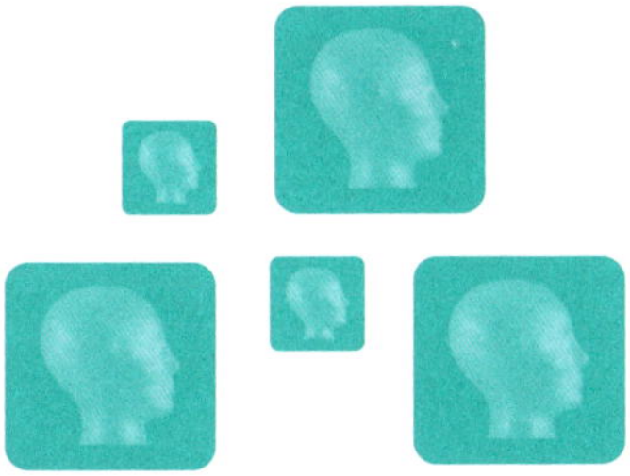

Lösung 12
C

Lösung 13
A

Lösung 14
C

Lösung 15
C

Lösung 16
D – D ist ein Spiegelbild der anderen drei.

Lösung 17
D – Die Reihenfolge vom Kreuz und dem durchgestrichenen O ist vertauscht.

Lösung 18
C – 6 und 9 sind vertauscht.

Lösung 19
D – Das Muster im Uhrzeigersinn (Pfeil nach unten, Pfeil nach oben, X) ist vertauscht.

Lösung 20
D – D ist spiegelverkehrt zu den anderen.

Lösung 21
C – Die Pfeilrichtung ist vertauscht.

Lösung 22
a) 66
b) Die Diagonalen auf der Quadratseite ja, die Diagonalen auf der Rechteckseite nein, die Raumdiagonalen kreuzen sich ebenfalls nicht in einem rechten Winkel.
c) 2
d) Jeder Würfel hat 8 Ecken: 8 x 36 = 288
e) 12
f) 8 – Der Hohlraum wäre ein Quader, und der hat, wie jeder Quader 8 Ecken.

Lösung 23
E

Lösung 24
B – Der Würfel wird nach rechts vorne gekippt.

Lösung 25
B – Drehung nach rechts.

Lösung 26
B – Drehung nach links vorne – um 180°!

Lösung 27
B – Der Würfel wird je um ein Feld nach links gedreht und gleichzeitig nach links hinten gekippt.

Lösung 28
B

Lösung 29
C

Lösung 30
B

Lösung 31
C

Lösung 32
D

Lösung 33
C

Lösung 34
B

Lösung 35
C

Lösung 36
D

Lösung 37
C

Lösung 38
D

Lösung 39
C

Lösung 40
A

Lösung 41
D – An der 4. Stelle (gezählt von links oben der Abbildung A) ist || mit = getauscht.

Lösung 42
A – Die Striche an den mittleren äußeren Positionen sind um 180 ° gedreht.

Lösung 43
Es gibt sieben Möglichkeiten.

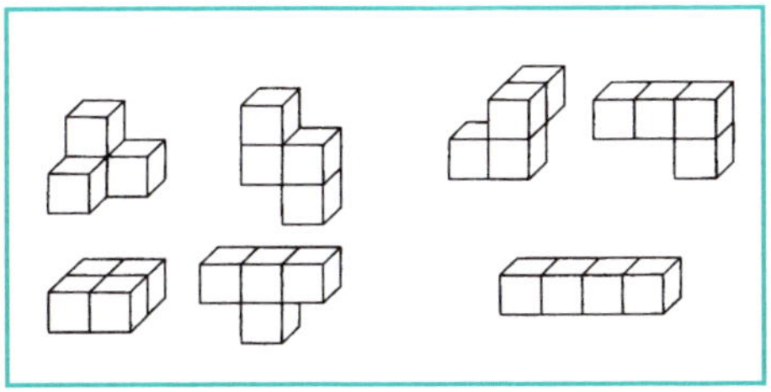

Lösung 44
D – Optische Hilfe: Bei D gehen von einem Punkt vier Linien weg, bei den anderen Figuren maximal drei.

Lösung 45.
B – B hat um ein Kästchen (Fläche) mehr.

Lösung 46
C

Lösung 47
A – Sie hängen nicht zusammen.

Lösung 48
B

Lösung 49
D

Lösung 50
C

Lösung 51
C

Lösung 52
C

Lösung 53
D

Lösung 54
A

Gedächtnis

Lösung 23
Zum Beispiel: Donald Duck, Dagobert Duck, Tick, Trick, Track, Daisy Duck, Gustaf Gans, Oma Duck (Dorette Duck), Franz Gans, Dussel Duck, Dicky, Dacky, Ducky, Primus von Quack, Moby Duck, Dietram Duck, Didi Duck.
Nicht verwandt sind aber: Daniel Düsentrieb, Gundel Gaukeley, Klaas Klever, McMoneysack, Quack, etc.

Lösung 24
George W. Bush
Bill (eig. William) Clinton

George Bush
Ronald Reagan
Jimmy Carter

Lösung 25

Die deutschen Bundesländer: Baden-Württemberg; Bayern; Berlin; Brandenburg; Bremen; Hamburg; Hessen; Mecklenburg-Vorpommern; Niedersachsen; Nordrhein-Westfalen; Rheinland-Pfalz; Saarland; Sachsen; Sachsen-Anhalt; Schleswig-Holstein; Thüringen.

Lösung 26

Schweizer Kantone: Aargau; Appenzell Ausserrhoden; Appenzell Innerrhoden; Basel Landschaft; Basel Stadt; Bern; Fribourg; Genève; Glarus; Graubünden; Jura; Luzern; Neuchâtel; Nidwalden; Obwalden; Sankt Gallen; Schaffhausen; Schwyz; Solothurn; Thurgau; Ticino; Uri; Valais; Vaud; Zug; Zürich.

Lösung 27

Zum Beispiel Angostura, Anis, Basilikum, Bohnenkraut, Cayennepfeffer, Chili(pfeffer), Dill, Estragon, Fenchel, Gartenkresse, Gewürznelken, Ingwer, Kapern, Kardamon, Kerbel, Knoblauch, Koriander, Liebstöckel, Lorbeer, Majoran, Muskat, Oregano, Paprika, Petersilie, Pfeffer, Piment, Safran, Salbei, Schnittlauch, Thymian, Vanille, Ylang-Ylang, Zimt, Zitronenmelisse, Zwiebel.

Lösung 28

Die sieben Heiligen Sakramente der katholischen Kirche sind: Taufe, Firmung, Eucharistie (Abendmahlsfeier), Buße, Ehe, Priesterweihe, Krankensalbung (vor 1965: Letzte Ölung).

Lösung 29

Hauptstädte des geografischen Europa:
Albanien – Tirana
Andorra – Andorra la Vella
Belgien – Brüssel
Bosnien-Herzegowina – Sarajevo
Bulgarien – Sofia
Dänemark – Kopenhagen
Deutschland – Berlin
Estland – Tallinn
Finnland – Helsinki
Frankreich – Paris
Griechenland – Athen
Großbritannien – London
Irland – Dublin
Island – Reykjavik
Italien – Rom
Jugoslawien – Belgrad
Kroatien – Zagreb
Lettland – Riga
Liechtenstein – Vaduz
Litauen – Wilna
Luxemburg – Luxemburg
Makedonien – Skopje

Malta – Valletta
Moldawien – Chisinau
Monaco – Monaco
Niederlande – Amsterdam
Norwegen – Oslo
Österreich – Wien
Polen – Warschau
Portugal – Lissabon
Rumänien – Bukarest
Russland – Moskau
San Marino – San Marino
Schweden – Stockholm
Schweiz – Bern
Slowakei – Preßburg
Slowenien – Ljubljana
Spanien – Madrid
Tschechien – Prag
Türkei – Ankara (ein Teil, auch die Hauptstadt liegen schon in Asien)
Ukraine – Kiew
Ungarn – Budapest
Vatikanstadt
Weißrussland – Minsk
Anm.: Zypern mit der Hauptstadt Nikosia gehört zwar zur EU, geografisch aber zu Asien.

Lösung 30

Jahreszahlen:
a) 1918
b) 1972
c) 1492
d) 2005
e) 1789
f) 1969
g) 1776
h) 1997
i) 1986
j) 1974
k) 1992
l) 1999
m) 1986
n) 2000
o) 2001
p) 1990

Lösung 41

1. Manfred;
2. Kai, braun; Marie, rot;
3. Giraffen, Elefanten, Schildkröten, Löwen, Robben, Tiger;
4. Schildkröten

Lösung 42

1. Käse, Wurst, H-Milch, Apfelsaft, Konfitüre, Katzenfutter, Frühstücksflocken;
2. frische Milch, Brot;
3. eine halbe Stunde später

Lösung 43

1. Vier – das Regal, zwei Topflappen, ein weinroter Topf;
2. es ist orange und passt nicht zum roten Regal;
3. Kurt, was er gegessen hat, kommt, – Fangfrage! – in der Geschichte gar nicht vor!
4. Zwei – der blaue Ohrensessel, ein blau-gemusterter Teppich.

Lösung 44

1. Rotraut, Jochen, Mario, Ludmilla, Sabrina, Hannes
2. Lammbraten (mit Frühlingskartoffeln), Chili, Nussecken

Lösung 45

1. Magda Rotlaub (stand der Regierungskoalition vor);
2. Grüne;
3. Max;
4. Der Finanzminister;
5. sechs

Lösung 46

1. Willow, Xander und Cordelia;
2. Angel und Spike; Spike war die Bettgeschichte;
3. Sunnydale;
4. Angel (Ire) und Giles (Brite);
5. Acht: Willow, Xander, Cordelia, Angel, Spike, Giles, Buffy und Joyce Summers.

Lösung 47

1. Sauerstoff, Stickstoff, Wasserstoff, Kohlenstoff, Eisen und Zink.
2. Sauerstoff (O), Stickstoff (N), Wasserstoff (H), Kohlenstoff (C), Eisen (Fe), Zink (Zn)
3. Braun- und Steinkohle sind fossile organische Stoffe, die aus einer Mischung von chemischen Elementen (vor allem O, H und C) bestehen.

Lösung 48

1. Hans, Heinz, Franz, Bärbel, Hanna, Gertrud, Jakob, Manfred, Max, Gerda, Beate und Maria
2. Heinz = Heinrich, Gertrud, Manfred und Gerda
3. Hans = Johannes, Hanna(h) = (Joh)Anna, Jakob, Maria (= Miriam)
4. Franz = Franciscus, Bärbel = Barbara, Max = Maximilian (= Maximus) und Beate = Beata sind romanischen, dh. lateinischen Ursprungs

Lösung 49

1. Pörkölt (echtes ungarisches Gulasch), Raclette (Schweizer Spezialität mit geschmolzenem Käse), Nüsslisalat (= schweizerisch für Feldsalat), Weißwürste, Sushi (Fisch auf Reis), Maki (Reisrollen), Sashimi (roher Fisch), Teriyaki (gebratenes Fleisch), Süßsaures Schweinefleisch;
2. Schweiz (Anja mag Grünen Veltliner, ein Weißwein, und spricht von Raclette als typischem Gericht ihrer Heimat);

3. Rioja (Juan ist ein spanischer Vorname; er bevorzugt Rioja, einen spanischen Rotwein);
4. Calpico (eine Art japanische Limonade);
5. Zwei – Keiko ist ein japanischer weiblicher Vorname;
6. Süßsaures Schweinefleisch ist ein chinesisches, kein japanisches Gericht

Lösung 50

1. Sechs: Fasane, Perlhühner, Papageien, Wachteln, Pinguine und Kiwis (Schnabeltiere sind keine Vögel);
2. Schottland;
3. Neuseeland (nur dort leben Kiwis);
4. Wesley;
5. Professor Maxwell;
6. Schnabeltiere leben nur in Australien, nicht aber in Neuseeland

Lösung 51

a) Billy Wilder; b) Bernhard Grzimek; c) Herbert von Karajan; d) Ephraim Kishon; e) Tony Blair; f) Reinhold Messner; g) Woody Allen; h) Louis de Funès; i) Simone de Beauvoir; j) Joseph Beuys; k) André Rieu; l) Thomas Gottschalk; m) Federico Fellini

Lösung 53

Mögliche Antworten:

a) verrichten, tun, handeln, verfahren, vollführen, bewerkstelligen, bewältigen, durchführen, erledigen, verwirklichen, wahr machen, in die Tat umsetzen, übernehmen, schaffen, erreichen, meistern, fertig bringen, erringen, lösen, vollenden, erfüllen, ausüben, bekleiden, versehen, besorgen, wirken, treiben, innehaben, tätigen, leisten, praktizieren, produzieren, arbeiten, anfertigen

b) fort, abwesend, nicht da, anderswo, anderweitig, anderwärts, auswärts, ausgezogen, abgemeldet, verzogen, verreist, fern, nicht zu finden, entflohen, auf und davon, über alle Berge, von dannen, dahin, unauffindbar, entwichen, verschollen, abgängig, verloren, vermisst, fehlend, abhanden, ausverkauft, nicht zu beschaffen, vergriffen, unsichtbar

c) selbstständig, unabhängig, ungebunden, auf eigenen Füßen, souverän, autark, autonom, mündig, emanzipiert, uneingeschränkt, uneingeengt, sein eigener Herr, auf sich gestellt, selbstverantwortlich, unbeschränkt, unbehelligt, ungestört, ungehindert, unbegrenzt, unangefochten, allein, auf eigene Faust, unkontrolliert, ledig, frank, zwanglos, gelockert, gelöst, entspannt, aufgetaut, ungeniert, ungehemmt, unkonventionell, formlos, offen, unbefangen, aufgeklärt, liberal, tolerant, vakant, leer, unbesetzt, zu haben, verfügbar, disponibel, erlöst, enthoben, erleichtert, entbunden

d) ohne Falsch, selbstlos, liebevoll, warmherzig, mitfühlend, hilfsbereit wertvoll, geglückt, gelungen, vortrefflich, wohlgetan, ins Schwarze getroffen, in Ordnung, bestens, vorzüglich

e) entzückend, reizend, hübsch, klassisch, formvollendet, ebenmäßig, harmonisch, bezaubernd, hinreißend, herrlich, vollendet, makellos, unvergleichlich, strahlend, berückend, berauschend, bestrickend, blendend, traumhaft, wunderbar, zauberhaft, märchenhaft, göttlich, wohlproportioniert, gut gebaut, gut aussehend, stattlich, wohlgestaltet, wohlgeformt, wohlgewachsen, prächtig, erlesen, köstlich, glanzvoll

f) wertlos, minderwertig, unbrauchbar, nutzlos, unter aller Kritik, miserabel, lausig, verheerend, mies, mäßig, dürftig, misslungen, verfehlt, verpatzt, missglückt, verkorkst, schief gegangen, verdorben, schlimm, übel, arg, gemein, niedrig, verwerflich, böse, fragwürdig, ungültig

Lösung 56

Skizze 1

Lösung 58

1 b); 2 a); 3 c); 4 a); 5 c); 6 b); 7 b); 8 a); 9 c); 10 a); 11 c); 12 b); 13 c); 14 a); 15 b); 16 c); 17 a)

Lösung 59

2. c); 3. b); 4. b); 5. a); 6. a); 7. c); 8. b); 9. a); 10. c); 11. b)

Kreativität

Um Ihre eigene Kreativität nicht zu beeinflussen, sollen hier keine Lösungen vorgegeben werden. Es gibt bei Kreativitätsaufgaben außerdem keine allgemein gültigen Lösungen. Alles ist richtig, Sie müssen sich nur trauen.